火色三角梅

周项皆 著

文汇出版社

图书在版编目（CIP）数据

火色三角梅 / 周项皆著. -- 上海：文汇出版社，2014.5
ISBN 978-7-5496-0990-1

Ⅰ. ①火… Ⅱ. ①周… Ⅲ. ①长篇小说－中国－当代 Ⅳ. ①ⅰ247.5

中国版本图书馆 CIP 数据核字（2014）第 047295 号

火色三角梅

| 作　　　者 / 周项皆 |
| 责任编辑 / 乐渭琦 |
| 绘　　　画 / 葛靖维 |
| 装帧设计 / 王伊婷 |

出 版 人 / 桂国强

出版发行 / 文汇出版社
　　　　　上海市威海路 755 号
　　　　　（邮政编码 200041）

经　　销 / 全国新华书店
排　　版 / 上海歆乐文化传播有限公司
印刷装订 / 江苏省启东市人民印刷有限公司
版　　次 / 2014 年 5 月第 1 版
印　　次 / 2014 年 5 月第 1 次印刷
开　　本 / 720×960　1/16
字　　数 / 280 千字
印　　张 / 22.25

书　　号 / ISBN 978-7-5496-0990-1
定　　价 / 38.00 元

因为你幸福，有人就要琢磨你；因为你崛起，有人就要裂变你，这不是你的错，是竞争法则。你能做的，就是尽量避免使竞争走向对抗，可当对抗不能避免时，为了正义，你就要勇敢地拔剑，用智慧、热血去拼斗。

第一章 从雅典娜启程

1. 仰望雅典娜

清晨,雅典,希尔顿大酒店。

爱情啊,
我们的世界究竟怎么了?
为何相爱就会倒霉?
为何你要以忧伤的松柏枝搭起凉荫,
用叹息对你做最好的解说,
好像爱闻香的人摘下了鲜花想插在衣襟上结果却是让花萎缩;
同样,
我们要把脆弱的知心人放在怀中,
不过是花落人亡香消玉殒。
……

林芩,荣光集团的高管,对着梳妆镜,默默咏诵着拜伦的诗——《唐璜》(第三章2节),泪水开始模糊眼睛和镜子里的影像,她为海蒂与唐璜夭折的爱情而惋惜,被海蒂的殉情而感动,联想到自己的爱情和婚姻……她不由地停住了正在梳妆的纤指,泪水充满了眼窝。

林芩从小就喜欢拜伦(1788年—1824年)、雪莱的诗歌,尤其是拜伦,她读过拜伦的生平,知道拜伦的父亲是个浪荡公子,而他本人却勤奋好学,深受卢梭、伏尔泰等人的思想影响,游历欧洲许多国家,考察那里的政治制度,曾经为破坏机器的工人辩护,参与意大利"烧碳党"人反抗奥地利统治的活动,投身希腊独立战争,因操劳过度在希腊身亡。拜伦一生追求正义、英勇无畏、无私奉献,同情被压迫民族,他的情操是林芩血液里永远的沸点。

"你快一点,我们在楼下等你。"朱颐,林芩的新婚丈夫,轻声地催促了一声,离开了房间,又轻轻带上门。

林芩用手巾纸轻轻吸去眼泪,补上淡淡的妆,左右摆动了一下脸,仔细检查了一下是否有泪痕……林芩又看到了那双手向她伸展过来,后面的面容真挚,目光凄婉而忧伤,是王毅在哀求她不要忘记他,是王毅在对她表示依然爱她。林芩恨不得能抛下一切去拥抱他,投进他那比海还要宽广的胸怀,可是她不能……她用同样的方式向王毅伸展双手,尽量伸过去,她要倾诉,要祈求王毅也别忘记她,可是,彼此双手间的距离却越来越远,王毅的影子在后退,越来越小……林芩的眼泪溢出眼窝,冲毁了刚刚补好的妆……

忧伤是灵感的源泉,灵感犹如泉水汩汩而起,林芩抑制不住了,不顾朱颐还在楼下等候,打开电脑,用负载着灵感和情感的手指在键盘上敲打,让胸臆流入电脑,显示在屏幕上。

林芩在写一首叙事体爱情长诗,她要把人性中最淳朴、人生中最美丽的感情抒发出来,记录下来,永远地保存住,期盼有一天,刚才的那双手能够再次叩开她心灵的大门,捧着这首诗歌,读出她深深的思念、深深的爱。林芩相信,人同时生活在两个世界里,其中一个是精神世界,她的真爱在精神世界里,因此,她格外珍惜那个精神世界、渴望拥抱精神世界里的爱。

林芩的思绪又顺着魂绕梦萦的拜伦的《唐璜》继续下去……《唐璜》中唐璜和海蒂的爱情故事正巧发生在爱琴海基克拉泽斯群岛(Kikaldes),林芩决意模仿拜伦的《唐璜》、借喻《唐璜》的故事,写自己的《唐璜》,记载下自己的思念和爱情。其实,这个念头早在她出发前就有了,而且已经构思了一个开头和大概的情节。为了避讳直白,她使用了拜伦《唐璜》里的人物名称——"唐璜"就是王毅,"海蒂"就是自己,她相信,有一天王毅读到这首诗歌时,能懂得"唐璜"是谁,"海蒂"又是谁,因此,她要用眼泪、鲜血浸透"海蒂"的心灵,让她的生命填满整个诗篇,只求当王毅的眼睛对着这首诗歌时,诗歌里的眼泪、鲜血会流进他的心田,带去生长在荆棘丛中又坚守了长久岁月的爱情,并深深地移植在他的心中;如果王毅永远看不到这首诗歌，她就把它投进爱琴海里，让诗歌里的眼泪、鲜血溶进大海，任由大海咆哮、肆虐。

电脑屏幕上出现了故事的开头：

"唐璜"的船在爱琴海里遇到了风浪，"唐璜"和一些人登上小救生船，带上从海里捞出来的黄油、酒、猪肉、被海水浸透的面包……阴沉暗淡的白昼里，他们在海上沉浮；漆黑绝望的黑夜里，他们苍白的脸、大海被遮没，他们和恐惧相处了十二天，死亡就站在眼前……

"'远航'代表着什么？'大海'又代表了什么？"林芩默默地梳理着思绪，要赋予这段情节特殊的寓意……她想好了，"远航"就是王毅自己的创业历程，"大海"就是路途，"风浪"就是波折：

王毅在瑞士的大学里读博士，又在大学新材料实验室里兼职做研究，当他参与的新材料研究遇到挫折时，他提出了全新的思路和论点，结果和主持这项研究的外国教授发生了激烈争执，他想按照自己的思路继续研究下去，便毅然离开了那所大学的试验室。此后，他坚持自费独立做研究，可是，事情没有他想像的那么简单，他的试验还远远没有到达坚持最后三分钟的时候，又一次失败了，他把家里寄来的生活费、学费能挤扒出来的几乎全部都投了进去，接下来的生活没有着落，签证即将到期，他陷入了绝境……忧郁、沉沦……

朱颐等在酒店门口的车子旁，翘首张望，摄影师从车窗里探出头，不时地瞄一眼手表。

"你再上去叫一下，叫她快点化妆，别耽误了上船。"朱颐不耐烦地吩咐韩贵。

韩贵应声而去。韩贵是荣光集团下的ZQ材料公司的工程师、元老，次此旅行的后勤主管。

不一会儿，林芩出来了，从容而平静，朱颐急忙招呼林芩、韩贵上车，去雅典西南的比雷埃夫斯港（Piraeus）码头，在那里坐渡轮去圣托里尼岛（Santorini）——林芩、朱颐的蜜月目的地。

一路上阳光特别明亮，空气中没有尘埃，蓝得亮丽。林芩要司机从卫城的山丘脚下绕过去，她要拜谒。

车子到山丘脚下停住，林芩郑重其事地招呼朱颐、韩贵、摄影师下车，仰望绿荫环抱的山丘顶上黄色的石柱、墙壁，默默祈祷和祝福。林芩虔诚得像一个信女。

石柱、墙壁是卫城的遗迹，卫城是欧洲文明的老祖母，慈祥而安静，接受着无数后世子孙的瞻仰，这些子孙有着不同的肤色、发色、瞳孔色。卫城诞生于公元前580年，其中纪念雅典娜的帕特侬神庙（Parthenon）建成于公元前424年，伯里克利（公元前459年——429年）治理下的雅典的"黄金时代"。在那时，雅典是个城邦国家，如今的希腊领土内撒落着200多个城邦国家，伯里克利在雅典推行公民选举和民主自治制度，由公民投票决定谁来治理国家。

伯里克利把雅典民主制度说成是人类最文明的制度，是深受雅典人民拥戴的制度，可是雅典没有因为这一文明而持续，马其顿王国的铁蹄蹂躏了她（公元前338年），罗马帝国的砍刀血溅了她（罗马帝国击败马其顿，于公元前146年把希腊各城邦收归于其治下的马其顿省），土耳其的炮火肆虐了她（公元1453年被土耳其人占领），直到1829年后希腊才重新独立。如今，满身断壁残垣、乱石危柱的老祖母每天都在回忆不堪回目的亡国的悲惨，用她那不屈不挠的身躯支撑着西方现代文明的大厦。

林芩告诉朱颐："从历史顺序来说，雅典文明来源于爱琴海里的克里特岛（Crete），在圣托里尼岛的南面，可是，从世界民主文明的起源来说，雅典是世界的起点，这就是老祖母能够摆谱的原因，从圣托里尼回来时，我们一定要再来拜访，让理性探测到更深的层面。"

去圣托里尼的渡轮很多，"蓝星渡轮"（Blue Star Ferries）是其中之一，有几十米长，低矮的红色吃水线上是宽宽的蓝色腰带，往上的甲板上就是白蓝相间的嵌着窗户的色带，共有三层，顶部有个黄色的烟筒，上面印着巨大的"蓝星"。

林芩、朱颐、韩贵、摄影师一上船，就走进了蓝白色的世界，还有五个多小时的行程在等待着他们。

2. 爱琴海的岛屿

圣托里尼是爱琴海里的一个古老的小岛，位于基克拉泽斯群岛的南端，两大地质板块间最深的海沟之中，史上有过多种称谓，从13世纪开始，一直被如此称呼。

从地图上看，爱琴海似乎是地中海的一部分，其实不是，从希腊伯罗奔尼撒半岛经克里特岛到罗德岛划出一条曲线，就把爱琴海和地中海切割开来。爱琴海有7个群岛，约有2500个岛屿，克里特最大，约8000多平方公里，属基克拉泽斯群岛，是希腊爱琴海文明的发源地。

圣托里尼像个"月牙湾"，被60米厚的火山灰烬覆盖。"月牙湾"的两个触角衔着一个小岛——小希拉岛（Therasia），"月牙湾"的中央腹部有座黑色的火山岛——纳亚·卡美尼岛（Nea Kameni）。圣托里尼原来是圆形的，也有的说是指环形的——一圈陆地一圈海水一圈陆地，公元前1625年火山爆发把岛中央和边沿很大一部分震塌了，陷入海里，变成了如今的模样，传说，亚特兰蒂斯帝国也是在这次地震中沉毁的。

"月牙湾"内侧弦是一圈灰色的悬崖，悬崖顶上乳白色的小镇、村落如同雪冠，在阳光照射下闪现着耀眼的白光，绵延至"月牙湾"的两端。日落时悬崖呈现出一片金红色，白色的"雪冠"如同金红色火焰上跳跃着的金色火苗。海水是蔚蓝的，广袤而柔缓，天空是碧蓝的，明亮而高远。

圣托里尼有4个小镇，13个村落，10,000多居民，春夏很少下雨，炎热干燥，阳光灿烂。圣托里尼人喜欢用蓝色描绘门窗，白色涂抹墙壁，在明亮、蔚蓝的天空和大海间，蓝色的门窗娴静而柔和，洁白的房屋冷丽而洁净。圣托里尼人还喜欢养花，家家户户用石蜡红装点窗台、阶梯，依墙而攀的是三角梅。三角梅花瓣不大，三瓣，三角形，有红色、紫色、粉红色，花蕊淡黄，繁茂而鲜艳，尤其鲜红色的那种，攀延在白色的墙上，就像一团燃烧着的火，永远不熄灭。

圣托里尼的葡萄酒奇特、盛名，因为火山灰烬肥沃、透气、疏松，加上阳光充裕，植出的葡萄酿成的酒丝丝甜美。

圣托里尼的蓝色和白色代表着真诚和纯洁，爱琴海神话中的正义和善良又使得真诚和纯洁富有哲理，所以，那里又是世界最神圣的婚姻殿堂之一，新人们来这里把最纯洁的感情、最忠诚的爱当着上帝的面托付彼此，祈求一生一世的和睦、安康、关爱。蓝天下，蓝海边，白色的小街上，红色的三角梅旁，洁白的婚纱是最美丽的花。

林芩坐在头等舱里，透过窗户注视着前方远处的海面，海面平静，感觉不到颠簸，她祈求这平静的大海能给她带来好运，能使她的灵魂得到片刻的安宁。她用电话向朱荣光，她的养父、如今的公公、荣光集团的董事长报了平安，又关切地询问了他的身体状况，要他多注意休息，按照医生的盼咐吃药，别轻视了"小中风"，那是一个信号，不是闹着玩的。

"你放心，"朱荣光和蔼地说，"我会管好自己的，"他语气严肃起来，"你这次全身退出，去度蜜月，表面上看是退却，实际上是进取，关键是如何利用这个机会，抓好王毅他们在瑞士的ZL系列新材料的模拟常态环境下的生产试验，按计划，他们现应该做好了试验前的准备，如果顺利的话，近期内就可以着手试验了，希望你能够获得成功。一切的一切、一切矛盾的解决，都指望ZL系列新材料了。"

"爸爸放心，女儿记住了，"林芩委婉地说，"前一阵子，我也直言顶撞过你，让你生气了，我知道，在家里，你最关爱我，在荣光集团内，你最支持我，我很难过、很内疚，真的，我很内疚。"

"我不会放在心上的，我唯一不能动摇的是对你的厚望。"

"我当时太激动了，甚至说出了，'所有的矛盾、危机可能是你一手造成的'这样的话，我真后悔。"

"你是真诚的，"朱荣光的声音低沉，"可是，你的意见冲击了整个荣光集团的思想核心、灵魂、我的底线，我需要时间考虑，需要时间适应。"

"听到爸爸这样的话，我就安心多了。"

"不，我担心的是，你在蜜月期间依旧脱离不了旋涡，没准，你那里会成为决定荣光集团未来命运的关键舞台。"

"我会把握住的，有什么情况会及时向你汇报的。"

"你要记住，遇事要尽量掌握主动权。"

"好的。"

"你办事我放心，从你点名要韩贵同行，我就再次感觉到了你的缜密思虑。"

"全是爸爸多年教诲的结果，我不过是学了一点皮毛，再见。"林芩轻轻关掉手机，朝朱颐笑了笑，"听声音和情绪，爸爸的身体不错。"

"嗯，这就好。"朱颐很平静。

林芩又把目光转向窗外蓝色的世界，心里盘算着王毅的工作计划和进度——王毅他们的模拟试验应该在今天或者明天开始，她最迟在明天就应该接到电话，她相信这次试验一定能够成功，因为王毅是一个严谨的专家，而且已经实验过多次，反复验证过理论公式和数据，一切进行的都很完美。林芩眼前浮现出ZL系列新材料，乳白色的，柔美、纯净，可是，林芩却从柔美、纯净中感到了畏惧、冷峻……突然，船身微微一震，是海面涌来一股白浪，林芩的心也一怔，冒出一连串怪异的念头：ZL系列新材料的出世带给世界的只是柔美、纯净吗？只有幸福吗？它柔美、纯净的背后会隐藏着截然不同的面容吗？林芩预感到似乎有什么难以预料和掌控的事情正在酝酿，而且就发生在自己身边。

林芩的意识又从内心通过眼帘转向海面，神情略微松懈了一些，只觉得海面出现了一些变化，虽然天空依旧碧蓝明亮，海水却变得深邃起来。此刻，海面又恢复了平缓，像温柔的少女，林芩无法想像这少女般温柔的大海会孕育出凶煞万分的波塞冬（Poseidon），这温柔的海面会顷刻间掀起咆哮的白浪，从白浪中冲出波塞冬、三叉戟和他的金色马车。波塞冬是大海的统治者，他和弟弟宙斯推翻父亲克罗诺斯的统治后，通过抽签，他成了分管大海的海神，还掌管火山海啸，后来又成了克里特帝国的保护神，而宙斯却成了众神之上统治万物的宇宙之神，波塞冬心生不满，时常发怒。他健壮、神力、贪欲好斗，震怒时三叉戟一挥，天动地摇，山崩海啸，许多人把公元前1625年的那场火山地震灾难归咎于他。

林芩读过介绍圣托里尼的书、观看过圣托里尼的DVD，一闭上眼睛就能看到耀眼的蓝色、白色、火红色——燃烧在一栋二层楼的白色墙面上的红色三角梅。林芩特别喜欢三角梅，在家中自己卧室的阳台上也栽了一盆，高高的枝干攀延到墙上，伸展到窗户的两边，红色的花盖住了绿叶铺饰在窗楣和窗框上，生生不熄地燃烧着……林芩想过，一定要找到那个地方，找到那棵三角梅，在那团火的下面，贴上洁白的婚纱。

渡轮经过锡罗斯岛（Siros），停靠在岛上的厄莫波利港码头边，有游客上下，在上来的游客里，有叫卖爱琴海"茯苓饼"的小贩。厄莫波利港在19世纪曾经是东爱琴海最繁荣的港口，基克拉泽斯群岛的行政中心。林芩对此没有兴趣，而是被几十米外的并行停靠着的另一条渡轮深深吸引，那渡轮雪白的身躯像一座冰山，吃水线上画着巨大的卡通鱼，三层的前甲板上依舷相拥着一对情人，热烈地吻着，真彻的爱情让所有的生灵羞愧而退避，使整个蓝色的天幕下、白色的世界里，只留下他们。

蓝星渡轮又起动了，林芩死死地盯着那对情人，眼睛随着渡轮的移动而移动着角度，闪动着忧伤。朱颐悠闲地喝着咖啡，嚼着"茯苓饼"，瞄了几眼那对情侣，又把目光移向舱内，寻找着来回走动的"维纳斯"。世界上任何一个第一次去爱琴海的人，都是依据维纳斯的形象去理解希腊女人的心灵、鉴赏希腊女人的容貌的。

林芩的思绪跳跃到好多年以前：

林芩拖着拉杆箱登上前往苏黎世的飞机，找到座位后，用劲举起拉杆箱要塞进头顶的行李架，忽然，一个高大的身影从沿走道的座位上站起来，举手托住林芩的箱子，轻轻一推就塞进去了。他就是王毅。

"谢谢。"林芩微微一笑，移到靠窗的座位上。

"你可以坐在外面，靠走道。"

"不要，我喜欢窗户。"

"长途飞行，靠走道宽敞一点，活动也自由一些。"

"我方便了，你就不方便了。"林苓有些羞涩。

"没有关系，"王毅挤进靠窗的座位，系上安全带，"去苏黎世上学？"他侧脸望着林苓，有些心跳，因为那面容美如桃花，却透着坚毅。

"是的。"

"什么学校？"

"苏黎世理工大学。"

"真巧，我也是，在那里读博士，材料工程。你的专业呢？"

"一年级不分，以后也想学材料专业。"

"哦？"王毅很感兴趣，"女孩子很少学这个，很枯燥，你为什么要学？"

"现在不说可以吗？"

"呵呵，"王毅笑着说，"当然可以，我说我今天怎么一出门就看见了祥云，原来遇到了一个活泼的小师妹。"

林苓把目光移向窗外，矜持而稳重。

"认识一下可以吗？我叫王毅，'刚毅'的'毅'。"

林苓有些犹豫。

"你是不是也想说，'现在不告诉你可以吗？'"

"呵呵，"林苓被逗乐了，"不，可以告诉你。林苓，双木林，'草'字头下一个'今'，'今天'的'今'。"她偷偷瞄了一眼王毅，心怦然作跳，他面容英俊、体魄健硕、幽默大方。

王毅乘势打开话匣子，说了许多瑞士的故事、苏黎世的大学生活，林苓听得入神，犹如进入了一个神奇的世界，新奇而神秘。王毅也谈起了自己的专业、描述了材料工程的发展趋势和新动向，展现出了如天空一样宽阔的胸怀、如海洋一样深厚的知识。林苓肃然起敬，感觉到有一股磁场牢牢地吸引着她，而磁场的核心是一颗厚实而可靠的心脏，这颗心脏能够不断地往她生命中加注活力，因为，家族、荣光集团每天灌输进她心灵的，从小伴随她长大的那些关于荣光集团的产品、产品繁衍、技术升级的意识是她生命的主体，这主体支配着她的全部生活、血液循环、灵魂活动，如果有一天荣光集团的产品繁衍、技术升级停止了，家族、荣光集团、她的生命也就终止了。

　　王毅见林芩听得很认真，很动情，开始夸耀起来。林芩感觉到王毅在显摆、故弄玄虚，不过，她喜欢听，喜欢显摆渲染的气氛，喜欢被他逗乐，喜欢他富有磁性的音容笑貌。

　　苏黎世机场到了，王毅帮助林芩取下行李，又帮助林芩提出行李，推到火车站，搬上火车。火车上，林芩"贪婪"地注视着窗外的湖光山色，王毅孜孜不倦地解说着，注视着林芩的表情，探测着林芩的兴趣，琢磨着林芩的心思，尽量挑拣林芩喜欢听的话题、字眼说。

　　火车停在了市中心车站，王毅叫林芩下车站着别动，自己一个人上下搬运行李，展示出他的强健和体贴，而后，他又帮助林芩推拉行李走出车站，叫上出租车，一直送林芩到学校宿舍。

　　林芩孤身在外的感觉荡然无存，依赖感会让懵懂的女孩悄悄推开一丝心灵的窗户，去接受那份关爱，尽管开启的缝隙很窄小，可是，涌进来的温情却湍急、炽热。林芩和王毅相识、相交了。

　　当年的10月1日，中国学生在中国餐厅聚会庆祝国庆，林芩被邀请出席，又被推选为聚会主持人，和王毅搭档，林芩知道这是王毅"捣得鬼"，可她很高兴。林芩和王毅被同学们誉为金童玉女，尽情渲染，由此，聚会中多了一项"娱乐"——调侃林芩和王毅的暧昧，王毅很兴奋，不惜借题发挥，把林芩捧得高高的，捧成驾驭自己的女王，在这样的气氛下，没事也会使两颗心碰撞出火焰，燃烧成一片火海，何况他们彼此相识，早有感觉和火苗。

　　整个聚会，王毅不失时机地往林芩心里添加助燃的情愫，把林芩每一寸防线的后退都看成一种成就，加紧攻击。林芩本能地坚守着，可是却一分一厘地在往后退，忽然，爱的火焰从防线后面燃起，酿成了堆火——她选定了王毅。

　　王毅独占了林芩舞伴的位置，不许别人沾染，谁要是邀请林芩，他就和谁急，就像雄狮在宣布自己的"领地"。几圈舞下来，王毅撇下聚会的同学，邀请林芩出去走走。

　　王毅、林芩走到湖边，来到一个安静的地方。湖里有一对洁白的天鹅在游动，透过洁净的水能清晰地看到天鹅的红色蹼掌。

"你的眼睛真美。"王毅凝视着林芩。

"可有人说有些冷,不够温暖。"

"我喜欢。"王毅搂住林芩,轻轻地吻了她。

林芩没有拒绝,却没有吻王毅。

"能告诉我为什么要学材料专业吗?"

"现在还不行。"林芩的声音轻柔。

湖水拍岸的声音轻柔得如歌似诗,天鹅向湖边游过来。

渡轮前方远处的海面上,隐隐约约浮现出一个岛屿——提洛斯(Delos)。林芩很熟悉那个小岛和一段爱情故事。提洛斯原来是个漂无定处的小岛,是太阳神阿波罗的故乡,也是阿波罗的领地。很久以前,宙斯瞒着妻子赫拉,和女神勒托相爱,勒托怀孕了,赫拉盛怒之下,命令不得提供任何地方给勒托分娩,宙斯急了,恰在这时,看到提洛斯漂浮而来,便把它固定下来,送勒托到岛上居住。岛上有个圣湖,勒托在圣湖里的棕榈树下生出了太阳神阿波罗(Apollon)和月亮神阿耳忒弥斯(Artemis)。公元前3世纪,人们在提洛斯上建造了阿波罗神庙,如今仅存遗址。

林芩眺望了一会,目光黯淡下来,思绪又追溯到过往:

家庭会议上,舅舅钱国强面色严峻,当面指责林芩,是她促动朱荣光劝压他放弃ZQ材料公司董事长、CEO职务,并推荐泛太平洋PE基金的代表迈克接任的,结果,迈克利用ZQ材料公司"可转换债券"到期的机会,收购债权、鼓动外方债权人持股,等等,使得泛太平洋PE基金变成了ZQ材料公司的大股东,分裂了荣光集团。"林芩要负责任,要受处分,要撤职,否则不足以平人心,"他的声音朗朗,"林芩不成熟,不能担当大任……"

林芩一言不发,没有顶撞,也没有争辩,更没有把责任和压力推给朱荣光,而且,此时她也没有心思顶撞,而是不停地在心里抱怨迈克,怨他不讲信誉、不讲人情、不按规矩出牌,只想分裂、削弱荣光集团,只认钱。

晚上，朱荣光和太太钱淑芬把林芩叫进书房。朱荣光温和地看着林芩，迟迟不说话，心情沉重。钱淑芬面容平静却心事重重。林芩静静地看着他们，等待朱荣光开口，她已猜出父亲想说什么，做好了准备。

"芩芩，"朱荣光温和地说，"都怪我，这一段时间下来，我一直把你推在前面坚持，结果，所有的矛盾都汇聚到了你的身上，让你受委屈了。"

"不，我没有受委屈的地方，做女儿的天生就是要为爸爸、妈妈分担责任的，而且，我也没有做好，考虑问题欠周全，最大的失误是，建议爸爸满足泛太平洋PE基金迈克的意见，劝退舅舅，结果，给了泛太平洋PE基金控制ZQ材料公司的机会，使荣光集团陷于不利，让爸爸被动了。"

"你这样说，我就更难过了，这不能怪你，而且，你有这段经历更好，能成长得更快，比没有经过摔打的人更坚实，更能顶起荣光集团的大梁。"

"爸爸别这么说，现在也不是说这个事的时候，有什么事尽管吩咐，女儿听着。"

"你就暂时回避一下，离开荣光集团这个是非之地，去度蜜月。你和朱颐结婚有一段时间了，可就是没有停下来休过一天婚假。"

"朱颐改变主意了？对婚礼，他一直有自己的想法。"

"是的，你们只要在外面度蜜月时请一些朋友，举行一个小小的宴会就行了，也算是一个简朴的婚礼。"

"好的。"

"不知道为什么，"朱荣光有些疑惑，"他一直不想举行婚礼，他和你说过为什么吗？"

"无所谓，他是我的哥哥，我一直很尊重他的意愿，相信他的决定。"

"他哪像你的哥哥，就像一个不懂事的弟弟，我怎么就生不出你这样的女儿。"

钱淑芬瞥了朱荣光一眼。

"爸爸、妈妈，我就是你们的女儿。"林芩轻柔地说。

"是的,可是,我讲的是血缘,血缘啊。"朱荣光显得无奈而深沉。

林芩沉默了,她理解父亲的意思,他不懈坚守的是,财富里有他的生命,生命里有他的财富,财富的遗传不能背离这条逻辑。在林芩的记忆里,父亲从来不在她面前提"血缘"两个字,也不许别人提。她记得还很小的时候,有一次和朱颐吵架,朱颐无意中说出了"血缘"两个字,要她离开这个家,父亲听到了以后,二话不说,把朱颐按到地上,扒下裤子,狠狠地抽了两板子,严厉地说:"如果以后再听到你说这样混账的话,你就给我滚出去。"朱颐从此再也不敢说了。随着长大,林芩渐渐领会到"血缘"的含意,尽管父亲、母亲可以回避,对自己视同己出,可是一遇到老祖宗的基因、千年的文化元素和财产权纠缠在一起时,"血缘"又顽固地显示出来,再强势的意志也梳理不清楚、分解不开。

"度蜜月的地方由你挑,再带一些人去,比如摄影师、后勤服务的,等等,人也由你选。"

"好的。"林芩点点头。

"我希望你记住,是他们要你离开的,不是我,你不要摆挑子,你现在要做的工作就是专心致志地抓好ZL系列新材料的研发,随时和我联系。"

"爸爸、妈妈放心,你们也要当心自己的身体。"

"我会注意的。上次那点轻度中风不碍事,已经恢复了,我还不到七老八十,注意一点就是了"

"毕竟不同以往了。"林芩有些感伤。

"说实在的,那次生病使我第一次有了心有余而力不足的感觉,促使我想了许多,许多事变得紧迫了,该放到议事日程上来了。"

"我明白了,我离开后会每天打电话给你们的。"

钱淑芬一言不发地注视着朱荣光、林芩,神情变得异常冷静。

"你想去什么地方?"朱荣光微笑着,看着林芩。

"我想去法国。"

"法国?"朱荣光疑惑地瞪大了眼睛,"为什么不是爱琴海,圣托里尼？你以前不是说过吗？"他曾经听林苓说过，在那里结婚的新人一辈子不会变心，她将来也要去那里度蜜月，当着上帝的面，向心爱的人倾吐爱情。他何尝不希望林苓和朱颐当着上帝的面倾吐爱情，白头偕老。

林苓低下头，不否认这么说过、想过，可那是她和王毅的约定，她只能和自己真心相爱的人去，而且，更触她心境、更让她挥之不去的痛楚是，她听到、感知到朱颐的许多……

林苓从小就喜欢听爱琴海的神话，宙斯、阿波罗、波塞冬、雅典娜，等等，十二主神活灵活现，挚爱、英勇、敢爱敢恨，就像一片白色和一片蓝色那样鲜明清晰，尤其那白色，容不下半点瑕疵，让她敬佩。可是，如今，要她委曲求全，和一个爱不起来的人相依为命，站在白色、蓝色之间，请上帝做证，倾诉爱情，托付终身，她做不到，也不想做，因为这样的仪式里没有真诚、没有纯洁、没有激情，充满了虚伪，不会美丽！

朱荣光知道林苓的心事，不催促，他相信林苓是个理智超过感情的人，是个懂得按照事理进行取舍的人。

林苓经过几天痛苦的思虑后，答应去圣托里尼岛。

"我很高兴，"朱荣光笑了，眼睛湿润了，"你还有什么话要对我说吗？"

"爸爸……"林苓犹豫了一下，"你的底线真的不能突破吗？你知道，许多问题是因为你的那条底线而引发的。"

"我们不谈这个问题好吗？"朱荣光知道林苓指的"底线"是他的"思想核心"、"灵魂"、"价值观"、"遗传逻辑"。

"为什么？我是真诚的。"林苓有些激动。

"别说了，"朱荣光也很激动，"每次你说到这个问题，我就很难过，不想说，你不觉得吗？"

林苓停住了，情绪依旧在跳跃。

渡轮要路过米克诺斯岛了，许多人激动地往甲板上涌去，要远眺那个真正的赤裸的蓝白世界。摄影师、韩贵也跟着去了，照相机的长焦距镜头就是最好的望远镜。

米克诺斯岛是个彻夜不眠的天堂,纵横交错的白色小街构成了一个迷宫,赤裸的天体海滩展示出人类最原始、最原本的面貌,每年这个时候,世界各地的游客趋之若鹜,包括许多大牌影星。

朱颐显得无聊,有些坐立不安,可他不能撇开林芩独自上去,他看着林芩,用目光征询她的意见。林芩显得特别安静,默默地坐着,又像在沉思,又像在浏览窗外的景色,脸上的表情一会儿松弛,一会儿阴沉,朱颐猜不透为什么,只怕自己再做出些什么不当的举止会引起她烦恼。

"吱呤"一声,一条短信钻进林芩的手机,林芩瞄了一眼,说:"是王毅发来的。"她郑重其事地看着朱颐。

"哦,模拟生产试验开始了?"

"他的第一句话是问候,第二句是,'我们的准备做得很充分,现在已经开始模拟试验了',第三句话是,要我发短信给他。"林芩触划着手机屏幕,读着。

"你决定吧。"朱颐微微一笑,咧了咧嘴巴,若无其事地背起照相机,慢悠悠地离开了。

"很高兴,这是你和你的团队送给我的最好的礼物。"林芩发出回信。

"可是,你知道吗?我在流泪,我是为了你才开动这个机器的。"王毅的短信。

"我很难过。"林芩简短回复。

"和你告别后,一直到现在,我每时每刻都在思念你、爱你、想你。"王毅的短信。

"我也是,真的好想你。"林芩含泪回复后,关闭短信,举起手机,改成了语音通话,"能听到我说话吗?"

"你为什么要折磨自己,"王毅的声音,"没有爱的婚姻就是苦难、就是自杀、就是折磨。"

"这么一段时间下来,难道你还不知道其中的原委吗?别说了,我也要流泪了。"

"你和他不是一类人，你喜欢的，他不喜欢，他喜欢的，你不喜欢，你不爱他，他也不爱你，而且，他……"王毅戛然而止，不想伤林芩的心，"这样的日子，除了眼泪还有什么？！"

"我只想给一个慈祥的老人、我的父亲一个安慰。"

"这个安慰代价太大。"

"还有什么比养育之恩、托付重任的价值更大？"

"养育之恩是有的，可是托付重任不敢说，如今，荣光集团的局势你也看到了。"

"那就更需要我尽职。"

"好了，别欺骗自己了，"王毅的声音带着悲腔，"我知道世间有一千条理由，都没有你的一生沉重，爱就是爱，爱不能用责任束缚，不能和责任交易！"

"求你不要再说了，我的心在流血。"

"我做不到，我们有过婚约，你想过吗，圣托里尼是什么地方，那是全世界最神圣的婚姻殿堂，你说过，只会和我一起去，可是，当我看到你和他正在驶向爱情的圣殿，我受得了吗？我真无法想像，你将在上帝面前述说的誓言是真的吗！你能向我保证，在上帝面前做出神圣的誓言后，不会改变隐藏在心底的真爱！"

"我求你别再说了。"林芩泪水滚滚。

"不，我要说，每当我想到他不在乎你、不爱惜你，我的心就会流血，就想和他决斗。我宁愿就此闭上眼睛，也不愿意看到他亵渎你。"

林芩抽泣了。

王毅也开始抽泣。

"我想挂机了。"林芩泣不成声。

"别，别挂。"

"别忘记我，只求你在心里给我保留一个空间。"林芩毅然关掉了手机，心里复述着最后的一句话。

林芩的《唐璜》又有了新的情节，可她觉得自己找不到比拜伦更美丽、更恰当的措词来描绘，于是决定直接沿用拜伦的文采，以夸张的险境描写作为铺垫，比衬随后的爱的价值，她取出电脑，敲打起来：

救生船看到前面忽隐忽现着一座小岛，基克拉泽斯群岛中的一个小岛，岛上一片绿荫让"唐璜"他们清心。他们不顾一切地冲过去，途中浪花汹涌，四周狂澜险恶，前方惊涛汹汹、飞沫腾空。他们找不到理想的登陆点，却撞上了礁石。

"唐璜"枯槁僵硬、衰弱疲乏，肢体轻浮，任海浪冲击、拖撞……他睁开眼睛又闭上，想睡过去永享安宁。不知道过去了多久，"唐璜"睁开眼睛看到少女可爱的面容挨近他，张开的小嘴慢慢贴近他的嘴巴，试探着他的呼吸，要把他的灵魂从死路唤回……

朱颐登上顶层的甲板，穿过圆桌丛和人群来到船尾，注视着渡轮尾部翻腾的白浪、浪花上跳跃着的白色泡沫、泡沫上飞翔着的海鸥。白浪很宽，拖得很远，把碧蓝的海面活生生地撕裂开来。

朱颐按动了快门，又追着海鸥按动了连拍。当他放下照相机寻找新的景色时，意外地发现"维纳斯"朝他微笑，注视着他的举止。"维纳斯"是个欧亚混血少妇，乌黑的头发、乌黑的眼睛格外撩人，她依着左手边的围栏而立。

"你好。"朱颐回以微笑，很有礼貌地用英语问候。

"你好，叫我凯瑟琳吧，"凯瑟琳用娴熟的中文回答，并伸手给朱颐，"我母亲是中国人，80年代初去美国读书，嫁给了当地的希腊籍移民，现在常住香港。"

"怪不得中文这么好，"朱颐和凯瑟琳握握手，"请坐。"他请凯瑟琳在附近的空位上入座。

"谢谢。"

"要咖啡吗？"朱颐微笑着。

"好的。"

朱颐和凯瑟琳各点了一份咖啡。

"你是一个人来的？"朱颐瞅着凯瑟琳。

"和几个朋友，你呢？"

"和太太。"

"你太太在……"凯瑟琳搜寻着甲板。

"她在下面船舱里。"

"她不觉得孤单吗？"

"不会，她公务繁忙，需要她联系、处理的事很多。"

"你太太一定很能干？"

"是的。"

"男人不喜欢女强人？"

"为什么老是要谈她？"

"羡慕你，也羡慕她。"凯瑟琳调皮地笑着。

"你是学什么的？"

"人文科学，具体地说，是西方宗教，以前做过生意，现在是自由撰稿人，为几家杂志、报社写文章。"

"这样的职业和生活好吗？"

"我很喜欢，自由自在，不为三斗米折腰。"

"呵呵，"朱颐微微一笑，"宗教虽然古老、神秘，可世界上有上亿人相信她，比如，基督教、东正教、新教……"他从耶稣谈起，切过一层表面，滑向海阔天空，为的是显露出辽阔的胸襟，耶稣只占据了这胸襟里的一个小小的角落，这胸襟理所当然地能够包罗凯瑟琳智慧触角将要伸及的一切地方。

凯瑟琳故意跟着朱颐的思绪走，不打断、不挑剔，宽容地对待朱颐的见解、分析。

朱颐娴熟地把谈笑推向热烈，让热烈燃烧他的情愫，绽放出愉快、兴奋、冲动的耀斑，这耀斑曾经使许多女孩子眩晕，他由此也得到了"最高"的赞美——"从来没见过这么会调情的男人。"

林芩写完一段后停住了，思绪又跳跃到过去，沉重、痛苦，却无法截断：

朱荣光要林芩取消和王毅的婚约，与朱颐结婚。林芩央求了，抗争了，可都打动不了朱荣光的心，都改变不了朱荣光的主意，这主意是朱荣光底线中的一个环节、核心利益，坚定不移。林苓从小到大就没有看见朱荣光对她发过怒，而且也没有逼迫过她接受他的主张，遇到争执时，妥协的往往是他。在她心里，朱荣光是这个世界上少有的慈父，可是这一回却完全不一样。

林苓闪念过死，想到过私奔，可最终还是放弃了。她咬碎了舌头，咽下了血水，点头了。这抉择撕心裂肺、痛苦悲伤，尖利而持久地折磨着她。

朱荣光也很难过，他知道林苓很悲痛，而且林苓的悲痛从来都会引起他的悲痛。"我知道你不爱朱颐，"朱荣光捧出荣光集团的股权证书，递给林苓，"我承认婚姻的基础是爱，没有爱地厮守一辈子如同杀人，可这个社会上除了爱还有责任，比爱更高尚的是责任，为责任而牺牲爱被千古传颂。"他恳切地看着林苓，"你也看到了，荣光集团做大了，带动了许多上游和下游企业、吸纳了许多员工、上缴了许多税收，是政府手里的宝贝疙瘩，荣光集团能否代代传承不是你我的私事，可又是私事，后续的事只能由你和朱颐的婚姻说了算。"

林苓默默地擦拭眼泪。

"如果朱颐有半点拿得起来，"朱荣光忧伤地垂下目光，"我都不会勉强你。"

林苓被感动了，停住了眼泪，可心里又深深地挣扎起来，她知道，一旦接受了这份责任，她就等于亲手撕碎了另一颗心，跳进了冰窟般的婚姻泥沼，去拥抱一个爱不起来的男人、去被一个激不起热情的男人性虐，而这样的日子至少要延续50年，甚至更长，而且没有来世补偿，想着都觉得昏暗、可怖。

"只有你能理解父亲的苦心，只有和你才能谈这些道理。"朱荣光带着愧疚。

林苓痛苦地抽搐着。

"我给你时间考虑。"

"不，我不要时间考虑，我听爸爸的。"林苓抬起头，目光坚定，泪珠晶莹。

朱荣光忍不住流下了眼泪。

出发来雅典的几天前的一个晚上，林芩坦然地告诉朱颐，"集团经营会议已经结束了，王毅没有立即返回瑞士，而是特意要来见我，送我，我要出去一会，和他单独道别。"

朱颐面色很难看，却没有阻拦，只是用嘴巴努了努摊开在地上墙角里的箱子，意思是，不要弄得太晚，早点回来，还有许多行李需要装箱。

林芩来到距家不远的绿化中心，王毅把林芩拉到一条长椅上坐下，自己单腿跪在林芩面前，抓住林芩的双手，仰望着林芩，眼睛里噙着泪水。

林芩的眼睛里也闪着泪花。

"我求你了，跟我走，离开这个家，这是最后的机会，而且，有家美国公司已经决定聘用我了。"

林芩用手指默默地擦拭着王毅的眼泪。

"今后几十年的煎熬和折磨是人过的日子吗？"王毅期待着林芩的回答，细长的泪痕在脸颊上闪亮。

林芩的眼泪成串滚落，半晌，她停止了哭泣，昂起头，轻轻地摇了摇。

"朱颐是个花花公子，富二代一切没落、糜烂的毛病都有，你会被他害死的。"

"你不了解这个家，"林芩的语气变得坚定起来，"我长大后才知道，自从我被抱进这个家，做了朱家的女儿，就已经准备好了这份牺牲。"

"朱家的观念太狭隘、不近人情。"

"他们血液里的基因可以追溯到夏商周，不能指望一朝一代会改变，还有，善待你的太太吧，她是无辜的，说起来，她算是朱家的人，你也算是朱家的人。"

"你变得冷漠了，成了某种秩序和观念的卫道士。"

"不，我的心是热的，血也是热的。"

王毅沉默了，气氛显得凄苦，半晌，他凝视着林芩，无奈地说："不要忘记我，我也不会忘记你，我会在心里留给你一个最大的空间。"

3. 维纳斯和有翼胜利女神雕像

海风带着凉意吹过甲板，船在帕罗斯岛（Paros）停靠，天空还是那么明亮，只是比刚才多了几丝白云。

凯瑟琳告诉朱颐，帕罗斯岛盛产大理石，公元前就远销希腊各地，是雕刻和建筑的优等材料。米罗的维纳斯雕像大约出自公元前2世纪，她和有翼胜利女神雕像都是用帕罗斯大理石雕刻的。等一会，船会经过米诺斯岛（Kimolos），1820年4月的一天，米诺斯岛上的一个农夫在自家菜园里的一个岩洞内发现了维纳斯雕像，据说发现时断成两截，不过有手臂。

"这要值不少钱吧。"朱颐的思绪活跃起来。

"当时远比不上今天。"

"还是谈你的课题吧，谈多了维纳斯，心里怪痒的。"

"这次来希腊，重点是考察东正教，圣托里尼仅仅是其中的一站。"

"东正教？可世界上许多地方都信仰新教。"

"瑞士主要是新教，对吗？"

"呵呵，"朱颐微微一笑，有些不好意思，"我不太清楚。"

"瑞士和德国曾经是宗教改革的中心，16世纪宗教改革以前，教会的上层也是很黑暗、很腐败的。"

"听说过，如今基督新教、天主教、东正教构成基督宗教的三大派别。"

"是的，"凯瑟琳点点头，"公元395年，罗马帝国被分为东罗马和西罗马，东罗马又被称为拜占庭帝国。西罗马帝国于公元476年9月灭亡，拜占庭帝国却延续到1453年。东正教是由拜占庭帝国流传下来的基督教。1054年基督宗教分裂为两大教会，西部为天主教，东部为东正教，双方争执谁代表'正统'、'正宗'，东部的教会称自己为'正教'，代表正统，由此得名。东正教的精神中心在希腊。"

"他们两家的区别呢？"

"有一些区别，比如在信仰神的方面，东正教可能更趋向于神秘；

在教会等级制度上，东正教倾向于教区平等，没有世界范围内的主教，还有就是仪式上的一些区别，本质上两家有着共同的信仰和故事……"凯瑟琳侃侃而谈。

朱颐的眼睛放光，难以抑制对凯瑟琳的欣赏和喜欢，不过，他极力克制着，因为他知道，凯瑟琳这种有教养的女人绝对不会喜欢一个在自己老婆的眼皮底下和别的女人调情的男人。

林芩从痛苦的思绪中挣脱出来，又回到自己的《唐璜》里，让《唐璜》继承这份思念、记载这片情：

"海蒂"用甘甜的葡萄酒倒进"唐璜"的嘴巴，娇美的胳膊扶起他的头，拧干湿漉漉的头发。"唐璜"的胸脯起伏了，发出一声呻吟，接着是叹息，又是呻吟。"海蒂"叫来侍女帮着把"唐璜"抬进山洞，点起火堆。昏暗的山洞突然明亮起来……

林芩惊呆了，这景象怎么这么熟悉，她努力追忆留存在自己脑海里的那些破碎、模糊、久远的景象，以及朱荣光告诉她的事：

一间简陋的农舍，正堂里的灯光很暗，林芩的婶婶领着村子里的一个远房表婶来抱林芩。林芩的奶奶早先托她为林芩找个好人家，今天是来领人的日子。

"我不去，我不去，奶奶，我会听话的。"林芩在表婶的怀里哭着喊着，两只小手伸展乱抓。

林芩的奶奶擦着泪，唉声叹气。

婶婶板着脸推着表婶往外走，快走到门口时，林芩的奶奶反悔了，踉踉跄跄地跑过去，伸出枯枝般的胳膊死死抓住表婶的手。

"不，我不能做这种伤天害理的是事，我对不起我的儿子。"林芩的奶奶几乎气绝，"我怎么这么糊涂，就听信了你们的话。"

"你重病缠身，吃药要花钱，又没有多长时间了，以后这孩子怎么办？"婶婶瞪圆了眼睛。

"还有她外婆。"

"她外婆相隔那么远,又那么老,那么穷。"

"大姑,"表婶挣扎着,"我给你找的人家可比她外婆家强100倍。"

"那到底是自家的外婆呀。"

"人家的钱都给我了,能反悔吗?"婶婶掰扯林苓奶奶的手。

"原来你们是在卖孩子呀,哪里是在找好人家,我不卖。"

"都讲好了,怎么能出尔反尔。"婶婶生气了。

"是啊,还是大姐拎得清。"表婶挣脱了林苓奶奶的手。

婶婶挡住林苓的奶奶,逼她后退,表婶迅速走到门口,拉开门,可刚要迈步,却停住了,像被什么堵住了似的。

"这是苓苓吧,你们要去哪里?"朱荣光矮矮实实地堵在门口,身子有些斜,注视着林苓。

表婶侧身空开一条路,想让朱荣光进去,可朱荣光就是堵在原地不动,好像故意要找茬。表婶求救似的回头看着林苓的奶奶、婶婶。

"哦,是他叔,我干儿子来了。"林苓的奶奶像见到了救星,缓过神来,急忙跑到门口,抢过林苓。

表婶不敢去夺,怯生生地看着朱荣光。

婶婶溜进自己的房间,不再露面了。

"进去,我们一起谈。"朱荣光催着表婶。

"我不是他们家的人,你要谈找她婶婶谈。"

"那好,你可以走,把孩子留下!"

"凭什么?"

"你们花了多少钱?"

"你能全部给吗?"

"一共多少,包括你的赚头。"

表婶转动着眼珠盘算着。

"这一带的行情我懂,5000块够不够?"朱荣光板着脸说。

表婶还想出个新价。

"6000,只会多不会少。"朱荣光从包里拿出一叠钱数了60张,递过去。

表婶不接。

"拿去,否则我就报警了。"朱荣光怒吼着。

表婶吓了一跳,拿着钱侧身挤了出去,又回头狠狠地瞪了朱荣光一眼,似乎在说,"你等着瞧。"

朱荣光抱过林苓,仔细地看着。林苓又黑又瘦,短短的头发泛黄黏乱,像个小猴子。朱荣光亲了亲林苓,流下了眼泪。

林苓不哭了,两只眼睛瞪得圆圆的,惊恐地打量着朱荣光。

"妈,"朱荣光朝向林苓的奶奶,"他叔在外面打工,家里没个男人,怎么能做这样的事,对不起我死去的林大哥和嫂子呀。"

"可是,我也是一身病呀,往后……"林苓的奶奶哽咽了,偷偷瞥了一眼婶婶的房间。

"我带苓苓走,我就是为这事来的。"

"那真是苓苓的福气了。"林苓的奶奶倒了一杯水给朱荣光。

"谢谢。"朱荣光摇摇手,"我不渴。"

"这么多年,你一走就没了音讯。"

"一直在外面打拼,不混出个人样来,不敢认你。其实,我一直在关注林苓,我经常和村长通电话。"

林苓的奶奶搓出一把毛巾,替林苓擦脸、擦手。"苓苓,跟他走吧,你遇到好人家了。"林苓的奶奶擦了一下自己的眼泪。

林苓紧紧搂住朱荣光的脖子,怕再被人抢走。朱荣光又留下了厚厚的一叠钱,离开了。

朱荣光的车子开出村子不远,一块石头从路边飞过来,打碎了挡风玻璃,少量的玻璃碴溅在司机脸上,司机不由得踩了一下刹车,车子停住了。一伙人挥动着木棍从路的两边冲出来。

"冲过去,他们还没有合拢。"朱荣光果断地喊着。

司机一踏油门,车子从正在合拢的人群缝隙中冲过去,车身"咚咚"挨了好几棍子,边上和后面的玻璃也被砸出了窟窿。

林苓吓得蜷缩在朱荣光的怀里,朱荣光用身子覆盖住她。

……

黎明，朱荣光的车子在一栋小楼前停下，前面是一片绿油油的草地。车门打开了，林芩被抱下车，看见彩蝶在撒满阳光的草地上欢乐地飞舞，空气格外温暖。

钱淑芬疾步跃下石头台阶跑过来，接过朱荣光手里的林芩，紧紧地抱住，仔细打量着，眼泪止不住滴落下来，滴湿了林芩的衣裳。"作孽啊，作孽。"钱淑芬的脸贴住林芩的小脸。

"还好，小姑娘没有受伤，领她去洗澡、换衣服。"朱荣光弹了弹身上的玻璃碎渣。

钱淑芬抱着林芩上楼走进自己卧室的卫生间，放满了一缸温水，解脱林芩的衣服。林芩身上有许多乌青血淤，有的地方还渗着血，有些渗血的伤口还在化浓，衣服和浓粘在一起，轻轻一扯就带下一块浓血，林芩咬着牙只是轻轻地一怔，连个呻吟也没有。

钱淑芬泪如雨下，林芩却静静地站着。钱淑芬小心地把林芩抱进浴缸，仔细擦洗，花了很长时间才把她从头到脚洗了个干净，而后擦干，敷上消炎药，贴上纱布和创伤片，换上前几天专门买来的衣服。

钱淑芬把林芩的脏衣服扔进垃圾桶，牵着林芩的小手慢慢下楼，走进客厅，眼睛红红的，嘴里不住地咕哝着："作孽，真作孽。"

朱颐站在朱荣光身边，比林芩整整高出一个头，好奇地看着林芩。

"我给你领回来了一个妹妹，"朱荣光盯着朱颐，认真地说，"是你的亲妹妹，比你小3岁。"

"她像个猴子。"朱颐做了个鬼脸。

"不许说，"朱荣光板起脸，"不准你欺负她，也不准别人欺负她。今后，如果你和她在一起，只要她不高兴，我不管什么原因，也不听你有没有道理，都对你不客气。"

"她欺负我呢？"

"活该！"

"为什么？"

"给我记住，我们家欠了她家两条命！"

"两条命？"朱颐不解地睁大眼睛。

"一条我，一条你。"

"我?"

"没有我哪有你。"

朱颐低头看着脚尖,似懂非懂。

朱家古老,血脉源远流长。林芩记得很清楚,她稍微懂点事的时候,朱荣光从楼上的箱底里取出家谱,放在祖宗牌位前,点上三炷香,拉上她拜了三拜,郑重其事地翻开家谱,指着开篇第一页,说,朱家的上祖是明朝开国皇帝朱元璋的第二子——秦王。朱家的祖训就是,打拼出来的天下,后世子孙不得拱手相让。

朱荣光经常挂在嘴上的一句话是,他这一辈子只做了两件事,一是拉扯出了荣光集团,另一是拉扯大了两个孩子。

"我爸爸是谁。"林芩终于忍不住了,问朱荣光。

"是个好人。"朱荣光又从书房里捧出一本旧相册,翻到一张旧照片。

照片的背景是一条简陋泥泞的战壕,天阴沉沉的,似乎还有蒙蒙细雨。两个解放军战士一手捏着烟,一手抓着枪并肩站立着,衣服、裤腿上沾满泥浆,左边的那个军装上有四个兜,右边的那个军装上只有上面两个兜。

林芩记起来了,朱荣光经常翻阅这本相册,而且每次翻阅时都会静静地凝视很长时间。她睁圆了眼睛,等待朱荣光叙说。

"左边那个是你父亲,右边那个是我。"朱荣光的手指在照片上轻轻指划着。

林芩仔细看着,抚摸着照片上父亲的脸。

"你父亲高大、勇敢、点子多,是个排长,我很尊敬他。"

"因为你们是战友,才收我做女儿的?"林芩眨巴着眼睛。

"你懂事了,应该知道了……"朱荣光缓缓道来。

1979年初,林芩的父亲和朱荣光在南疆打仗,朱荣光是重机枪手,在一次掩护部队冲锋时,朱荣光只顾对准前面射击,没注意背后的林子里冒出几个越军。朱荣光只听到背后一阵枪响,身边的战友歪倒在一边,子弹钻进了他的大腿。林芩的父亲急忙掉转头,带着几个战士猛烈回击，打死了几个，打跑了几个，把朱荣光抢救下来。

朱荣光的大腿骨被打碎了，被送到后方医院做手术，去掉了骨渣，嵌进了钢钉，恢复了行走，不过受伤的腿短了一截，走起路来有些瘸，每逢阴雨天还会作疼。

林芩的父亲和朱荣光复员了，先后成了家，又在镇里从一个人手里转承包了一个湖心小岛，协议期限15年。岛中央是一片山岭，他们忙了3年，满山坡地种上了橙子树，眼看着黄澄澄的果子压弯了枝头，县、市供销社的战友又帮忙预订去了一大半，两人兴奋地合计起是不是再承包几个小岛。

原承包人眼睛红了，认为转承包的价格太便宜，反悔了，想毁约。他拉出镇里的人来协调，开出的条件是：今年就算了，明年合同重签。

"为什么？协议期限还有12年。"林芩的父亲不服气。

"转给你们的承包价太低。"原承包人楞声楞气地说。

"每个人的管理方式不同，经营成果也会不同，如果还是你经营，你做不到这个程度。"林芩的父亲毫不退让。

"没的商量是吗？"

"是的。"林芩的父亲冷冷地回应。

"我再问一遍，"原承包人恶狠狠地说，"没的商量是吗？"

"是的。"

"那我今天就要收回合同。"

"这不就是抢吗？！"

"你说对了。"

"你还有王法吗？"

"哼，王法，你知道我在这一带叫什么吗？"

"不知道，没打听过，哼。"林芩的父亲轻蔑地一笑。

"好，我就叫你认识认识，长长记性。"原承包人的牙齿咬得"咯咯"直响。

湖心小岛的山岭下有两间简陋的小瓦房，林芩的父亲和朱荣光隔三差五地会住在里面。那天晚上，乌云密布，遮住了月亮，四周一片漆黑，只有风穿过山林的呼啸声。房间里的油灯昏暗，林芩的父亲和朱荣光坐在桌边喝酒，聊着打仗的事、战友的消息。

"哐当"一声门被踢开了，一伙人闯了进来，每人手里都抓着一把砍刀，寒光闪闪，上来就砍，林芩的父亲举起条凳反抗，边打边叫朱荣光快跳窗跑，想办法去报警、去联系战友。

朱荣光好不容易爬出后窗，瘸着腿跑到山坡上躲了起来。林芩的父亲抵抗了一阵也从窗口跳了出来，却直挺挺地摔倒在窗下，再也没有爬起来。那伙人爬出窗户，围住林芩的父亲，狠狠地踢了几下，林芩的父亲没有动弹。那伙人中的一个蹲下身子试了试林芩父亲的鼻气。

"死了。"蹲着的人仰起头说。

"这下闯大祸了，原本只想吓唬他们一下的。"原承包人害怕地说。

"还不快跑。"蹲着的人站起来就跑。

其他人也跟着跑向简易码头，跳上船逃走了。

朱荣光钻出来，跑到窗前，抱起林芩的父亲查看，发现他的胸口、腹部都被刀捅过，血流了一地。

后来那伙人被全数捉拿，原承包人和两个致命凶手被枪毙，其余的都被判了刑。

朱荣光来到林芩家，跪在林芩的奶奶面前，喊着："妈，林芩就是我的女儿，我有一天发达了，会让她富有的。"

林芩才几个月大，什么也不懂，躺在床上呼呼大睡。

朱荣光留下所有的收入，带着钱淑芬、年幼的朱颐走了，离开这令他伤痛欲绝的地方，投奔远处的战友去了。他先在贸易公司里谋了一个职务，从那里开始起步，积累了人脉关系和经验，随后就下海单飞了。

林芩的叔叔娶了婶婶，原本是一家人家的喜事，可婶婶是个狭隘计较的人，和林芩的母亲关系不好，林芩的母亲和林芩的奶奶也有摩擦，心情一直郁郁不乐，加上那一带山水不吉利，不知道是水不好，还是土不好，村子里每年都有个把人得怪病。林芩的母亲也得了这种病，没拖上一年就死了。那时林芩才三岁。

林芩经常受婶婶虐待，林芩的奶奶开始还保护一下，后来自己也得了病，无力顾及，又经不住婶婶纠缠，才同意替林芩另外找人家。

4. 驶向圣托里尼

渡轮前方的海平面上又浮现一个小岛，圣托里尼特有的地貌——弯曲的月牙形悬崖依稀可辨。灰色的悬崖上有一层薄薄的白色，像瑞士山顶的雪冠。船舱里有些躁动，人们移向窗户或者去甲板眺望。

林芩还沉浸在她的《唐璜》里：

山洞里的火越烧越旺，亮堂起来，"唐璜"看到了闪烁的金色，那是"海蒂"额前悬挂的黄金圆片首饰，长长的头发上卷发成串，透着尊贵的身份。她眼珠黑色，睫毛长长地丝绒般弯下，面颊胭红如落日的晚霞。她送来衣服，做肉汤，温存地照顾。

"海蒂"是独生女，父亲过去是爱琴海里的渔夫，后来做海上不光彩的"生意"发了，有自己的岛屿，在基克拉泽斯群岛之中，还有宫殿般的住宅，上亿家产。

林芩马上想到，第二段里"不光彩的生意"这一段应该改掉，因为朱荣光的生意、荣光集团的发家是光明正大的，不能用"不光彩"三个字。

林芩又回忆起往事、小时候的事：

林芩进了朱家后，日子过得很快乐，朱荣光、钱淑芬非常疼爱她，这不仅仅是林芩父亲的缘故，还有林芩本身的特质。林芩刚毅、聪明、乖巧，会察言观色，嘴巴很甜，很能讨朱荣光、钱淑芬喜欢。林芩一进小学就显露出了聪慧，活动能力很强，喜欢张罗事，三年级时写出的作文还在全市小学生作文比赛中获得一等奖。"三条杠"的大队长标记一直挂到毕业。

朱颐不喜欢读书，上课小动作很多，注意力不集中，学习成绩老是垫底，医生诊断是多动症，很有可能是某种原因致使他的大脑皮层在娘胎里时就没有发育健康。老师不认为朱颐是健康问题、能力问题，而是不守纪律、懒散好闲、不走正道的道德品质问题，是个坏孩子，坏了一锅粥的"老鼠屎"，不能原谅，也不值得同情。老师把朱颐列为后进学

生帮教名单，隔三差五地来家里访问，名曰"关心"，实为"告状"。

一个十岁不到的孩子，人生道路还有几十年，在这样的氛围里，被贬在社会的最底层，放眼出去除了黑暗还是黑暗，能健康成长吗？！不要说今后挑不起荣光集团的大梁，就是做人的信心也没有，甚至连生命都会被看作是一种负担。这一直是朱荣光苦心思虑的事，心头的重负。

朱颐在一片斥责声中成长，小小的年纪就学会了自暴自弃——时常逃学，和一批流浪儿混迹在一起。钱淑芬发现不对劲，老师再来访时就不客气了，总要和老师争执，说，"这孩子有多动症，是生理原因，不是道德品质缺陷，这样的孩子要特别关心，尤其不能歧视。"老师总是委婉地劝钱淑芬，"不要'庇护'，要严格管教，否则会害了他。"

朱颐又"惹祸"了，和人打架，被老师提溜到教务处受训，时间正赶上全体学生、老师去操场列队升旗，校长把朱颐叫到操场，责令他站在主席台前，面对着上千学生，低头认错，还狠狠地训斥了一顿，杀一儆百。

钱淑芬冲进学校和校长理论，又闹到市教育局，教育局批评学校处置不当，不过也规劝钱淑芬要配合学校严加管教，同时帮助朱颐换了一所小学。

钱淑芬对朱颐心里有愧，很清楚是怎么一回事。在文革期间，为培养年轻干部，钱淑芬小小年纪就被任命为"铁姑娘战斗队"副队长，承担起了成人的劳动，带领着一班比她年纪大的女青年学大寨，战天斗地。她们硬是铲平了一个山坡，填没了一个湖，开辟出一公顷稻田，那年月，打粮食就是硬道理。结果，钱淑芬得了妇科病。钱淑芬和朱荣光结婚后，经省人民医院老中医悉心治疗，用了许多药，在丢了一胎后才勉强保住了朱颐。当年老中医就提醒过，这孩子的健康、智力可能会有问题。

钱淑芬领朱颐四处求医治疗多动症，尝试过许多药，有一次，朱颐吃了一个疗程后竟然反应呆滞、呆若木鸡，吓得钱淑芬再也不敢给他吃药了。

朱颐喜欢和林芩一起玩，因为林芩是唯一不歧视他的优秀学生，而且林芩反应快，惹了"祸"跑得快、点子多，能为他解难，可以帮他化解许多麻烦。随着时间推移，朱颐养成了习惯、条件反射，遇事只要看见林芩跑，就不问青红皂白地跟着跑；遇到麻烦总是求林芩想办法，只要是林芩出的点子，也不问究竟就照着做，结果总能逃脱和化险为夷。

不过，朱颐有时候也很讨厌林芩，有一次，朱颐请林芩代他写作文，她写好后告诉了朱荣光；还有一次，朱颐要林芩放风，自己爬到别人家墙头上去偷枇杷，又被林芩告了一状……他恨得牙根直痒，骂她不是东西、"马屁精"，老在背后"打小报告"。朱颐怎么也想不通，林芩的小脑袋是怎么长的，就那么灵巧，只要一和她闹别扭，在朱荣光面前，她的小嘴巴就能翻滚出一套又一套道理，总是有理，朱颐说不过她，又加上朱荣光偏袒，吃苦的自然是自己的屁股，他也记不清楚挨了多少次打。朱颐给林芩起了一个绰号，叫"四面派"——在朱颐面前一套、朱荣光面前一套、钱淑芬面前一套、学校老师面前一套。

朱颐认为林芩不是同道上的人，请小伙伴们帮忙，想办法修理她，前提是不能伤着她，只要能让她"改正"就行。"阴谋"策划好了，机会也来了，他们乘林芩开少先队队务会比朱颐回来得晚，就准备好了一盆面粉，还派出瞭望哨。瞭望哨远远地看见了林芩的身影，就给了朱颐一个手势，朱颐赶紧拉开房门，保持一条缝，把一盆面粉搁到门上，而后和同学们躲起来，只等"咣当"一声，林芩变成"白雪公主"。

没过多久，就听"咣当"一声，粉末飞扬，一个粗暴的男中音响起，朱颐惊讶地探头一看，吓得魂飞魄散，只见朱荣光满头满脸都是面粉，不停地揉着眼睛，破口大骂朱颐。朱颐连大气也不敢出，带着同学翻窗逃跑，不敢回家。林芩则一边帮助朱荣光擦眼睛掸面粉，一边暗暗发笑。

朱荣光把朱颐揪了回来，狠狠地训斥了一顿。林芩得意地挺起小胸脯，眼珠提溜乱转。

"你过来。"朱荣光微笑着招呼林芩。

林芩低着头，移动脚步，不敢看朱荣光。

"呵呵，"朱荣光微笑着说，"你怎么就知道要躲在我后面进来？"

林芩不开口，撅起小嘴巴，很委屈。

"你大胆地说。"朱荣光很温和。

"我看到他们的瞭望哨鬼鬼祟祟的,就知道他们没安好心,不过,我不知道他们会做这样的事。"

"唉,"朱荣光一声叹息,"我那个不争气的儿子如果有你一半聪明就好了。"

林芩沉默了。

"长大后就做我家的媳妇吧。"

"做女儿不是一样吗?"林芩依旧低着头。

"这话对,可也不对,我们祖辈讲究的是,癞痢头儿子自己的好,只要基因对上了,再怎么不是料,也是自己的儿子好,你只有做了我家的媳妇,才在血……"朱荣光没有把"缘"字讲出来,"上是一家人。"

林芩第一次听到朱荣光说"血……",那时候当地的电视台热播过日本电视连续剧《血疑》,林芩知道朱荣光在说什么。

不过,林芩也有仗义袒护朱颐的时候,令朱颐感激和喜欢。有几次,林芩为朱颐顶"祸",朱荣光虽然看出端倪,也不点穿,而是自己找台阶下,装糊涂,不了了之。

初秋,天气凉爽,是捉蟋蟀的好时节。这一带的蟋蟀虽然比不上山东济宁的出名,可也是上等货色,逞凶好斗。当地玩虫的人不服,老是说,两个地方的蟋蟀各有千秋,一个是非洲狮子,一个是亚洲老虎,谁比谁厉害呀?!

暑期末的一个夜晚,朱荣光出差未回,朱颐招集了一班小伙伴去城外农民家的毛豆地里捉蟋蟀,林芩"死皮赖脸"地要跟着去,寻求夜间游戏的紧张、刺激、兴奋。朱颐在田头安排了一个瞭望哨,要他发现情况就学三声狗叫,而后自己带人走进毛豆地。朱颐他们顺着蟋蟀的叫声蹑手蹑脚地往前走,蟋蟀一般都躲在毛豆杆的根部。他们凭声音锁定了一个位置,围拢过去,把周围的毛豆秆子踩平,孤零出一棵来,一个小伙伴打手电,照亮根部,朱颐一手拿蟋蟀网,一手拿竹片挖,等蟋蟀被挖出来时,迅速罩上网,那棵毛豆也"轰然"倒塌,朱颐看也不看,只顾把蟋蟀装进竹管筒。

朱颐回头看看田头,见瞭望哨没有发出任何报警信号,又循着声音找下一个目标……朱颐正挖着，突然屁股被重重地打了一下，他"哇"的一声跳了起来，还想张望一下发生了什么事，林芩已经撒腿跑了，还不停地喊，"快跑，快跑。"朱颐跟着就跑，小伙伴们一哄而散。

朱颐和小伙伴逃了很远才停下来，回头望去，只见那块毛豆地里有几柱手电光在晃动，几个高大的身影在走动。

"好险啊，差点就被抓住了。"朱颐摸摸屁股。

"不是我反应快，你早就被逮住了。"林芩擦着汗。

"可是我没有听到狗叫呀。"

"那小子早就跑了，还顾得上我们？"

"刚才也不知道是什么打的，到现在还很疼。"

"一定是弹弓打的。"

"怪不得，你给我看看，是不是出血了。"朱颐撅起屁股朝向林芩，拉下半截裤子。

"下流。"林芩骂道。

朱颐急忙拉起裤子。

"给'老婆'看看没事，"一个小伙伴笑着说，"再说，没长毛的，看到了也不算。"

朱颐喜欢和别人玩"斗俘房"，被斗败的蟋蟀就要送给赢家，算是俘房。对大人来说，输条虫不算什么，可对小孩子来说，是天大的"财产"损失，因为这些虫子身上往往凝聚着带血的辛劳、牙缝里挤出来的资本（用吃饭钱买的）。

朱颐的蟋蟀赢了，他高高兴兴地带着自己的"英雄"和"俘房"回到教室自习。朱颐做了一会作业，就拿出"英雄"和"俘房"张扬，这时，一帮其他班级的学生涌了进来，领头的就是刚才输了"俘房"的那个人。那伙人冲上来就抢，就打，朱颐吓得躲进角落里，死死地抱住装有"英雄"和"俘房"的书包。

林芩和几个女同学路过朱颐的教室，想叫朱颐一起回家，看见这种局面，林芩急忙冲进去，不顾一切地跃过拖乱的课桌，跳到朱颐面前，挺起小胸脯挡在那伙人面前。那伙人不敢打，推桌子挤压林芩和朱颐，林芩和朱颐奋力撑住，其他同学也来相助，教室里乱成了"一锅粥"……老师来了,两边的人都被带到了教务处。

林芩上高中了,那是个全省最好的高中,林芩也出落成了一个美丽的大姑娘,一直在学生干部的岗位上磨炼,加上受朱荣光行事风格熏陶、生意经感染,她的作风、性格、能力、志向颇像朱荣光。朱荣光说起林芩就无上自豪。林芩业余爱好广泛,学什么像什么,第二外语——德语,也说得有模有样,还参加全省高中生辩论竞赛会,得小组第一,高中二年级时又获得了全国高中生化学竞赛二等奖,家里挂满了奖状。林芩收到过好几封懵懂的求爱信,都没有交给老师,而是私了,处理得很恰当。

朱颐也长成了英俊青年,只是学习成绩不好。高中毕业前,朱荣光犯愁了,知道他考不进大学,原本想让他去美国读书,无奈美国大学入学门槛比较高,要TOEFL、SAT(Ⅰ、Ⅱ)成绩,他一个都拿不出来,只得转到英国学校读预科,学语言。在英国,朱颐交女朋友、上餐馆、旅游、摄影,正经的书不念,混了几年,换了几个学校,始终上不了大学,钱撒得像泼水一样。

林芩高中毕业前,学校推荐她上清华,朱荣光则鼓励她出国读大学,地方由她选,她毫不费劲地拿下了TOEFL、SAT(Ⅰ、Ⅱ)的好成绩,还联系了美国综合排名前10的大学。

林芩兴冲冲地告诉朱荣光,到时候会给他一个惊喜。朱荣光微微一笑,简单地称赞了几句,沉默了,一缕阴云压向心头,浮上脸庞。

"爸爸,不舒服吗?"

"不。"

"要我叫妈妈来吗?"

"不用,没什么。"

林芩直勾勾地看着朱荣光,忐忑不安。

"你不去美国上大学行吗?"朱荣光声音低沉。

"在国内上大学?"

"不,去瑞士上大学。"

"为什么?"

"你应该能猜到。"

"因为哥哥？"

"是的，"朱荣光点点头，"你很懂事。"

"他怎么啦？"

"在英国不像样，上不了大学，我也管不住，这样下去人是要毁的，所以，我想让他去瑞士。"

"瑞士入学门槛低？"

"不能笼统地说，我听一个朋友说，瑞士有些排在后面的酒店管理学校入学门槛比较低，毕业也比较容易，可行业内还是认可的，让他凑合一张文凭吧，再长大一点，或许能明白事理。"

"你要我去关照他？"

"是的，准确地说，是看着他。"

林芩很犹豫，心里多少有点舍不得美国的学校。

"瑞士的学校随便你挑，"朱荣光认真地说，"在苏黎世、日内瓦、圣加仑，等等，教育部认可的世界一流大学有好几家。"

"我听爸爸的，"林芩果断地说，"今天晚上我就开始联系。"

"这样我就放心了。"

"只要为哥哥好，爸爸叫我做什么我都会答应的。"

"朱颐已经不小了，你虽然是妹妹，可是，要多帮助他。"

林芩点点头，似乎听懂了朱荣光的潜台词。

朱荣光有着更深远的思考，小孩进入了青春期，应该让他们多接触，增加感情。他担心，林芩独自去美国以后，马上就会被一群才子追求，其中不排除会有很富竞争力的富家子弟、官宦后代、天才俊杰。

朱颐没有过多地理会渐渐移近的"月牙湾"一般的悬崖，而是专注着凯瑟琳的述说。随着凯瑟琳的述说不断深入，朱颐肚皮里的那点货色已经够不上交谈了，他只有听的份。他注视着凯瑟琳扑闪的大眼睛，觉得很美，很甜美，自己的婚姻里就缺少这种甜美，而且，他原本应该享有这份甜美，他的眼前渐渐浮现出一个女孩的形象——齐燕——他刻骨铭心地深爱过，又给过他甜美的女孩：

朱颐落在一个据留学中介说是排名在20多位的瑞士的酒店学院。离开英国前夕,在爱丁堡老城区黑色的石头小路上,朱颐和新交的女朋友齐燕抱头痛哭。齐燕是大学预科学生,开学后就要进入爱丁堡大学读本科了。

齐燕是钱国强替朱颐牵上线的,她是钱国强朋友的女儿,也是钱国强丈母娘家的一个远房亲戚,小镇上的人历来讲究沾亲带故,不管事业创到哪里,第一代人都认一块土地、一个根、这个根上的枝丫。

齐燕性情温和,对朱颐比较顺从,处处照顾他的感受,和林苓有着天壤之别,朱颐的大男人心态能在齐燕面前得到充分舒展,很充实,因此对齐燕特别欣赏,很是依恋。

"我舍不得离开你。"朱颐紧紧抱住齐燕。

"我也是。"

"我父亲太专制了。"

"不要这么说,他的考虑也许有道理。"齐燕真诚地说。

"再有道理,也可以不顾我的感受吗?"

"人生总会遇到许多错综复杂的关系和问题,要冷静。"

"可是,"朱颐深情地看着齐燕,"你流泪了,让我怎么能够冷静?!"

"我没有流泪。"齐燕想擦。

"你别动,我把你的眼泪吻掉。"

齐燕闭上眼睛,任凭朱颐吻。

"我爱你。"朱颐吻着,也不知道吻的是自己的眼泪还是齐燕的。

"别这样,"齐燕冷静下来,推开朱颐,"我们还是想想今后怎么办。"

"是的,哭没有用,我们应该坚强。"

"乖孩子,这就对了。"齐燕吻了朱颐一下。

"你能一起去瑞士吗?"

"我也想过,可是,家里一直想让我上爱丁堡大学。"

"让我舅舅找你爸爸、妈妈去说?"

"可以试试,不过,还得要有好的理由。"

"你觉得你家里会激烈反对吗？"

"不知道。"

"那就是说，很难，不一定会同意？"朱颐一急，眼泪又流了下来。

"不是说不哭了吗？"齐燕擦去朱颐的眼泪，"我也没说不可能呀！"

"一想到要和你分离，我就控制不住。"

"不要忧伤，不管你去哪里，我都不会变。"

"我也是，呜……"朱颐又控制不住了。

"走吧，人家都在看你呢。"齐燕斜视着从身边走过去的人。

朱颐忍住眼泪，擦了擦，挪动步子，身子几乎依靠在齐燕身上，慢慢走回住的酒店。齐燕安慰了朱颐很长时间，才顶着黑夜回自己的学校。

齐燕横下心来和家里磨蹭，她家里不缺钱，再加上钱国强的游说，家里终于被说通了。齐燕随朱颐一起去了瑞士，进了圣加仑的一所大学，与朱颐的学校同城。朱颐又露出了笑容，和齐燕厮守在一起，其乐融融。

林芩透过窗户看到来往的船舶越来越密、停泊的船只越来越多，巨大的"月牙湾"一般的悬崖渐渐靠近——渡轮正在慢慢移向码头。林芩注视了片刻，又转回到了刚才的思绪中：

苏黎世和圣加仑有一点路程，朱颐刻意回避、疏远林芩，因此林芩很少和朱颐见面。林芩对朱颐和齐燕的交往也不介意，似乎和自己没有太大的关系，而且，多少有点乐见其成的味道，因为，这至少能释缓一下一直压在自己心头的朱荣光明里暗里念叨的"魔咒"——"做朱家的媳妇吧。"这句话沉甸甸的，有时压得她喘不过气来。

王毅那生生不息的生命能量、汩汩不竭的智慧渊源早已渗透到林芩的血液里，是她生命中的重要元素。林芩有时候会娇滴滴地看着王毅，柔声柔气地说，"王毅，你真傻。"王毅同样会柔声地反击说，"能得到你爱的男人会傻吗？你的眼睛是长在头顶上的，只能看见高大的男人。"林芩羞涩一笑,说,"又在找机会吹捧自己。"林芩和王毅相处几乎耗尽了她少的可怜的业余时间,可她心甘情愿,不过她心里一直有个障碍,那就是朱荣光的"魔咒",这障碍使得她始终不敢无所顾忌地投入这场爱、爽朗畅快地敞开胸襟接受这份爱,可她又不愿意放弃这份爱。王毅有所察觉,开始的时候还以为自己追求得还不够激烈,不够真诚,因此更加积极、更加热烈,更加透心,他相信,只要自己能专一永恒,热情不变,再耐高温的栅栏也能被融化,这反而使林芩更加痛苦。

朱荣光很敏感,很快就发觉了朱颐、林芩各自的恋情,这是他无论如何也不能接受的。他忍不住抱怨林芩,不听话,不"关心"朱颐;他也责怪朱颐,不懂事。他排斥齐燕,怨恨钱国强,猜疑他们的各种图谋。朱荣光再三叮嘱林芩要和朱颐多往来,他很了解林芩,知道她是个理智强于情绪、责任胜于感情的人——什么事情只要在大义上讲清了,她就会义无反顾地牺牲自己。朱荣光干脆停止往朱颐的银行账户里打生活费用,而是划到林芩账上,要林芩按时支付,监管用途,增强联系频率。

林芩的心情变得越来越沉重,一边是自己挚爱的父亲坚决要把她往朱颐身边扯,另一边是自己深爱的男人坚定不移地要拥抱她。她很清楚,和自己相爱的男人恋爱是人性的阳光,和自己不爱的男人同枕共眠是人性的苦难,命中注定她要遭受这样的磨难!

渡轮服务生走进头等舱,招呼游客准备下船了,林芩抓紧时间思索了一下,给自己的《唐璜》做了一个漂亮的小节——要让"唐璜"爱上她,不能老是女孩子主动:

"唐璜"一天天健康了,健康就是爱情的保护神。"海蒂"用眼睛灵活的神色说话,"唐璜"也用脸上的语言回应,"海蒂"读懂了其中多少的情意,都是她的所思。"唐璜"挽着"海蒂"的手走出山洞,踏过贝壳、五色斑斓的小石子、黑色的沙滩,依偎在一起歇息,紫色的晚霞让他们陶醉。

林芩幸福地一笑,觉得还应该再把"唐璜"描写得更加疯狂一点,她又在"'唐璜'一天天健康了"的前面，补充进了下面的情节：

"唐璜"醒来时，梦中温柔的感觉是那么真实，如藕的手臂垫着他的头，温暖的气息掠过他的脸颊，他喷出爱情的火焰，好比油和火药……

林芩收好电脑，带着未尽的余念走出船舱，上到顶层甲板，望着灰白层叠的悬崖、停靠在海面和码头上的桅杆耸立的古式帆船，仿佛到了海蒂的家，心情舒坦起来。

渡轮向码头靠拢，码头上的工作人员准备迎接抛下来得缆绳。林芩搜寻起朱颐，在满满一甲板的人群里，她看到朱颐正在和凯瑟琳交谈，好像在互留地址、网址、电话。

林芩没有打扰他们，而是静静地看着，脸色渐渐阴沉下来，她并不祈求和朱颐之间会燃烧起强烈的爱情火焰，可是，眼下她也不希望朱颐在众目睽睽之下不顾及她的脸面，和一个陌生女人过于热情。她看着朱颐，要让朱颐感觉到她不高兴了。

说实在的，林芩对朱颐有着深厚的兄妹之情，她也尝试过面对现实和责任，从兄妹之情出发升华出爱情，接受上帝之手安排的婚姻，因为毕竟是夫妻，感情不融洽地生活在一起就像两块粗糙的皮肤在磨蹭，很疼，可是，她不久就失败了，不仅是因为王毅的影子难以磨灭，更多的是朱颐让她失望，朱颐做出的一系列事使她痛心。

朱颐发现了林芩，也注意到了她的表情，急忙起身与凯瑟琳告别。凯瑟琳敏锐地搜寻起来，很快就发现了林芩。

"是你太太？"凯瑟琳瞅着林芩问朱颐。

"是的。"

"真漂亮，能介绍我认识吗？"

"当然。"

凯瑟琳跟随朱颐走到林芩面前，伸出手，微笑着说："你好，我叫凯瑟琳，刚才你先生一直在夸你，夸你能干、漂亮。"

"呵呵。"林芩笑着和凯瑟琳握手，等待朱颐介绍。

"同路人，"朱颐轻松地说，"她是个自由撰稿人，研究宗教的，知识渊博，很开朗。"

"很高兴认识你。"林芩朝凯瑟琳微笑。

天空中的海鸥越来越多，渡轮靠岸的动作缓慢而吃力，经过一番"挣扎"，终于靠上去了。

5. 初上圣托里尼

圣托里尼的码头顿时热闹起来，船尾不断"吐"出的人和行李混杂在一起，拥挤在码头上。码头坐落在悬崖脚下，悬崖的腰间有一条盘山公路，悬崖顶上一片白色建筑就是一家著名的酒厂。林芩招呼众人跟随韩贵走向等候他们的车子，尽快离开这嘈杂得让人心烦的环境。

林芩、朱颐、韩贵、摄影师坐上车，沿着悬崖壁盘旋而上，驶进梦幻般金色的阳光，渐渐地离海远了，却离天近了。车子驶上了一条平缓的道路，正前面上方，乳白色的房子群落像雪冠，泛着金色。这景色既熟悉又陌生，像瑞士，林芩注视着前方，眼前浮现出雪山：

瑞士，中部小镇英特拉肯，滑雪胜地。少女峰在阳光下也闪着耀眼的金色，晶莹剔透。从雪峰向下倾斜的雪道上，撒布着五颜六色的运动服，再往下深远的地方稀稀拉拉地点缀着一些灰色的运动服，更深远的地方只有依稀几个黑点在移动——那里是滑雪技艺超强的人的天堂，凡人的地狱。

朱颐早就策划好要和齐燕去英特拉肯少女峰滑雪，朱颐也向林芩发出了邀请，不过，只是出于客气，只是为了方便"账务报销"，他想林芩应该会谢拒。林芩确实不想去，手头上正压着一份厚厚的"小组项目报告"（欧美大学的一种作业形式）要完成，这份报告的成绩决定着小组每个成员的成绩，林芩作为组长，要对每一个成员负责。而且，王毅也不希望林芩去，不仅是因为他和林芩有约在先，更主要的是，他已经察觉出朱颐和林芩之间的微妙关系、说不清道不明的故事，他开始猜测，为什么林芩对他的爱会有所保留？为什么两人的感情快要到沸点时林芩会戛然而止？是否就是因为那个哥哥的身影像一层阴云始终漂浮在她的身边？

朱颐也把自己的计划告诉了朱荣光，朱荣光一开始不同意，可经不住朱颐磨蹭，勉强同意了。朱荣光挂上电话后，隔手就给林芩打去了电话，要她一定陪去，还特别关照，要她和齐燕住在一起，言下之意不言自明。

林芩不想惹朱荣光不高兴，或许，潜意识中也不希望朱颐和齐燕过于密切，只得硬着头皮搁下报告陪朱颐和齐燕去。

朱颐听到林芩也要去，暗暗叫苦，暗自责备林芩也有犯糊涂的时候，这么个聪明的脑袋怎么就看不出其中的端倪。

林芩、朱颐、齐燕购置了一身崭新的滑雪装，背上长长的滑雪板和重重的行囊出发了。一路上，朱颐无心顾及窗外美丽的景色，总想找个空子和齐燕亲热一下，可是林芩就蠢在眼前，分分秒秒地看着他，使他能看得见齐燕，嗅得到清香，就是牵不上手，心里痒得比猫爪子挠还要难受。齐燕却很乐意和林芩聊天，把朱颐冷落在一边。

到了英特拉肯，一安顿下来，朱颐就催着林芩、齐燕上山。少女峰海拔4000多公尺，上山的路很长，要换两次火车，花去了他们不少时间。

到了山顶的雪道上，朱颐和齐燕迅速放下滑雪板，双脚一蹬，互相使了个眼色，像事先商量好了似的，双臂双手连着用了几下劲，"哧溜"一声就如离弦的箭飞驰下山坡。朱颐和齐燕酷爱滑雪，经常在一起切磋，技术水平远远超过林芩。林芩放下滑雪板，蹬上，踏稳后直起身子，左右顾盼，已经看不见朱颐和齐燕的影子了。她顺着雪道往下搜索，只见朱颐和齐燕的身影只有尺把来高了，彩色的滑雪服变成了暗灰色。

林芩急忙起动滑雪板追过去，追到那里又看不见朱颐和齐燕了。林芩赌气往回走，花了很大的劲才回到出发点，累得直喘粗气，不想再远行了，休息了一会后，就短距离地来回滑动，耐心等待着。

阳光消失了，天色阴暗下来，飘起小雪，风速增大，雪道上能见度降低，远处的几个黑点也看不见了，只有雪花漫天翻滚，可是，许多滑雪高手却变得兴奋异常。林芩万分焦虑，却又无计可施。

傍晚时分，几个搜救人员抬着朱颐和齐燕上来，匆匆送进房子，两只搜救犬摇着尾巴前后跑着，林芩急忙追了进去。

救护人员告诉林芩，朱颐和齐燕一不留神滑出了安全区，在风雪中迷失了方向，幸亏有人看到，急忙呼救。当搜救犬找到他们时，两个人紧紧地拥抱在一起，极度恐惧、寒冷、虚脱。

经过检查，齐燕只受到轻度冻伤，朱颐需要进一步治疗，被运下山，直接送进医院。

朱荣光接到林芩的电话后，又急又气，严令朱颐出院后回国进一步治疗。

车子快到OIA小镇了，放慢了速度，周围的人和车辆多了起来。朱颐也觉得眼前的景色似曾相识，又见林芩深陷在沉思中，不由得也回忆起了往事：

钱国强来探望朱颐，朱颐像见到了救星，动情地对钱国强说："齐燕是我交往过的女孩子中唯一让我真真动心的一个，也正是因为齐燕，我才改掉了拈花惹草的习惯。请舅舅一定再向我爸爸、妈妈求情。"

钱国强知道，齐燕是朱颐的心病，心病不医好，毛病就不会好。于是，他鼓励朱颐继续和齐燕交往。"爱就是爱，是发自内心的真实情感的表露，是化学反应，没有道理好讲，也不需要讲理由，比如，有的人彼此看一眼就讨厌，而有的人彼此一看见就爱得死去活来，你说得清楚为什么吗！"他越说越激动。

可是，真要去劝说朱荣光，钱国强心里也有点犯怵，他深知朱荣光脾气很犟，猜疑心很重。不过，经不住朱颐再三央求，他还是决定再努力争取一下。

钱国强硬着头皮找上门去据理直述。朱荣光一听就火了，不管钱国强怎么说就是不同意，而且一定要朱颐和齐燕断，还责怪钱国强多事："不该管的事乱管，这么大的事也不和我事先商量一下，也不事先告知我一下。"

"我怎么知道他们会恋爱？！"钱国强争辩着，"我只是介绍他们互相照顾，而且，他们小时候都在一起玩过。现在，既然他们已经相爱了，而且爱得很深，婚姻法上也说了，恋爱、婚姻是他们两个人的自由，硬干涉对吗？"

"除非朱颐在经济上能够独立，"朱荣光愤愤地说，"可是他做不到啊，一堆烂泥巴糊不上墙。如果他真像林苓一样能干、有自抑力，我就随便他去了。"

"我担心朱颐会伤心过度，顶不住，精神垮掉。"

"连这点都控制不住，今后怎么管理一个集团？！"朱荣光很激动。

朱荣光最揪心的是，家族的事业大了，波及海内外，牵涉的面越来越广，经济形势越来越复杂，需要协调的关系和矛盾越来越多、越来越难，与其说荣光集团是自己的自由王国，不如说是自己的"累赘"——许多人还在不断给他添加责任、义务，而且自己年事在增长，身体在变差，时常感到力怯，需要有个可以信赖和托付的后人帮衬，最终能够接住这个摊子，可朱颐连自己都管不好。

钱淑芬没有朱荣光想得那么多，也顾不得想那么多，她想得最多的是，朱颐的生命来之不易，不能有闪失，社会上因失恋发疯和殉情的消息太多，时刻都在刺激她，似乎随时都会在自己家里上演，她说了，"如果朱颐有个三长两短，我一定会发疯的。"还有个一心想着朱家香火百世延续的80多岁的老祖母，更是把朱颐这根独苗当作甜面团捂在心头，成天守着朱颐，"我的宝贝"、"我的孙"的唠叨个不停，朱颐拿刀削个苹果也会让她吓出一身冷汗。

朱荣光是个大孝子，敢和钱淑芬顶撞，却从来不想惹老太太难过。朱荣光只有一个办法，不去难为朱颐，一心哄着老太太高兴。

钱淑芬也是个明事理的人，面对朱颐的状况，她也为荣光集团的未来忧虑。她想过一个方案，只是没敢在朱荣光面前明着提，这个方案是，把荣光集团交给钱国强父子经营。她目光忧郁地对朱荣光说："你的担忧在理，你的心事我也明白，可我担心的是，强扭的瓜不甜，林苓和朱颐最终还会分家，那时候，你我可能都不在了，荣光集团就会……"

"我也想到过这点。"

"那，你为什么还要坚持呢？"

"儿子不行，就扶孙子，只要他们有了儿子，一切问题都解决了。"朱荣光很自信，"女人嘛，只要一生儿子，就会把全部心事放在儿子身上，我相信林苓一定是个更专注的母亲，所以，这事要趁早定，尽早抱孙子。"

"你能保证孙子一定像你？！"

"林苓很聪明，身体又好，基因很优秀。"

钱淑芬没话好说，被说通了，老太太也不闹了，钱国强不敢露面了，朱颐就像断了木材和风的炉火，旺不起来了。

朱荣光把朱颐叫到书房，关上门，特意创造出一个与外界隔绝的气氛，让朱颐感到孤立无援。

"你是我唯一的儿子，"朱荣光目光严肃，"按照老祖宗的习惯，我必须把整个集团、所有的财富都移交给你，可是，"他盯着朱颐，预示着后面的话很重，"你学业平平，谋略不足，坚韧不够，感情用事，又喜欢玩耍，把什么都当儿戏，不认真。"

朱颐低着头，不敢面对朱荣光。

"这仅仅是一个方面，另一个方面，如今荣光集团的经营环境复杂多变，变幻莫测；内外利益摩擦不断，有时冲突很激烈，未来走向很不确定，没有特别的智慧很难看清楚，很难判断准确；员工的思想活跃，诉求很高，没有特别的能力很难驾驭、很难化险为夷。我不能从私心出发，必须对荣光集团、社会、国家有个交代。"

"我可以改，认真学。"

"这不是学的问题，还需要有天分，"朱荣光抓住朱颐的手，用力摇着，"和齐燕断，娶林苓吧。我承认，齐燕是个好姑娘，很聪明，也很文静，可她的能力远不如林苓，如果你和齐燕结婚，就等于把你们放在火炉上烤，我不想让你们受一辈子罪。"

"你可以再引进投资人，搞公共公司。"

"你知道什么是公共公司吗？"

"就是属于社会的……"朱颐支吾着。

"你连公共公司都没有搞明白，"朱荣光打断朱颐，"你就信口开河，这事能戏说吗？做这样的事不经过认真论证、周全考虑行吗？而且，你能做吗？说白了，要做，也只有林苓这样的人来做，而且现在也不行，她还必须毕业以后经过磨炼才能担当。"他激动地喘起粗气，"再说，亚洲人的文化适合家族企业，很多家族企业一样搞得很好，如香港的李嘉诚。"

"我懂了。"朱颐心不由衷。

"你答应了？"朱荣光目光疑惑。

朱颐很犹豫，很痛苦，深知这一点头意味着什么。他没有敢看朱荣光，却感觉到朱荣光的目光咄咄逼人，他的每一寸皮肤都有压力。

"儿女情长，优柔寡断，这样的性格能做大事吗？"朱荣光逼视着朱颐。

朱颐的眼窝里盈着泪水。

"哭什么呀。"朱荣光不满地揪紧了眉头。

"我同意娶林苓，只要她愿意。"

"不反悔了？"

"真的，不反悔。"

"是心里话？"

朱颐微微点了一下头。

"好，你和林苓必须尽早结婚。"

"齐燕怎么办？"

"我会安排好的，会给她一笔经济补偿的。"

"哼，又是钱。"朱颐轻声嘟哝了一句，眼前浮现出齐燕的身影——在瑞士清澈的湖边徘徊，接着是齐燕面容的大特写——期盼的目光流连、忧虑的面容阴沉，朱颐知道，她现在还不知道对她的海誓山盟已经塌陷，为她勾画的幸福梦境已经撕裂，只要他把这里的信息传递给她，她就会跌落黑暗的深渊，经受永恒的精神磨难。"她多么无辜啊。"朱颐像在梦呓，声音轻的只有自己能听清楚。

"你刚才说什么？"朱荣光盯着朱颐。

"我没说什么。"

"我再说一遍，"朱荣光变得和蔼起来，"齐燕是个好姑娘，自从你认识她以后，你变得规矩了，就冲着这一点，我也要感激她，但凡有一丝可能，我都会答应你们的，可是，我已经说过了，我身不由己啊。"

"齐燕也有可以培养的潜质。"朱颐又动摇了。

"不要再变来变去了，"朱荣光很坚决，"我是在选未来的董事长，第三代接班人的太后，不是部门经理，在这一点上，除了能力以外，还要有忠诚，具体地说，就是一心一意。"

"齐燕为人也很忠诚。"

"环境决定意识，只有林芩符合条件。"

"为什么？"

"林芩孤独一人，连一个近一点的亲戚也没有。"朱荣光的目光怪异，意思是说，"还不明白吗？"

朱颐不说话，心里很清楚朱荣光讲的是什么。这是朱荣光长期隐潜心底的一个私密——担忧荣光集团的财产流失到外姓人手中、外戚兜里。这几年，朱颐看得最多的就是朱荣光和钱国强的明争暗斗，双方都很伤心、伤神，要不是钱淑芬在其中全力斡旋、砥柱中流，荣光集团早就分裂好几回了，为此，钱淑芬也非常痛苦。

钱淑芬和钱国强的关系甚密，对娘家侄儿多有眷顾、偏袒，再说，荣光集团发展初期，钱国强也立下过汗马功劳，掷地有声，手中还掌控着一批铁杆骨干、隐形资源——荣光集团属下的ZQ材料公司的销售渠道，该公司的业绩占据着荣光集团一半以上的利润和产值。朱颐始终搞不清楚缘由，为什么两个沾亲带故、生死与共开创基业的人要互相争斗，是功高震主？是阴谋夺产？是心底狭窄？他从伦理至亲的角度劝过朱荣光，都被朱荣光简单而粗暴地打断，他也私下里问过林芩，林芩回应很含糊，更多的是回避，他至今也琢磨不透林芩的想法，不过，他却深深地记住了林芩的一句反问，"为什么两个人就不能在一个规矩的框架里各司其职，形成聚力呢？传统的伦理说教能解决问题吗？"

"我希望你们能有儿子，"朱荣光见朱颐不说话，又开导起来，"最好是两个，趁我老朽以前，我们把孙子培养好，这孙子的血液里有你和我的基因，林芩再怎么变，也不会改变对孙子的全心全意。"

"爸爸，为什么你就不能和舅舅好好谈谈呢？如今，你们的关系有时候行同路人，甚至比路人还不如。"

"小孩子家懂什么？"朱荣光眉头一皱，"这不是你要关心和议论的事情。"

"我有时候看到妈妈在偷偷地流眼泪。"朱颐抬出钱淑芬来争辩。

"你妈妈再流眼泪也明白其中的道理，也是护着你的，你是她心头的肉，身上落下的生命，她和别人再亲也亲不过你，你在她心目中永远是第一位的。"

朱颐又沉默了，低下头。

"好了，"朱荣光坚硬地说，"别再打岔了，就这么定了，晚上想一想，甚至痛哭一场，一切都会过去的，去休息吧。"他的口气又温和起来。

朱颐离开书房后，朱荣光打开音响，欣赏他的《梁山伯与祝英台》的越剧片断，优雅的乐曲使他变得轻松、愉悦。

朱颐回到房间，心就像被针尖在戳，不知道如何对齐燕说。父亲的决策压着泰山，沉重无比；齐燕的热爱连着心，血肉缠绵。他埋枕痛哭了一夜，思绪纷乱，想过和齐燕私奔、私奔后的生活——那是一种什么样的生活啊，应该是小白领的日子，辛劳而安详，可什么都得由自己从零开始打拼，自己能适应吗？齐燕一定能行，可一个男人能靠女人来养活一辈子吗……朱颐的眼泪打湿了枕头，泪迹斑斑……朱颐也想过和林芩培养感情，说实在的，他也喜欢林芩，和林芩有着多年的兄妹情谊，即使有时很恨，却恨不到骨子里，一会儿就被欢乐湮没。说到底，林芩唯一的缺点是少点女人味——心思太深，不会小鸟伊人，在她面前，没有大男人的自由、洒脱、轻松，就像身体碰到钢，硬碰硬，爱不起来。

朱颐哭泣着，委婉地告诉了齐燕，他本来想和齐燕隔着电话痛哭一场的，可是，让他意外的是，齐燕表现得异常冷静，没有一声哭泣。

朱颐被鼓舞了，说："不过，这只是爸爸一个人的意思，我还在努力，不到最后一刻，我绝对不会放弃！"

"最后一刻？放弃？"齐燕忽然挂断电话。

"我不是这个意思，我用词不当。"朱颐喊着。

电话里只有"嗡嗡"的回声，朱颐的思念如同汩汩山泉，化作泪雨，持续不断。

林芩、朱颐、韩贵、摄影师到了下榻的酒店。酒店在OIA小镇的"月亮湾"内弦悬崖顶上，正面朝向大海，背后临着一条窄窄的小街——OIA小镇的中心街、马马拉小街，意思为"大理石"小街。马马拉小街两旁有许多19世纪建筑遗址，棕灰色的，陈旧而安宁。

韩贵引着林芩、朱颐走进酒店大堂，请他们在沙发上休息、等候，自己则招呼酒店服务生搬运行李，办理入住手续。

林芩的思绪继续：

林芩大学毕业后继续在苏黎世理工大学上硕士课程，期间帮助朱荣光在苏黎世收购了一个材料研究室，使其变成为荣光集团的海外研究基地。朱荣光还要她推荐人才，最好是中国籍的，语言、生活习惯、思维方式相近。林芩第一个想到的就是王毅。王毅正处在窘迫中，毅然接受聘请，忧郁症也痊愈了。如今，王毅正在研究基地领衔主持新材料开发工作，重点就是ZL系列新材料。

林芩硕士毕业后，以熟悉研究基地业务为名，故意滞留了一段时间，只想和王毅有更多的时间待在一起。

朱荣光不断催促和劝说林芩回国，林芩含泪向王毅辞行，临行时撕心裂肺的惜别场景让所有送行的人动容。林芩、王毅都知道，这一别，很可能就是他们爱情的诀别。

林芩回到荣光集团后开始轮岗锻炼。她勤奋律己、洞悉深邃、思考缜密，使朱荣光非常满意，甚至自叹不如，时常冲着朱颐嘟哝，"我怎么就没有这个福气，生不出这样的女儿。"

朱颐情绪波动、自暴自弃、行踪不定、传闻日渐，林芩的心头一直是阴云密布，甚至看到朱颐就恶心。

第二章　OIA小镇（1）——时钟停了

1. 日落

圣托里尼最美、最迷人的不是先前站在船头看到的那副景象——"月亮湾"一般的悬崖，而是OIA小镇傍晚的金色余晖和日落，以及身临其境的享受——置身在大理石小街、蜿蜒的白色阶梯、卡通式房子之间，看着大海拥抱落日。

酒店临海的一面有个大晒台，4根柱子支撑着3个弧形，托住上面的房顶，晒台上有咖啡座，墙角是一圈盛开的石蜡红，还有爬到外墙上的火色的三角梅。晒台的围栏角柱上有棕色的陶罐，像中国半坡文化里的罐子，仿佛是3000多年前的米诺斯文明的遗物（或者说是亚特兰蒂斯文明的遗物，有人说，传说中的米诺斯帝国就是亚特兰蒂斯帝国），其实，这里的许多景物是1965年以后修建的，古老的部分在那年的火山喷发中毁坏了。晒台的一侧有个小木栏门，门外是一条乳白色的狭窄陡直的石头阶梯，阶梯往悬崖下延伸，像树杈节外生枝，连接着沿悬崖坡而建的许多房子。

客房的窗户朝着大海，黑色的纳亚·卡美尼火山岛安静地卧着，谁也不想惹它。房间整洁，白色的床单、白色纱帐、白色的家具、天蓝色的窗框和门，浓缩着圣托里尼色彩的精华。

行李运进客房以后，每一个物件、每一个举动都深深地刺激着林芩的心，提醒她婚姻是现实的。林芩表现得特别克制、理智，她把真爱深深地封存进心底，把痛苦忍在心头，静静地打开箱子，像个家庭主妇一样整理行李。她拿出衣裙一件件挂进衣橱，仔细整理。朱颐过意不去，也想过来帮忙，分担些什么，做些什么，可是林芩谢绝了，只是从中挑选出一些衣裙交给朱颐，要他通知酒店服务生拿去熨烫，并且柔声柔气地说："这是女人家的事，男人不要沾手。"

林芩和朱颐领结婚证已经有一段时间了，朱颐一直不想举行婚礼，林芩也不想张罗,她害怕盛大的婚礼场面会勾起她的悲戚、痛苦,她甚至不想度蜜月,因为没有心情借助蜜月的浪漫把爱情推向巅峰,她知道,没有爱的注入,情是不能燃烧到巅峰沸点的。于是,她借着朱颐的想法,向朱荣光、钱淑芬提出:"荣光集团正处在产业转型阶段,事情很多,也很紧急,办个家庭聚餐就可以了,不要讲排场,暂时不度蜜月。"

林芩麻利地整理完行李,凭窗眺望,蔚蓝柔媚的大海让她心情舒悦。朱颐走到晒台上,凭栏眺望。

林芩临窗摊开拜伦的《唐璜》,构思起自己的《唐璜》接下的段落:

"海蒂"犹豫着要不要告诉父亲,要不要把"唐璜"带回家修养,斟酌再三,她担心这样做,就如同把老鼠送给猫,会把昏迷的人埋进土里,因为那个老头表面和善,胸腔内却是另外一副心肠,他会把"唐璜"当作"俘虏"或"奴隶",治好后"卖掉"。

"海蒂"把"唐璜"留在山洞里,自己每日来山洞幽会。

"太阳还高着呢,"摄影师敲着林芩客房的门,隔着门说,"我们就在晒台上拍些照片,金色的夕阳充满梦幻。"

"好,等一回。"林芩特意换上婚纱,而后拉开门,引摄影师进来。

林芩、摄影师一起走到晒台上,眼前的海面更加开阔,林芩双手搭在齐腰的围墙上,凝视着海面。

"金色余晖下的景色太美了。"朱颐喃喃地说。

摄影师架好三脚架,安装上摄像机,挂着照相机,用双手的食指和拇指搭成一个长方形"镜头",眼睛透过"镜头",随"镜头"移动,观测着景色。"到处都是景色,每移一公分就是一个画面。"摄影师赞叹着。

摄影师选好了背景,要林芩和朱颐按照他的意思做出各种姿势:林芩和朱颐牵着手,并肩而立,中间空开一点距离,面对大海,背影对着照相机镜头,婚纱飘逸,一片蔚蓝……快门"咔嚓";林芩依偎着朱颐,乖巧地像个小女孩,身边一片白色……"咔嚓";朱颐搂着林芩的细腰面对凝视,头顶一团火红的三角梅……"咔嚓";朱颐冲动了,紧紧地搂住林芩,吻上去……"咔嚓"……

"OK,好极了,"摄影师略微偏移了一下镜头,"稍微左移一点,就这样,朱颐,你要搂得再紧一点,吻得再激烈一点。"

林芩微微一笑,闭上眼睛,朱颐轻轻地吻了一下。

"不,要疯狂。"摄影师喊着。

朱颐僵持、勉强,林芩木然,"表演"很难到位。摄影师不厌其烦地解说、比划了一大通,朱颐的动作依旧僵硬,不达要领。

"就这样吧,"摄影师不再勉强了,无奈地按下快门,放下照相机,"有这个景色也一样。蓝色的大海、天空,白色的晒台、婚纱,还有什么比这个更能代表真诚、纯洁?!"

"呵呵,"林芩淡淡地一笑,"我想休息一会,你们觉得哪里景色好就去哪里拍,就是别走远了,待会儿一起去看日落。"

"好,我不走远,"摄影师用照相机对着景色,"这才叫景色,这才对得起我的装备。"他不停地"咔嚓"着,采集着近处的白、远处的蓝、天上的海鸟、墙头的火红。

林芩举目望着远处的悬崖,刚才还是一片淡淡的耀眼的白金色,此刻已经变成灿烂的金黄色,悬崖就像一座金矿,闪闪发亮。"你们看,白色已经变成了金黄色,像被普罗米修斯的火种点燃一样。"林芩感慨地说。

"他为人间的温暖和光亮受尽折磨。"朱颐接过话题,"小时候我听你讲过,宙斯不许人类使用火,普罗米修斯就从奥林匹斯山上偷下火种给人类。宙斯震怒了,把他锁在高加索的悬崖上,有点像这里,每天派老鹰去吃他的一副肝,新肝长出来后再吃。"

林芩想起来了,微笑着点点头,小时候的快乐让她心悦。

太阳像个火球依然耀眼,海面却暗淡下来,呈蓝灰色,身边鳞次栉比的小屋闪着冷冷的白色、暗黄、深棕,天蓝色的窗框显得宁静。林芩意识到应该去西北角的悬崖边看日落了。

林芩、朱颐换好便装,叫上摄影师、韩贵走出酒店,小街上的人流正朝西面涌动,一眨眼,他们就湮没在了人群里。

爱琴海最美丽的日落景色只有在马马拉小街西部尽头的悬崖边才能看到，因此，那里也就成了全世界最迷人、最诱人的地方。爱琴海的日落除了美丽、最壮观，还有神秘，是众神翩翩起舞的时刻——无垠的天空是宙斯的家，金色的夕阳就是害羞的阿波罗，广袤的大海虽然被波塞冬统治，可是更像天后赫拉的胸怀，还有多情的维纳斯（罗马人称"阿芙罗狄忒"）、勇敢的雅典娜……

西边尽头的悬崖上有许多小酒店，韩贵预定了一个，那酒店的晒台高高地突出在悬崖的最顶端。晒台比较宽敞，林琴、朱颐、韩贵、摄影师的桌位贴近晒台西边的围墙，前面海空一片，没有遮挡；右边有一个巨大的风车磨坊，这一带属于季风气候，人们用风车磨面；脚下是走廊、台阶，各种颜色的头发涌动；左侧下方百米外平整的岩石上是一片棕色的残壁废墟——圣尼古拉斯城堡遗迹，那岩石三面光滑没有遮拦，像一座燃烧着的金山，密密麻麻坐满了人。古时候这一带海域海盗猖獗，岛上居民依城堡而住。

悬崖边层层叠叠的各色人头的夹缝中，探出照相机上的"长炮"、"短枪"，指向西面的海平线、西斜在天边的太阳、红云、海面跳跃的金色。炽热的阳光考验着人们的耐心。

阶梯上不时传来吆喝声、"叮当"的铃声，一队驴子驮着人缓缓而上，领头的人侧身而坐。驴子有灵性，贴着崖壁走，尽量避开阶梯上的人。

太阳悬挂在海平线上，像个金红色的圆盘，海面上铺撒着一道金色"地毯"，一直延伸到悬崖下。海水暗蓝，深邃迷幻，静悄悄地蠕动着，温和地对着太阳，迎接着阿波罗，等待他的依偎。面对空荡荡的海面，此时，人们更多的希望是能够看到惊涛骇浪，那是波塞冬驾驭金色马车出巡的前奏，可是，波塞冬不理会，躺在海底酣睡，微风一阵阵吹来，仿佛一阵阵鼾声。

天的另一边，一轮浅月已经升起，悬挂在天空，白白的，偶尔还能看到几颗星星在眨巴。

等待的时间迷人也熬人，因为五秒钟是人们对同一景物的视觉享受的极限，过了五秒钟，再美丽的画面也会让人们产生视觉疲劳，开始腻烦，而太阳变换位置、光彩转化色调的速度远远超过五秒钟。可林芩却是个例外，她被景色深深吸引，不由得吟咏起拜伦的《唐璜》（第二章185节）：

他们抬头仰望，那火烧的流云就如一片赤红的海，广阔灿烂，
他们俯视着海，映照得波光粼粼，
圆圆的一轮明月正在海面升起出，
他们聆听着浪花的泼溅和细风，
他们还看到了含情脉脉的眼神，
从每人的黑眼睛照射到对方的心，
于是嘴唇相迎，接了一个甜蜜的吻。

林芩的眼睛湿润了，她仿佛感觉到王毅的嘴唇在贴近她。林芩抑制住忧伤，想起了荣光集团的事：

钱国强那时是荣光集团的董事、副总裁，又是荣光集团属下ZQ材料公司的董事长和CEO（执行官）。ZQ材料公司是荣光集团拿出ZQ材料事业部的全部有形、无形资产和海外的泛太平洋PE基金合资组建的公司，泛太平洋PE基金占了20%的股份。泛太平洋PE基金也是由钱国强和儿子钱程极力推荐、引进的。

ZQ材料公司的业绩蒸蒸日上，恰在这时，荣光集团的老总裁退休离职，钱国强认为他补这个空缺顺理成章，没想到，朱荣光没有把机会留给他，而是从外面引进了一位声名显赫的国有大企业的退休总经理任总裁。这个总裁是个摆设，只负责对外公关，实际总裁是朱荣光自己。钱国强一赌气，干脆辞去副总裁的职务，空挂一个集团董事的头衔，不管集团的事，降低身价专注于ZQ材料公司里的那个说了算的职务——董事长、CEO。其实，钱国强还有更深、更远的谋略。钱国强还让儿子钱程辞去了荣光集团内的一切实职，专心组建自己的公司，开辟后路，另作图谋。

屋漏偏逢连天雨，去年，尤其在ZQ材料公司完成发行"可转换债券"以后，钱国强和泛太平洋PE基金的代表迈克又闹翻了，钱国强指责迈克越权，插手公司经营，干扰CEO行使权力，不懂中国的市场环境。迈克则反讥钱国强没有法律常识，要弹劾他，指控他擅权，挪用公司资源与自己儿子的公司进行关联交易，输送利益；使用商业贿赂销售产品。前条违反中国的《公司法》，后条触犯他们国家的《反海外商业贿赂和不正当竞争法》。如果要依法行事，任何一条都可以让钱国强获刑。迈克还扬言，如果荣光集团不裁撤钱国强，他就把掌握的有关钱国强的罪证交给市政府有关部门。

钱国强不以为然，认为迈克不敢轻易公开商业贿赂的事，因为披露这桩丑闻对ZQ材料公司和迈克都不利，泛太平洋PE基金损失更大。

官司打到朱荣光面前，朱荣光感到棘手。钱国强与迈克不和已经不是一天两天的事了，朱荣光还亲自协调过几次，在朱荣光看来，冲突的起因是经营风格、理念不同，钱国强游击习气比较重，坚守的原则是：只要是需要，可以随机应变、突破规章限制、先斩后奏，市场上的许多规矩就像布满了缝隙的墙，不钻白不钻；迈克则坚持认为：经营必须守法、遵章守矩、诚信在先。钱国强和迈克闹的最厉害的几件事是，有一次，因为提高销售奖励、销售费用支出、突破了董事会批准的预算，钱国强没有和股东们商量就签批执行了；还有一次，半年度经营结果还没有最后被董事会认定，为了稳定人心，钱国强就提前兑付了半年度奖励，自己拿了7位数，再有一次……迈克实在忍不下去了。

朱荣光左右为难，因为，这两个人的矛盾是他乐见其存的，他就想营造这种气氛和制约，只是不愿意看到矛盾恶化，逼迫他裁处，毁坏制衡。于是，他找林苓商量，也有意想让林苓接触一下这类事情，他认为，要想成为荣光集团未来的掌门人、朱家乳孙的监护人、"摄政王"，就必须拥有处理这类问题的经验。

"这是你们的家事，我不好说，也不想介入。"林苓很为难。

"你怎么会有这么奇怪的想法？你不是我家的女儿？！"

"还是有点区别的。"

"以后不许有这种想法，如果别人有这样的看法，我绝不轻绕他们。"

"不要因为我，惹得一家人不和。"

"这哪里是家事呀。"

"可舅舅毕竟是家里人呀，你能回避吗，能单纯地公事公办吗？！"

"我有时也很恨家族体制，"朱荣光愤愤地说，"公司治理老是和亲情纠缠在一起，一刀裁决下去，连筋带骨。"

"爸爸，我有许多观点和舅舅不一样，如果我介入其中，事态发展对舅舅不利，到时候，不仅是舅舅，可能连妈妈都会产生误解。"

"这个我想到过，可是，你也知道，我现在能相信谁？"朱荣光重重地拍了一下沙发扶手，"没有一个可信的！让迈克当道，我不放心；让你舅舅管，我不安心。"

"其实，不管是谁当道，"林芩犹豫了片刻，说，"关键是要遵守规矩、权利制衡，制衡得好，舅舅、迈克都是难得的人才。"

"你怎么会有这么奇怪的想法？难道你不知道吗，我的一番苦心，我所做的一切都是为了你好。"

"我知道……"

"你不明白我刚才说的话，"朱荣光打断林芩的话，"你不觉得我刚才说的话很突然吗？"他沉吟了片刻，"你知道朱元璋拿一根荆条教育太子朱标的故事吗？"

"我知道。"

"这话，我对朱颐都没有说过，都信不过。"

"恕我直言，"林芩鼓起勇气，说，"你和舅舅的分歧不是舅舅的经营作风问题。"

"我知道你想说什么，"朱荣光变得温和起来，"其实，我也很难过，所以，我想听听你的意见，怎么解决你舅舅和迈克的分歧、矛盾，前提是，不改变我的底线。"

林芩沉思了一会，也觉得现在和朱荣光争论"底线"问题为时过早，于是顺着朱荣光的意思，说："我在瑞士读书和见习了8年，瑞士是个典型的法制国家，对我影响很深，如果要我说实话，我的思维习惯和公司治理理念与迈克很接近……"她咽下去了后面的话。

"你旦说无妨，一切由我出面协调，难人由我做。"

"如今公司大了，起步时养成的游击习气要克服，日常经营得讲究规矩，商鞅变法时，为严肃法纪，曾经拿太子的老师开刀。规矩的生命力、威慑力就在于人人平等，违法必究。"

"迈克是不是过于计较了，"朱荣光用征询的目光看着林芩，"夸大了事情的危害性？当然，他是在相对完备的法制环境里生活、成长的，违法是绝对不能容忍的，可是，我们的市场法制没有那么完善，机会和红利就在这种不完善中，谁能瞅着赚钱的机会不要呢？还有，在日常生活中，行人闯红灯和驾车闯红灯都是违法，可是，处理起来就大不相同了，如果利很厚，处罚仅仅如同行人闯红灯，代价很低，能搞定，谁都会违法！"

"公司的发展能建立在长期违规的基础上吗？舅舅的一些行为能按行人闯红灯来论处吗？能姑息吗？"

"嗯……"朱荣光沉思了。

"请原谅，我只对事，讲公司利益，没有考虑个人利益和恩怨。"

"我理解。"

"爸爸是不是想局限在家族内部关系上解决问题？提醒他纠正？"

"最好是这样。"

"这也是妈妈的态度？"林芩追问。

"是的。"

"迈克会听你的吗？"

"我也在担心这个问题，你有好办法吗？比如，再拖一段时间，让时间淡化矛盾？"

"没有好办法，也不能再拖了，"林芩摇了摇头，"这不是迈克太计较的问题，而是舅舅涉及……违规。"她不想说"违法"两个字。

"真的只能像迈克说的那样了？"

"瑞士是一个国家综合竞争力始终排在前列的国家，法制和创新让她获得荣誉、永保排名。"

"那就严肃处理钱国强？"朱荣光盯着林芩。

"按照规矩是的，可是，应该给舅舅面子。"

"只调开，不处理？"

"这个办法好。"

朱荣光的脸色变得阴郁、难看。

"荣光集团的产品、资本构成面向世界，"林苓关注着朱荣光的表情变化，语气很坚定，"能不遵守国际惯例吗？当古老文化和国际新规发生冲突时，我们唯一需要坚守的标准只能是'先进性'、'可持续性'。"

"你再给我想想好吗？投鼠忌器啊，一处理，各种误解就会产生、发酵。"

林苓沉默了，不同意朱荣光的说法。

"再给你一天时间，给我想想，怎么样？"

"不用了，那是浪费时间。"

"那好，"朱荣光狠了狠心，"还有一个问题，谁来接任，迈克对我说，他想干。"

"眼下他是唯一合适人选。"

"是啊，找其他人，迈克一定不会同意。"朱荣光略有所思。

"荣光集团还是ZQ材料公司的大股东，还是能够掌控的。"

"既然这样，"朱荣光下了决心，"那么，我就出面去说了。"

"为了荣光集团，我把人都得罪光了。"

"你赤心昭著，集团里的人会理解你的。"

"我还有一句话想说。"林苓看着朱荣光。

"说。"

"刚才我们商量的问题和办法只涉及到一个方面，只能给你解决一个问题，还有一个更关键的问题……"林苓故意停顿下来。

"我知道你想说什么，现在讨论这个问题是不是早了点？"

……

钱国强被检察院找去协助调查商业贿赂的案件，同时被"请去喝茶"的还有韩贵——贿赂的具体执行人，起因是，省里一个国企的总经理出事了，交代出了他们。朱荣光不再犹豫了，立即拍板决断。

钱国强卸掉职务养病去了。迈克当上了ZQ材料公司的董事长，从国外请来了CEO，朱荣光安排林芩做了ZQ材料公司的董事。钱国强对林芩误解很深，包括齐燕的事，一笔笔恶账都记在了林芩头上。钱国强也不是个容易消停的人，他策动ZQ材料公司的技术、销售骨干，吵吵嚷嚷地要跟着他去养病。

天色暗暮，太阳变成了一个火球，移向大海，天边被燃烧出一片红云，绚丽得让人着迷，两个巨大的能量即将相偎，却那么安静，没有排山倒海、山崩地裂的喧嚣。

太阳贴切到海面，渐渐陷入进去，先是一条弦，后是一半，接着是全部，眼看着就要消失了，忽然，阿波罗顽皮地一跳，跳出来了，不愿意被淹没，不愿意去睡觉，还想玩耍，大海又释放出巨大的引力，重新拥抱它，把它往下拽，拖到水里，阿波罗又顽强地露出脸，支撑着天边的明亮，可是，那脸比刚才小多了，很快又被浸没了，然而，又挣扎出了一点闪亮，比刚才更小了……终于依偎进了大海的怀抱，被一缕深色的波纹静静地掩过。

大海拥抱了太阳，爱抚着太阳，海风揍起了"催眠曲"，阿波罗安详地睡着了，天地宁和。悬崖上响起了人类的掌声和欢呼声，脆弱而弥散。

迷蒙的天色和海色如同梦幻一般神秘，人们流连顾盼，还在遐想、期盼，想看天后赫拉迫害勒托，勒托怀着太阳神阿波罗到处躲避；统治大地的盖亚女神指示儿子割伤其父乌拉诺斯，让他的男根落进大海，化成泡沫，催生出维纳斯……

天色陡然变黑，宁静黑暗的海面让人们惧怕。人们开始蠕动，离开悬崖尽头，往原路返回，悬崖渐渐安静下来，留下一片灯火，揭示出一个千年的哲学命题：一切景色的美感都是人的意识的产物，只有人才是这片海天的灵魂、主宰，让这片海天中普普通通的自然现象具有美丽、生命、心跳、神仙、故事。在故事里，人们不忘声张人的至高无上，一切权力属于人，神仙的权力是人授予的。这就是爱琴海文明的精髓，千年不竭、世代繁衍，如今，这个古老的细胞已经演变成复杂、巨大、灿烂的生命形态。

林芩凝视着黑暗的海面，仿佛看见了钱国强误解的眼神——黑森森的，闪着幽火。林芩很内疚、很难过，其实，她也不想看到钱国强受伤害。林芩的眼前浮现出一片黑暗：

天也是那么黑，大道上昏暗朦胧，天边开始发白，县里的长途汽车站就在前面，朱荣光疾步朝那里走去，钱国强背着林芩，钱淑芬牵着朱颐紧紧跟着。

"今天一上班，那些要债的、原材料供应商就会到公司来讨钱，你要当心。"朱荣光呼吐着白气，叮嘱钱国强。

"你放心，这里的事由我来应付，"钱国强把林芩抱给朱荣光，"你们尽量在外面躲一段时间，那些要债的只要见不到你们，事情就可以拖下去。"

"你也要保护好自己。"朱荣光裹紧了林芩身上的棉袄，"那些人什么事都做得出来。"

"呵呵，我身边还有韩贵，他的鹰爪拳了得。"

"千万别动手。"

"我知道，你要相信，ZQ材料刚刚起步，困难是暂时的，ZQ材料的销路一定会打开，到时候就会有现金回笼了。"钱国强充满了信心。

"我担心那些要债的等不到这一天，不相信有这一天。"

"实在不行，我还有一招。"

"别把他们惹毛了。"

"你想到哪里去了，呵呵。"钱国强笑了起来。

林芩长大后才知道，是钱国强把自己的房子和宅基地抵押给了农村信用社，借来了钱，加上公司里的老人凑钱，销售人员自垫销售费用，还清了大部分债务，保持了经营，才平息了这场债务风波。

朱荣光携全家躲在外面时，钱国强独立担负起荣光集团ZQ材料的经营，日子很艰难，最艰难时，信用社的人三天两头来讨钱，后来干脆坐在荣光集团里最醒目的地方，跟着上下班，像和尚念经似的见来人就念叨，"荣光公司请还钱"，弄得钱国强灰头土面、脸面尽丢、信誉扫地，还吓退了许多前来洽谈生意的人。信用社还下过最后通牒，要钱国强准备搬家，另找住处。

荣光公司开创时主要做涂料生意，或者说，什么都做，没有很清晰的主营方向和发展规划，不过，钱还是赚了一些。后来竞争激烈了，涂料生意不好做了，朱荣光就想寻找新的发展方向、新的利润增长点。那时候有好几个方向和机会可以选择，ZQ材料才刚刚露面，了解的人不多。朱荣光一下子看到了其中的商机、前景，和钱国强一商量，决定投资、招募人才，生产ZQ材料。如今ZQ材料公司的许多技术骨干、销售经理绝大部分是那时招募来的，韩贵就是其中之一。朱荣光把全部资金投向ZQ材料研制，可是，令朱荣光、钱国强没有想到的是，创业异常艰难，好产品、新产品未必一开始都被人接受，自然而然就有广阔的市场。

钱国强经过一番努力，终于打开了ZQ材料的销路，ZQ材料成了畅销产品，最壮观的时候是卡车排队在工厂门口拉货，不用现款交易免谈，现金像潮水一样涌入，钱国强还清了信用社的全部借款，赎回了抵押物，人们又把荣光集团当作了"香饽饽"，都愿意借钱和赊账给它。信用社顷刻间换了一张面孔，主动提出能不能再多借一点钱，银行也赶过来"挑拨离间"，和信用社争得不亦乐乎；原材料供应商又求着要赊账，还发誓，再发生逼债就是"龟孙子"。

荣光集团实现了产品转型，迎来了一波快速增长，乘着中国加入了WTO的机会，ZQ材料走向了世界，荣光集团跃上了规模，朱荣光特意在集团内设立了"ZQ材料事业部"。

朱荣光携全家回朝的那年冬天，在年终庆功晚宴上，钱淑芬动情地对朱荣光说："到什么时候都不要忘记咱们娘家人、出生入死的老伙计，最困难的时候，只有他们站在你身边，没有一个背叛的。"

"那些老人……"朱荣光含着泪，几度哽咽，"是'井冈山的老伙计'，享受'老红军待遇'。"

朱荣光还给了老伙计们一些荣光集团的股份。"ZQ材料"原来是由一串化学名字组成的名称，朱荣光特意命名为"ZQ材料"、"ZQ材料事业部"，其中"Z"代表"朱"，"Q"代表"钱"，以表彰钱国强的功绩。那些老伙计自己还在内部划分出了等级："南昌起义式"、"井冈山式"、"长征式"、"三八式"，等等，韩贵稳坐"南昌起义式"的头把交椅，是公认的钱国强的头号忠臣骁将。

悬崖上小酒店里的灯光昏黄、柔和，远处悬崖上万家灯火，上下起伏、璀璨缤纷、蜿蜒天际。夜色湮没了远处人行的痕迹，灯火掩去了房子原有的色彩。

菜被端上来了，红色的鱼、银色的贝壳、金黄色的土豆泥、塞着肉糜的西红柿，等等，地道的爱琴海风味。摄影师顾不上吃饭，架着三角架，叫唤着，拍摄着，极度亢奋、几近疯狂。

邻桌的外国人纷纷把目光投向摄影师，充满了鄙视、厌烦。

"安静一点，哪个像你一样，吵吵嚷嚷的。"林芩对摄影师说。

摄影师伸了一下舌头，安静下来，轻声说："这就是个出神话、出神仙的地方，可是，我没有这样的意境，能把神仙拍出来，据说，国外有人拍到过灵光。"他收起三脚架、照相机，坐回座位。

"圣托里尼有个千古之谜，正在被考古学家剥开面纱。"林芩故作诡异。

"说来听听。"摄影师来了兴趣。

朱颐、韩贵也把目光转向林芩。

"你们都应该知道柏拉图吧，古希腊的智者、哲学家。"

"听说过。"朱颐连连点头。

"柏拉图大约生活在公元前427年—前347年……"林芩放缓了节奏，述说起来：

两千多年前，古希腊哲学家柏拉图在《对话录》中讲到过一个帝国，叫"亚特兰蒂斯"，这个帝国位于直布罗陀海口附近的岛屿上，统治着地中海和地中海沿岸地区，传播希腊文明，很强盛，有数不尽的金银财宝、繁荣的都市、强大的军队，一万年前发生了一场火山喷发和地震，帝国在地震中塌陷，旋即又被呼啸而来的火山灰淹没、被海啸洪水冲毁。

几个世纪来，揣着探奇、发财梦的人到处寻找"亚特兰蒂斯"帝国的遗址。他们利用现代考古技术在直布罗陀海口的海底寻找，可是，一次又一次失望，即没有找到沉没的城市遗迹，也没有发现一万多年前的地震痕迹。他们中许多人就把柏拉图的记载当作动人的传说，渐渐放弃了。他们认为，就那段历史而言，柏拉图也只是个不知多少代后的小字辈，他的记载也只能来自于道听途说，不值得当真。可柏拉图当时却发誓说，这个传说是真实的，因为它来自于梭伦（公元前640年——前558年），梭伦因在古希腊推行民主政治改革而流芳千古，是著名的古希腊七贤之一。可是，又有人说，梭伦也是个不着边际的后代子孙。

在寻找"亚特兰蒂斯"的过程中，有人惊异地发现，柏拉图描绘的"亚特兰蒂斯"的地质地貌和火山地震太像圣托里尼和圣托里尼发生过的事。有人就大胆地提出质疑，说，柏拉图搞错了，火山、地震的时间没有那么早，应该是公元前1600年左右，发生在圣托里尼，帝国的地点也不在地中海外，应该在爱琴海里，是克里特岛，在圣托里尼南面不远，当时圣托里尼在她的统治范围内，圣托里尼的火山、地震、海啸波及和重创了克里特岛。因此，他们断言，克里特岛帝国就是"亚特兰蒂斯"帝国，那时，克里特岛帝国处于米诺斯王朝统治时期。

上世纪60年代，考古学家在圣托里尼岛南部，阿科罗提利遗址（Akrotiri）发掘出了被火山灰烬覆盖的城市。这座城市可以追溯到公元前1600年，典型的米诺斯文明（公元前3000年—前1400年）遗迹。米诺斯文明是古希腊文明的渊源之一。

考古证明，米诺斯王朝曾经是个强盛的帝国，财宝无限、都市繁荣、人民富有安闲、军队强大，统治着爱琴海、地中海沿岸一些地方。传说，米诺斯国王是宙斯与欧罗巴的儿子，神力无比，米诺斯的保护神是波塞冬。米诺斯的王子在雅典遭人暗杀，米诺斯派军队前去讨伐，雅典国王爱琴害怕了，答应每年向米诺斯国王进贡七对童男童女，给国王迷宫中的怪兽米诺陶吃。雅典王子忒修斯长大后，决意帮助父亲反抗米诺斯、杀死怪兽。他假意进贡七对童男童女，悄悄带去一支舰队。临行前，他与父亲约定，舰队出发时挂的是黑帆，如果他杀死怪兽胜利归来，就改挂白帆；如果还是黑帆，就说明他已经战死。

忒修斯到了克里特岛，他的英俊、勇敢吸引了米诺斯的女儿、美丽的阿里阿德涅公主，公主帮助他杀死了怪兽，并和他一起逃出克里特岛。在返回雅典的途中，忒修斯做了一个梦，命运女神告诉他，他与阿里阿德涅的婚姻将给雅典带来毁灭性灾难。忒修斯很痛苦，可还是把梦告诉了公主，公主深明大义，与忒修斯痛别，留在了一个荒岛上。忒修斯启程时沉浸在痛苦中，忘记了与父亲的约定，没有换上白帆。雅典国王看到归来的舰队全是黑帆，以为儿子战死，悲痛欲绝，跳入大海。跳海的地方现在叫"苏尼翁角"（Sounion）。忒修斯回到雅典后悔恨未及，用父亲的名字命名大海，曰"爱琴海"，以作纪念。

今天的人们在克里特岛上发掘出了地下迷宫。

"真动人，"摄影师说，"如果让我编，我一定把阿里阿德涅公主留在圣托里尼，这样，圣托里尼就会多一层迷幻。"

"多一点遗憾好，不能把所有的美色都留在一个地方。"林芩目光低垂，注视着饭桌，缓缓地移动起刀叉。

"可惜，我的镜头拍不出这样的神韵。"

"菜的味道不好吗？"朱颐发现林芩皱了一下眉头。

"不是，味道不错，就是缺少我们南方人说的'鲜'味。"林芩微微一笑。

"有一次我对一个外国人讲，"朱颐笑着说，"什么样的味道叫'鲜'，可是，不管我怎么解释，他就是理解不了。"

"很多东西是无法用文字描绘得清楚的，只有靠同样文化背景的舌头来感受。所以，口味不对，不能说人家的东西不好。"林芩微笑着说。

"呵呵。"朱颐笑了起来。

"笑什么，我说的不对吗？"林芩嚼了一口鱼，"你尝尝，这鱼的味道真的不错。"

韩贵的手机响了，他离开座位接听了一阵子，又回到座位上，静静地坐着，昏黄的灯光照在脸上，显得有些阴郁、不安。刚才的电话是钱国强打来的，询问韩贵在这段时间里是否把齐燕拍摄纪录片获得成功的消息告诉了朱颐，朱颐是否和齐燕恢复了联系，要抓紧让他们重温过去。韩贵不理解，事到如今，为什么钱国强还要念念不忘这段往事，极力促成朱颐和齐燕再牵手。

林芩又沉浸在往事的回忆中：

ZQ材料供不应求，需要追加投资，朱荣光很为难，因为荣光集团的资金不足以支撑进一步投资，无力突破"产能瓶颈"。钱国强提出，可以引进外资，最理想的是股权投资基金，股权投资基金一般不会要求控股、不干涉经营。当时，钱国强正在觊觎荣光集团总裁的位子，因为再过一段时间就要换届了，老总裁不再继任已是铁板钉钉的事了。

朱荣光马上想到，把自己全盘控制的集团拿出去和外资合作，等于在自家的饭桌上活生生地添加一副陌生人的碗筷，而且还是一副外国人的刀叉，思维习惯、生活方式都不一样，动筷子或者动刀、炒个菜还是烤肉，不管什么事，都要征求一下别人的意见、照顾一下别人的脸色、查看一下别人的规矩，绝对不是一件舒坦的事，而且，ZQ材料贡献的利润已占据了荣光集团半壁江山，让ZQ材料一支独大，荣光集团受外人掣肘的可能会更多。

朱荣光没有明确反对，也没有明确同意，态度很暧昧，看着钱国强，揣摩着他的真实想法，或者说，猜测着他的这篇文章背后的主题。

"小心眼，以小人之心度君子之腹。"钱国强心里骂着，随即又提出了另外一个方案——把ZQ材料事业部剥离出来和外资合作。

这个方案触到了朱荣光的神经末梢，产生了放射性闪击，震动被成倍放大。朱荣光直勾勾地盯着钱国强，心里翻腾出一连串质问：想干什么？想干什么？是想分裂吗？朱荣光强烈地意识到，他百年之后，朱颐根本不是钱国强和钱程父子两人的对手，单挑也不行。

钱国强静静地坐着，不催，因为该说的话都说到了，再说也没有意义，而且，越催越适得其反，越说朱荣光的疑心越重。

"让我考虑考虑。"朱荣光憋出了一句话。

朱荣光没有闲着，而是设想了另外一个方案——借款，不是引进投资人。他通过各种路子，包括资金中介，寻找信托、银行、投资公司，畅谈他的融资计划，可结果都不理想，有人还说他异想天开，一厢情愿，他陷入了绝境。

钱国强见朱荣光走投无路，幸灾乐祸地躺到家里去了，ZQ材料事业部又开始乱了。那时，林芩正在瑞士读书，这故事开始的时候，她一点也不知情。

朱荣光打电话给林芩，要她打听一下国外有没有愿意拿固定回报、固定期限的投资，期限一到，荣光集团就赎回全部投资。

"我明白你的意思，可是很难，人家都是真投资，不像国内有许多'擦边球'可以打。"林芩回答得很干脆。

"你再想想看，国外有没有相似的案例。"

"我可以试试找几家。不过，我的担忧是……"

"担忧什么？"

"这事牵涉到舅舅，你这样做，明眼人一看就知道要把他撇到一边去。"

"嗯……"朱荣光一时不知如何回答，过了一会，"不瞒你说，我担心按照你舅舅的意见办，等于在荣光集团躯体上割开一条缝隙，只要有缝隙，就会开启一道门，让外人插足，最后被肢解。"

"公司做大了，要发展就会遇到投资瓶颈，就会遇到创始人的控制问题，许多创始人都舍不得，可是，老是把门关起来也不是一个办法，而且，公司太封闭了做不好。"

"我也想过这一点，可是，瑞士不是也有许多手表家族企业吗？延续到今天，照样是闪亮的品牌。"

"许多企业规模不大，工艺传承性很强。"

"如果有瑞士这样的法制环境，"朱荣光沉吟了片刻，有些勉强，"我何乐而不为呢？你上次假期回来，和我谈起过瑞士的法制市场，我触动很大，"他的语气变得低沉，"我担心，在我们这个环境里，有人会不按规矩出牌，比如，你不要对任何人说，我担心，你舅舅掌控ZQ材料公司后，会分裂荣光集团。"

"可以设想一些积极的办法控制，回避和否定都过于消极。"

"你说，什么办法？"

"就按照国际规范的方式管理、经营。"

"真没有想到，你会为舅舅说话，他们可是……"朱荣光停住了，沉思起来，举棋不定。

朱荣光同意了钱国强的建议，拿出ZQ材料事业部和泛太平洋PE基金合资，荣光集团占股80%。朱荣光还故意把林芩的意见转告给钱国强，为的是，有一天林芩回来工作时，钱国强能理解、支持、接纳她，因为在齐燕的问题上，钱国强对林芩多少有点成见，钱国强明知这是朱荣光所为，可他还是认为林芩也有责任，如果林芩坚决不接受朱颐，朱荣光也就会一筹莫展。

ZQ材料公司成立以后，生产、销售、利润都迈上了一个新台阶。钱国强把公司当作自己的事业和生命，工作到了玩命的地步。尤其当钱国强竞争荣光集团总裁位置失利后，他更专一、更执著了。

若干年过去了，为了进一步扩大ZQ材料生产，钱国强在泛太平洋PE基金迈克的帮助下完成了海外发债的计划——ZQ材料公司以"可转换债券"的方式，定向从海外募集了巨额资金。"可转换债券"到期时，债权人可以选择兑取现金，也可以选择转换成ZQ材料公司的股权。

林芩望着黑色的海面，海中小希拉岛上的灯火和天空中的星星互相交辉，如同天宫。林芩仰头搜寻着星星，她要找最亮的一颗，因为，那年在瑞士蒙波逢（Montbovon）的山岭里，王毅指着夜空里最亮的一颗星，说，"那就是金星维纳斯，是你，是林芩，我每天晚上都会寻找那颗星诉说衷肠。"

林芩找到了，就在自己左侧的天空上，她相信王毅此时一定在看着那颗星星，看到她高高在天上闪亮。林芩不由得轻声咏诵起一段拜伦的《唐璜》（第二章191节）：

她爱着，也被人热爱，
她崇拜，也被人崇拜，
他们出自天性，
让炽热的灵魂向彼此倾注，
倘若灵魂能死，
它就会因热情而死。

林芩的手机响了，是王毅打来的，林芩一阵激动，不避讳朱颐，很坦然地接听，声音温柔而悲戚。

　　王毅明显地感觉到了林芩的情绪，他控制住自己，没有倾诉思念之情，而是报告了ZL系列新材料模拟生产试验的情况。"开局很理想，到现在一切正常，我还要再验证几个关键数据，如温度、压力、时间，等等。"王毅一口气诉说着，很振奋，也想让林芩高兴。

　　"听到这个消息，我很高兴，呵呵。"林芩舒松了一口气，微笑着，只想把笑声传递过去。

　　"呵呵，你知道我在干什么？"王毅的声音带着动情的笑声。

　　"不知道。"

　　"你能猜出来。"

　　"我知道，可我不想说。"

　　"我站在实验室外面的空地上，看维纳斯。"

　　"我也是这么想的。"

　　"我准备离婚。"王毅声音低沉。

　　"因为我吗？"

　　"我不可能心里装着一个女人，和另外一个女人睡在一张床上。"

　　林芩沉默了，心里很不是滋味，她知道王毅对老婆不好，王毅的老婆经常向钱淑芬抱怨，说王毅对她很冷淡，梦里经常呼喊林芩的名字，做那样的事情时，只要一激烈，准会失语喊"海蒂"，一有空就捧着拜伦的《唐璜》看，还掉眼泪，他的心里装着另外一个世界。朱荣光也劝告她要学会忍耐，多理解王毅，一再对她说，王毅是荣光集团里的台柱子，举足轻重。她也打心眼里崇拜王毅，爱王毅，因此也尝试过许多办法来改善和王毅的关系，还把自己的英语名字改为"海蒂"，有机会就和王毅一起探讨拜伦和《唐璜》，可王毅越加觉得腻烦，有一次尽然直截了当地对她说，"你烦不烦呀，不要再说了，那个世界不属于你。"她顿时悲痛欲绝。王毅办公桌的电脑里几乎全是林芩的照片，还在办公室的窗台上栽种了一盆火色的三角梅，有时能独自看上半天，偷偷地吻几下，吻好了就是擦眼泪。林芩很担忧，怕朱荣光生气，因为王毅的老婆是朱荣光的远方侄女,要模样有模样,要贤惠有贤惠,也是个名牌大学的毕业生,追求者如云。

"你怎么不说话。"王毅催问着。

"你想要我说什么?要我支持你离婚吗?也要我离婚吗?"林芩毅然挂断电话,收起手机,因为,这样的话题再说下去,只会引起无尽的痛苦。

林芩的思绪又回到ZQ材料公司:

林芩回国后,在荣光集团里磨炼了一段时间,朱荣光就按照当初和钱国强、迈克的商定,安排林芩进入ZQ材料公司工作,任计划和发展部经理。

林芩上任不久,就遇到了两件棘手的事:国外许多公司正在把ZQ材料生产线转到东南亚和南亚国家,谋求更低的人力费用、生产成本,更强的竞争力;收到了一起来自国外的反倾销调查通知。不过,这两件事情并没有让ZQ材料公司伤筋动骨,前者形成的竞争态势对荣光集团的影响暂时还不明显;后者通过政府有关部门出面协调,国外也撤消了反倾销调查。因此,ZQ材料的销售量每年还保持着两位数增长。

林芩很重视这两件事,敏锐地发现了繁荣背后的问题,她意识到,这样的事情不久就会变成常态,而且越演越烈,是一个大事件的前兆,那个大事件就是,ZQ材料已经进入了成熟期,全世界产能过剩,再过一段时间就会从新技术的宝座上跌落下来,国际市场这只无形的手就会强制性地摧毁过剩产能,换句话说,没有一个国家、一个市场会有义务为了另外一个国家、另外一个国家的企业崛起、发展敞开胸怀、牺牲自己,因此,荣光集团必须未雨绸缪,加快技术创新、产品升级,而且,留给荣光集团的时间也不宽裕,眼前就应该着手准备。

其实,林芩早在瑞士读书时就注意到了国外有人正在研究一种全新概念的材料,在荣光集团内其他岗位上工作时,也和王毅商讨过这个问题,并且提请朱荣光关注,因为,从工程角度上看,ZQ材料的分子结构决定了它的性能不可能再突破了,必须用全新概念的材料来替代,就像螺旋桨发动机不可能使飞机再加速、再升高了,必须更换喷气发动机,而且ZQ材料产能已经过剩。

林芩和王毅以书面方式正式提出了研发这种全新概念材料的建议，建议里，他们特别强调："那是一种领导性的新材料，分子结构、生产工艺、所使用的原料几乎都与ZQ材料不同，然而，各项功能指标却都优于ZQ材料，是'破坏性创新'。"

钱国强反应冷漠，朱荣光却很重视，深知"破坏性创新"的意义——数码技术把拥有胶片技术的柯达公司打入灭顶深渊。他专门找林芩谈，林芩描述了一个可怕的预言：一种全新概念的材料即将出现，它将会彻底打败和取代现有的ZQ材料，无情地淘汰ZQ材料的所有生产装备、能力，摧毁ZQ材料的所有投资、投入。

朱荣光听得很仔细，反复求证："是彻底否定和打败ZQ材料吗？"

"是的。"林芩的回答很明确、很肯定，尽管很不情愿。

朱荣光急忙拿着建议书来找钱国强商谈，要他利用ZQ材料公司董事长、CEO的职权，在ZQ材料公司内讨论应对之策、产业转型，并围绕此问题，安排今后的工作和制定发展规划。

钱国强不否认林芩所说的意见具有预见性，而且说，自己也经常在思考这个问题，只是一时半会还没有找到更合适的新产品、新方向、新高地。

"怎么能说没有方向？"朱荣光重重地抖动了一下林芩和王毅的建议书。

"这种全新概念材料我也听说了，"钱国强平静地说，"不过，理论上证明可行，不一定在商业实践中可行，就像'超导'材料一样，要在实践中使用，还有很长一段路要走，一听风就是雨，把现有的几十亿投资、装备统统清理到垃圾箱里去，或者说，不再追加投资，让它后继失血，你有这个魄力吗？能下这个决心吗？就拿当年开发ZQ材料的事例来说，从科学理论上突破到市场上接受，还要经过许多道坎，比如，先得在实验室里拿出稳定的数据，做出样品，设计出工艺流程，寻找到制造生产设备的材料，制造质量过硬的生产设备，模拟常态条件下的生产，持续性的规模生产，稳定质量，降低成本，营销，等等，哪个环节上被卡壳，都会举步维艰，尤其到了后面的几道坎，如果有闪失，将会前功尽弃，造成巨额损失。在日本，大企业由于选择创新不慎，失败的例子很多，甚至一蹶不振的也有。"

朱荣光把钱国强的意见告诉了林芩，林芩像上了一课似的，考虑问题的视野一下子开阔了、全面了，她承认钱国强提醒得对，于是又找王毅商量，王毅告诉她，他打听到了，在美国，已经有人在实验室里拿出了这种全新概念材料的样本，当然，需要改进的地方还很多。

朱荣光又去找钱国强，钱国强两手一摊，耸耸双肩，请朱荣光决策。钱国强的意思很清楚，就目前的这种状态，"急慢"全公司几十亿资产，转向投资这种全新概念材料，风险太大，无异于一场赌博。

朱荣光犹豫了，当年携家外逃的景象历历在目，他感到责任重大，不敢轻易拍板，他想探究出正确的结论，可是总觉得自己的脑袋瓜一下子不好使了，转不动了，他叹息自己是一副地地道道的凡人皮囊，因为天才有别于凡人的地方就在于此刻有惊神撼人的精准表现。"当年气盛年轻，没有多少家业和累赘，想到什么就干什么，没有很多顾虑，如今不比当年了，家业大了，年纪上了，经历多了，责任重了，也害怕了，暮气了。"朱荣光喃喃地嘟哝着。

钱国强趁热打铁，说，他不否认技术创新是企业的出路，他敬佩乔布斯的引导消费理论，他也希望有乔布斯那样的豪气——"消费者不知道自己真正需要什么，让我来告诉他们"——用自己天才的想像力让竞争者绝望、愤怒、无奈。可是，任何新技术创新都是有风险的，因为，新技术拓展的效用、改变的消费方式、界定的技术标准，等等，都是崭新的，没有前车之鉴，"好的前景"和"坏的结果"都是预言，一切要靠企业自己去判断、去摸索、去担当。万一预测有误，全部的投资都会打水漂，浪费的时间就是被别人甩下的距离，市场上的时空观要比爱因斯坦的时空观更要命。

ZQ材料公司的老伙计们也轮番找朱荣光抱怨，说，林芩乳臭未干，太激进，风险太大，不同意公司全面转向全新概念材料研发、生产，其中打头阵的就是韩贵。老伙计们能够当着朱荣光的面坦言呈情，是朱荣光给他们的"老红军"待遇之一。朱荣光心里很清楚，他们抱怨的根本原因之一是担忧，担心公司一旦转产全新概念材料，他们的手艺就会被废除，他们的生计、地位、荣誉就受会到损害。

朱荣光历来重视老伙计们的意见、态度，因此更加迟疑了。其实，朱荣光有时也挺替他们担忧的，万一ZQ材料被淘汰，他们又何去何从？

林芩没有这份感情牵挂，只认市场规矩，她找朱荣光据理力争，情绪激动，说朱荣光顾虑太多，犹豫不决是要耽误事情的。林芩这样对朱荣光说话还是第一次，朱荣光非但没有生气，反而觉得林芩更具备担当重任的基本素质——坚韧、忠诚、有原则。

朱荣光接受了林芩的意见，两人一协商，决定由荣光集团出钱，拨专款给瑞士研发基地，委任王毅主持研发这种全新概念材料，林芩负总责。"这样做，也可以清晰全新概念材料的知识产权。"朱荣光道出了更深远的思虑。此前，全新概念材料使用的也是一串化学名字，就是在这次谈话快结束时，朱荣光提出，以后就改叫"ZL材料"，好记好叫好保密，"Z"还是代表"朱"，"L"代表"林"。

黑色的海面上，小船白色的灯光闪亮着，慢慢移动着；黑色的天空上，飞机的灯光闪烁着，慢慢滑过。

王毅又打来了电话，恳切地说："你不要挂电话，我很痛苦，我在经受折磨，和她在一起就像在生一场重病，慢慢熬干我的气血。"

"我理解，可现实是……"

"我受不了，爱情让人失去理智，正因为失去理智才更感动人。"王毅故意念了一段拜伦的《唐璜》（第二章的205节）：

爱情啊！
连恺撒大帝都向你乞求，
安东尼受制于你，
请让我为你读一首情诗，
只求做你的柏拉图式的精神情人。

"是拜伦的《唐璜》。"林芩一阵激动，控制不住内心被激起的共鸣。

"是的，我还想念下去。"

林芩以沉默表示允许。

王毅又轻轻地咏颂起《唐璜》（第二章212节）：

根据柏拉图说，
那是唯美的感受，
是感官无限的扩展，
他纯粹属于精神，
博大而神奇，
从星空降落后就充塞于天地间，
如果没有它，
人生就会显得太沉闷，
总之，
那就要凭你自己的眼睛，
再加上一两种小感觉来表明的肉体原本由易燃的泥质所捏成。

林芩微微作抖，极力克制住自己的情绪，又毅然挂断电话。朱颐呆呆地坐在一边，有些木然，极力扭头注视黑暗的海面，回避林芩的世界，仿佛那片黑暗才是他的世界，其实，他的心也很痛，他的心也被揭去了一层皮。

林芩没有理会朱颐，又继续自己的回忆：

ZQ材料公司"可转换债"到期了，迈克收购了许多债券，又动员许多海外债权人把债权转为股权，那些人和泛太平洋PE基金都有资产或者股权关系，外资成了大股东、泛太平洋PE基金成了大股东。这意味着裂变就在眼前——裂变荣光集团已经不是一个预测问题，而是分分秒秒摆在面前的现实，朱荣光这下子急了，感觉像被耍了一把。

朱荣光来到钱国强的家，虎着脸，开门见山："你们不是说，迈克他们是财务投资人，不想控制公司吗？现在成了大股东，怎么解释？"

"孙子兵法说，兵无常势，水无常形，我说，资本无常态，只要有高利可图，什么都可以做，什么都做得出来，怎样做都有可能。"

"你知道，荣光集团的ZQ材料产量占世界第10位，占中国的12%，荣光集团靠着它崛起。"

"如果你不听林芩的，我还在位子上，迈克就没有这么大胆子。"

"林芩？你在位子上？"朱荣光气得眼睛瞪得滚圆，"'可转换债'不是在你手上搞得吗？迈克在悄悄布局，你怎么就没有察觉？这和林芩有什么关系？"

"林芩要我离开，客观上帮了迈克的忙，我不说她和迈克里应外合，至少说，她缺乏经验，太稚嫩。"

"现在不说这事，还是多想想怎么应对，"朱荣光不耐烦地说，"为什么说，如果你还在岗位上，迈克就会有所顾忌？"

"我控制着中国市场的销售队伍，销售不上去，股份有多大，损失就有多大。"

"这可能只是个筹码。"

"这个筹码还不够吗？如今ZQ材料公司销售再上台阶很难，拿着股票就像拿着烫手的山芋，迈克请来的洋CEO，那个营销专家连个中国话都讲不清楚，看不懂中国市场，能行吗？！"

"销售人员也要考虑公司利益、自己的饭碗，未必全部听你的。"朱荣光也烦这套说法。

"有一半听我的就行，我敢说，现在有一半以上的人听我的。"

"这是两败俱伤的事。"

"我知道，只要你答应我的要求……"钱国强故意停顿了一会，"我的要求不过分。"

"请说。"

"我要让迈克同意我出山，当CEO，他请来的那个外国CEO——'李德顾问'回老家去。"

"就这条要求？"

"还有，林芩必须离开。"

"离开ZQ材料公司？"

"不仅仅是这个，还要回避在荣光集团的一切职务，至少不能赋予实职。"

"为什么？"

"我不想见到她。"

朱荣光回到家里，径直走进书房，几乎是摔倒在沙发上，茫然不知所措，他即抱怨迈克，也不相信钱国强，钱国强的那套销售策略能持续吗？迈克想拆分荣光集团，钱国强就不想独立？结果不也是分裂吗？为什么人心都这么阴暗？！难道就没有一套规矩能把大家的"非分之想"收复在一个框架里、秩序中，凝聚成正能量？！

朱荣光一筹莫展，久久缓不过神来。钱淑芬催了几次要他出去吃饭，都被他拒绝了，说，"没有心情。"

钱淑芬要林苓去劝，林苓轻轻地走进书房，眼睛里盈着泪。

"你来了。"朱荣光有气无力地看着林苓。

"妈妈要你去吃饭。"

"我实在吃不下去。来，坐下来陪我说说话。"

"爸爸，都是我不好，"林苓坐上旁边的沙发，"考虑问题太片面，太教条，让迈克钻了空子。"

"也不能这么说，有些是绕不过去的客观规律，可能是我们不适应，没有预料到。"

"可是，我毕竟负有责任。"

"别说这个了，好吗？"朱荣光转了个话题，"钱国强要出山，当ZQ材料公司的CEO。"

"这没有什么不妥啊。"

"可是，他提出了一个条件。"朱荣光盯着林苓。

"我知道，要我离开。"

"是啊。"

"我个人的事是小事，我无所谓。"

"你真是这么想的？"

"真的，你不必有疑虑，因为，我可以集中精力，全力以赴地抓ZL系列新材料研发。"

"有你这样的话，我就放心了。"

"我敢说，只要我们把ZL系列新材料试验成功，迈克的股权就像套在他头上的绳索，他就会反过来求你帮他解套，什么条件都可以谈。"

"不仅对迈克，"朱荣光脸上浮现出了微笑，"也是荣光集团摆脱眼前困境的唯一出路。"

"我们是不是应该多考虑团结舅舅。"林芩婉转地提醒着朱荣光。

"他一直以为自己是荣光集团的功臣，应该拥有荣光集团一大块利益。"

"这个有争议吗？不对吗？"

"没有争议，可是，界限在哪里？"

林芩噎住了，不知如何回答，沉吟了片刻，说："你也不能不承认，舅舅的游击习气有时候确实能解决问题。"

"这是你的真话？"

林芩点点头。

"这样吧，"朱荣光缓和了一下口气，"我把这个课题交给你，等你想好了再议，好吗？"

"好的，这几天，我也总结了许多。"

"你还年轻，有过这次教训比没有过教训的人更有经验、更成熟、更能挑大梁。这个教训来得好。"

"谢谢爸爸的谅解。"

"王毅那里有好消息？"朱荣光挺起身子，恢复过来了。

"已经拿出了试验样品，"林芩的眼睛里闪着光，"他也向我申请，要做模拟常态环境的生产试验。"

"同意他们，叫他们抓紧准备，"朱荣光急切地说，"事情还是很多的，比如，先得制造一条模拟生产线。"

"他们已经在着手设计了。"

"好的，到时候，"朱荣光露出了喜色，"我一定重奖他的团队和你，还有，是否把ZL系列新材料装进ZQ材料公司，由我们说了算，我要让迈克主动找我谈。"

"我相信，他会这样做的。"

"幸亏你坚持，抢先一步开发了ZL系列新材料，否则，我们现在真的是走投无路了。"

"这是女儿应该做的事。"

"朱颐这孩子……"朱荣光凝视着林芩,似乎有千言万语要说。

"如今,我终于可以解脱了,"林芩微笑着引开话题,"爸爸,你放心,舅舅毕竟是自家人,他明白,荣光集团倒了对他也没有好处,而且,与舅舅和睦相处也是妈妈的希望呀。"

"难得有你这样的胸襟、孝心,这是我们朱家的幸运。"

"谁让我是朱家的女儿的。"

"朱颐还是有时候不回家吗?"朱荣光严肃起来。

林芩脸上掠过一丝深深的凄苦。

"这孩子,我会管教他的,不能由着他的性子来。"

"爸爸不要多责怪他,我会劝导他的。"

"真难为你了,我真不知道该怎么感谢你的父亲。"

"你就是我的父亲。"

朱荣光的眼睛湿润了。

"吃饭去吧,妈妈还在外面等呢。"林芩站起来。

"好的,拉我一把。"朱荣光伸出手。

林芩把朱荣光拉起来。

"你和朱颐结婚有一段时间了,也没有停下来休息,你们就在近期选个日子度蜜月去吧。"

悬崖上万家灯火,朱颐的目光移动着,触到了从邻近的另一个小酒店的晒台上投过来的美丽而熟悉的目光。朱颐一阵惊喜,急忙举手招呼,凯瑟琳也微笑着向朱颐、林芩招手,林芩回以微笑。

林芩又转过头去,面对黑色的海面:

林芩挽着朱荣光走出书房,饭桌上的气氛活跃起来,朱荣光不住地夸林芩懂事、孝顺、有能力。钱淑芬默默地微笑了一下。

林芩的疑惑越来越浓烈,她觉得钱淑芬有些异常,过于沉默。整个ZQ材料公司的事闹翻了天,她却一言不发,似乎是个局外人,与荣光集团没有丝毫联系。俗话说，旁观者清，钱淑芬的眼神一直在告诉林芩，她在边上观察得很清楚，内心没有沉默，对荣光集团依然有着巨大的牵制力——从法律上说，荣光集团的财富为夫妻共有，一半归她。林芩想起了最近听到的一些"传闻"，不由暗自一笑，很坦然，她不相信钱淑芬会当真。不过，林芩强烈地意识到，在钱淑芬心目中，儿子朱颐是第一位的，其次是娘家人，再者是朱荣光、荣光集团的发展，钱淑芬一直在这些关系中寻找平衡点，尽管钱淑芬也很爱她，可是，在利益平衡方面，钱淑芬没有给她划出清晰的位置——很矛盾。

林芩没有一丝抱怨，朱荣光、钱淑芬把自己养大，供自己读书，为自己创造机会经商，使自己具备了优秀职业经理人的一切潜质，自己还有什么不满足的？！天高任鸟飞，只要自己有一身本事，何愁没有一片天空！而且，朱荣光还会给自己财富，自己只要尽孝就行了。

2. 停止的时钟

OIA小镇的灯火明亮，马马拉小街两边的小店里灯光耀眼。人流涌动，主流朝着回去的方向移动，没有丝毫倦意，活突突的像一群夜行动物。海风凉爽，驱散着人们的烦恼。

人流突然缓慢了，前面横出了一座细长高挑的浅黄色钟楼，收窄了小街。林芩放慢脚步，仰面看着钟楼顶上暗淡的钟盘，发现指针落在11点半上，不由一愣，再凝神一看，原来指针凝固着。"现在几点了？"林芩嘟哝了一声。

"9点多了。"朱颐看了一下表。

"它怎么是11点半？"

"咦？是啊？"朱颐也抬头望去。

"不对。这钟是不动的。"

"真是这样。"

"如果遇到钟不动了，就不是好事。"林芩有些阴暗。

"这是人的联想，自己吓自己。"

"只有在不需要时间的世界里，时间才会凝固。"

"那是什么地方？"朱颐脱口而出。

"《百年孤独》里说过。"

"是哲学书？哲学问题？"

"不，是文学作品，是现实问题。"

"什么地方才不需要时间？"

"没有运动的地方才不需要时间，也没有时间。"

"我说嘛，这是哲学问题。"

"这里夜晚的景色比白天更迷幻。"林芩嘟哝着，岔开了话题，顾盼左右，挤着往前走。

"我看就是哲学问题。"朱颐紧紧跟随着。

"这钟预示着什么？"

"应该没有什么特别的指向。"

"但愿如此。"林芩挤过钟楼，走进较开阔的街面。小街临海的一边没有房子，只有矮墙，矮墙外是一片漆黑的海空，闪亮着灯火、星星，她驻足回头，仰望钟楼，"《百年孤独》是一部小说，里面说过，钟停了，生命也就停了。"

"蜜月里不要说不吉利的话。"

"可是，我有预感，我们周围出现的一些人，不会让我们的蜜月平静。"

"我可没有这样的感觉。"

"时间凝固是件好事，"凯瑟琳从拥挤的人群中脱颖而出，凑过来，"是想要你们留住美好的记忆、美丽的景色。"

"呵呵，"林芩微笑着朝凯瑟琳点了点头，"你今天晚上特别美丽。"

"谢谢，这夜色更美，上帝会给你们带来好运的，拜拜。"凯瑟琳飘然而去。

"她很迷人。"林芩注视着凯瑟琳的背影。

"是的，她很想和你进一步交谈。"朱颐也注视着凯瑟琳的背影。

"哦？你们谈起过我了？"

"是的。"

"她说为什么吗？"

"她没说。"

"那就看机会吧。"林芩略有所思。

"也好,如果我再遇到她,就和她说一下,走吧。"朱颐催促着,想让林芩尽快离开已经引起她怪异幻觉的地方。

林芩没有动,内心世界已经和外界景物吻合并产生了共振,只是景象过于黯然,共振有些悲戚。"你知道这钟停了多长时间了?"林芩依旧仰望着钟楼。

"不知道,应该是刚停的,否则早就修好了。"

"不,已经停了好久了。"

"你想制造紧张气氛?"

"你知道吗,钟为什么会停?"

"不会是中了魔法吧,呵呵。"朱颐一笑。

"为什么不可能?"

"世界上有魔法吗?"

"当然有,你左手边的黑暗世界里,全是神仙和魔法。"

"你今天怎么啦?怎么这么阴暗?"

"是吗?我怎么没有意识到?"

"我认为,这钟应该是在纪念一个故事。"摄影师在墙边加起三脚架,安装上摄像机,对着钟楼。

"对的,一定是个刻骨铭心的故事。"林芩的目光跳动着。

"我先拍下来,等你把故事说完了,我在剪辑时再配上故事。"

"那是很久以前的事……"林芩变得温柔起来,编撰起自己的《唐璜》,讲述起来:

在荒凉的海边,"唐璜"和"海蒂"订婚了,没有亲人,没有赞美、没有牧师,只有星星、大海、火把、岩洞。"唐璜"说,这里什么也没有,太委屈你了。"海蒂"说,她不在乎,星星就是婚礼的火把,会把新人照得更美丽,大海是证人,岩床是婚床,情感是主婚人,寂寞是牧师,这就是婚礼的天堂。

他们在海滩和岩洞里举行了简短的订婚仪式,相约第二天傍晚来悬崖上，对着日落许愿，因为阿波罗会带着祝愿融入大海，永久地保存住，没有任何力量能够冲毁它。此后，他们还要去拜会"海蒂"的父母。

第二天傍晚，他们就站在小街西边尽头的悬崖上，火红的太阳把天边燃烧成一片红霞……

林芩仿佛进入了角色，深情、激动，一眨不眨地盯着钟楼，继续构思：

"海蒂"看着火红的光辉沉落，唱起来心中的诗（拜伦的《唐璜》第三章5节）：

说来可叹也可惊，
这简直成了人类的愚昧甚至罪恶的外衣：
婚姻和爱情竟然常常分道扬镳，
虽然他们源自同一个地方；
由爱情而结婚好像由美酒变醋——一种可悲的酸水，喝一口就会清醒……

"唐璜"紧贴着"海蒂"，却无法理解"海蒂"的悲戚，应该是喜悦的时候，怎么会如此阴郁。他以为"海蒂"在担忧，终身托付将会变得风雨飘摇，他要更明确地表示。"唐璜"咏唱起来（拜伦的《唐璜》第二章205节）：

爱情啊！
连恺撒大帝都向你乞求，
安东尼受制于你，
泰塔斯也不是对手，
荷拉斯都做了你的学生，
奥维德把你对世人传授，
还有个女学究莎弗，

所有冷感的人，

都不妨学学她。

"你说的好像是拜伦《唐璜》里的诗。"朱颐有些动情，"我也看过。他是英国人。"

"可是，是为希腊的独立、民主而死的。他还在苏尼翁海岬悬崖上的海神庙的立柱上刻有名字。"林芩继续着她的故事：

"海蒂"含羞一笑，脸上露出了灿烂。太阳切到了海平面，阳光把"海蒂"的头发燃成金红色，把"海蒂"的微笑点得更娇媚。

他们相依着，太阳沉落了很久，他们也没有松开，忘记了时间和世界。天色黑暗了，终于想起了要回岩洞。他们顺着人流返回来时，走到这个钟楼下，停住了，"唐璜"和"海蒂"含情脉脉地凝视着，依依不舍。

"我们应该找牧师在这钟下为我们证婚，让时间记住这一刻。""唐璜"说。

"海蒂"仰望着钟，刚想答应，突然恍惚起来，左顾右盼，竖耳聆听，仿佛有人在对她说话。

"你怎么啦？""唐璜"察觉出了异样。

"海蒂"痛苦地说不出话。

"你好像有什么心事？"

"没有，""海蒂"有些恍惚，"不过，请原谅，我不能和你回岩洞。"

"为什么？"

"你不要问。""海蒂"转身要走。

"唐璜"一把拉住她，可是"海蒂"义无反顾地往后退，拉住的手先是绷紧，接着是渐渐滑脱，"海蒂"扭身走了，走得很快。

"唐璜"追上去，朝着"海蒂"的背影，说："明天在哪里找你？"

"就在这里，还是这个时候。""海蒂"头也不回地跑了，就像穿着水晶鞋的灰姑娘。

"唐璜"看着钟，11点半。

"海蒂"没有走左边的路下山，而是沿着小街笔直往前走，越走越快，越走越暗，旋即消失在黑暗中。

"唐璜"整个身心都被黑暗、神仙、妖魔的幻影笼罩，惶惶不安，恐怖极了。

林芩朝马马拉小街的前面走去，好像在追踪"海蒂"的身影。前面的人影稀疏，小街一侧的店面松散，另一侧是黑色的海天。林芩默默地走了很长一段，想像着"唐璜"孤身回岩洞的心情，这一夜，"唐璜"一定是在思念中度过，只恨时间过得太慢……林芩停止了想像，她需要静下心来思考这段情节，关键是要戏弄一下她的"唐璜"——王毅。

林芩越过了情节顺序中的那天晚上——"唐璜"回岩洞后的情节，把思路调到第二天傍晚：

又到了傍晚，"唐璜"早早地来了，沿着"海蒂"昨天消失的路走了过来，那段路很长。他在钟楼下等着，一直等到天黑，人流消失了，只有穿黑衣服的牧师像幽灵一样飘动。

"唐璜"没有看到"海蒂"的影子，不由得抬头看望钟盘，正好是11点半，他疑惑起来，发现这钟的指针和昨天的位置一模一样，再仔细一看，是停的。一种不祥的感觉侵袭着他，他惊恐地四处张望，轻声呼唤起"海蒂"的名字，可四周只有一片漆黑和风声，他也不知道"海蒂"在哪里，发生了什么事，他更不敢离开，唯恐"海蒂"过来，把孤独、焦虑留给她。

"唐璜"在夜色里孤独地站立了很久，正犹豫着接下来该怎么办，就听见钟楼的门打开了，走出来一个老者，胸前垂着浓密的灰白胡须。他和蔼可亲的笑容让"唐璜"多少有点宽慰。

老者要"唐璜"跟他去钟楼。他们进了钟楼，老者锁上门。钟楼中央有一个硕大的水晶球，淡淡的闪着光。

"你要告诉我什么？""唐璜"满腹狐疑。

"你能看到'海蒂'。"老者瓮声瓮气,指着水晶球。

"她在哪里?""唐璜"将信将疑。

"你知道'海蒂'是谁吗?"

"不知道。""唐璜"摇摇头。

林芩想起来了,王毅有一次又认真地问起她家里是干什么的。那时是王毅最失落、最忧郁的时候,情绪失控、易激动,一心想回国。

"你能不能再等一等?"林芩劝说着,"先不急着回去?"

"国内的这个机会很不错,如果不回去的话……"

"你放心,会有更好的机会给你。"

"你,"王毅狐疑地看着林芩,"你给我机会?更好的机会?"

"你不信?"

"你到底是谁?交往到现在,都不告诉我你家里是做什么事的。"

"这重要吗?我不是和你有言在先?!"

"你怎么能让我相信呢?"

"你怀疑我骗你?"林芩生气地扭过头去。

"对不起,我宁愿被你卖了也相信你。"

"哼,又瞎说。"林芩欣慰一笑。

"连这点都不相信你,还谈得上爱吗?"

林芩流露出幸福的微笑。

"不过,我还想说,你知道我求职的身价和眼界吗?"王毅很认真。

"这个机会只高不低。"

"你能不能透一点风给我。"

"现在不行。"

"为什么?"

"还在谈判中,涉及到一个收购谈判,已经谈了很长时间了,这几天就会有结果的,等我的好消息。"

"那我就等。"

"你不问究竟,也不问是否会成功,就相信我了?"

"因为,"王毅突然露出笑容,"我不被你'愚弄'一下,就表现不出真爱,就活不下去,我希望一辈子被你'愚弄'。"

"傻样。"

"和你一样聪明,能和你相处吗?"

林芩羞涩、撒娇地斜睨着王毅。王毅兴奋地如上云天。

林芩讲的收购谈判就是指收购那家新材料研究室。

"你怎么不说了?"摄影师催促起来。

"哦?什么?"林芩懵住了。

"我是说,你的故事很动人,可刚开了个头,就不讲了。"

"哦。"林芩醒悟过来,借着拜伦的《唐璜》继续下去:

水晶球里翻腾起波涛,渐渐显现出另外一个岩洞,"海蒂"的脚边又冷又湿地躺着一人,心已经不再跳动。海潮像在吟唱哀歌,一曲接着一曲。那张脸渐渐地模糊了,变成了另外一副模样,像兰勃洛——"海蒂"的父亲。终于,变成了兰勃洛的面容,和她面面相觑。"海蒂"惊呼起来:"苍天啊,那传说葬身鱼腹的人生还了。"她且喜又悲、希望和恐惧交加,她最担心的是,父亲不同意这桩婚姻,还会把"唐璜"当"奴隶"卖掉——寓意是让"唐璜"失去"自由"(含义广泛而深刻的自由)。

兰勃洛一直没有开口,只是坚持着要"海蒂"把"唐璜"骗回来。

"海蒂"苦苦哀求。

老者在黑暗中说:"昨天这个时候,是我用感应告诉了'海蒂',她那个传说死亡、失踪的父亲被人救了,送回来了。在此以前,一直传说,她父亲在最近一次出海时死了。"

朱颐双手撑在矮墙上,心情似黑暗的海天,他觉得林芩讲述时的神态很真切,很用情,像在讲自己的故事,在排泄内心的忧愤。

"你故事的景色像圣托里尼，"摄影师着了迷，说，"过去，人们在圣托里尼的悬崖上挖山洞而居，山洞就像中国陕北的窑洞。"

"走吧，"朱颐环顾了一下四周，拉了一下林芩，"周围的人越走越少了。"

"这就是那个姑娘最后走的路。"林芩看着伸向远处的马马拉小街，嘀咕着。

"那，我们就沿着这条小街走下去看看？"摄影师问道。

"别再鼓动她了，"朱颐不满地瞟了摄影师一眼，"编故事的人已经分不清楚内心世界和外部世界的界限了。"

林芩默默地往前走，哀伤低鸣的海风掠过面颊，催湿了她的眼帘，她又停下了，仰望着天空中眨巴的星星，王毅浮现在眼前：

瑞士西部山区有绵延的草地，很少能看到一个像样的湖泊，从格鲁耶尔（Gruyeres）到蒙特勒（Montreux）——世界富豪云集的湖边小镇之间，有一个小得不能再小的火车站，叫蒙波逢（Montbovon）。格鲁耶尔因奶酪而闻名，因李斯特演奏过的城堡而诱人，而蒙波逢却以山林的诡秘而迷人。

蒙波逢车站四周很少人烟，车站对面的山林神秘而寂静，太阳落山时，整个蒙波逢和附近的山林会释放出异样的幽暗、清冷、诡秘，像个闹鬼的地方，更像哈里·波特的神话世界。许多游客不敢想像天完全黑了以后那里是一副什么样的景象，于是都趁着傍晚的明亮匆忙离开。由此，也诱引来了一些人执意要去追索山林里的夜晚、与精灵相聚的激动。他们知道，山里的精灵比不上爱琴海的神仙伟大，却比爱琴海的神仙调皮、可爱，与她们嬉闹是一种无与伦比的享乐。

王毅天性爱好猎奇、冒险、突破性思维，追求"破坏性"创新，不喜欢因循守旧。他喜爱山里夜宿活动，一个同学告诉他，如果他敢到蒙波逢的山林里去待一个夜晚，他就输给他100瑞士法郎。

王毅兴奋地把林芩叫来，告诉她自己想去蒙波逢的山里探险。他一来想让森林的负离子清洗一下自己的脑筋，二来想吓唬一下林芩这个一年级的学生，挫一挫她的"傲气"。在她的"傲气"面前，王毅的大男子主义屡屡受挫。

　　为了渲染这次探险的诡异、恐惧，王毅把蒙波逢的景色夸张成魔鬼的世界，怎么诡异、怎么恐惧就怎么说，没想到林芩听完后兴奋不已，探险的积极性比王毅还高。王毅退却了，提出在山林外、山脚下、有房车的地方露宿。

　　王毅、林芩坐火车到了蒙波逢。果然，那个火车站小的只有一个矮平房，而且始终关着门，旅客只能坐在房子外靠墙壁的长条椅上休息，如果人多了还坐不下。

　　蒙波逢三面是草地，一面是山林。山林茂盛浓密，阳光射不透，只在外圈的树林上反射，附近少有房舍和人影。

　　"准备好了吗？"王毅背起行囊，对林芩做了个鬼脸，"我们要进山了！"

　　"走哇。"

　　"你可想好了？"

　　"少废话，走。"林芩拽了拽双肩上的背包带。

　　"现在后悔还来得及，一旦进了山，天黑了，哭也没有用。"

　　"哼，"林芩瞥了一眼王毅，"我已经准备了许多餐巾纸。"

　　"到底有自知自明。"

　　"你以为是为我准备的？"

　　"不是吗？"

　　"是为你，等你哭呢。"

　　"我？哈哈。"王毅一扭头，挺起胸，就往山林方向走。

　　林芩紧跟着一步不拉，遇到一些站在房车边休息的游客，招手致意。

　　林芩、王毅顺着小路走进山林，很快就湮没在林木中，山林里暗淡幽静，身边是一根根笔直的树干和一簇簇矮小的灌木。他们的目标是山峦中一个小山坡的坡顶。王毅不时停下来，一本正经地显摆起指南针，绘制草图，还在附近的树杈上放一块系着红布条的石头做记号，以便返回时能找到来路。王毅每次做完这样的事，都得意地朝林芩笑笑，一副高深莫测的样子。

树林茫茫无边，视野阻隔，脚下的路崎岖坎坷，走着走着就会分出两个岔口，或者三个岔口。王毅在草图上标识了这些岔口，在附近的树权上做了标记，轻松地逗着林芩观赏远处的小溪、身边的小动物、变化无端的光线。

王毅、林芩登上坡顶，放下背包，铺好尼龙布，摆上面包、肉食、奶酪、果酱、水果、酒、拜伦的诗集。王毅、林芩一边吃一边观赏四周的景色。小山坡的对面是一座高山，山崖上垂挂下一条银丝带一样的瀑布，山腰和山顶的墨绿色中嵌着许多卡通式的小木屋，从小坡顶到那里，隔着深深的山谷。

王毅举起照相机抓拍着，林芩陶醉在鬼幻般的景色里，偶尔拿起拜伦的诗集读几段。王毅也兴致勃勃地背诵起拜伦的《唐璜》（第四章第28节）：

　　他们该住在森林中，
　　如夜莺一般，
　　隐居起来，以歌唱自娱；
　　他们原不宜在所谓的"社会"这繁华的孤寂当中，
　　和"憎恨"、"罪恶"、"忧患"共同呼吸；
　　凡心灵自由的人都郁郁寡欢，
　　歌儿最甜的鸟儿只会成双而栖，
　　雄鹰可以独自高飞，
　　而乌鸦和海鸥就如世人一样，
　　只会围着腐尸不前。

王毅显然忘记了时间，忘记了时光的变化……太阳西下，林子里的光线变得灰暗，远山呈现出紫色，近坡是一片深绿，四周寂静的连风声都没有，忽然，不远处传来一声鸟归巢的鸣叫，清脆欢悦，接着又传来几声，很快就响成一片。王毅模仿着钢琴演奏，弹动着十指，摇头晃脑地哼起了班德瑞的《寂静山林》。

"该下山了，否则只能在山上露宿了。"林芩看了一眼幽暗的树丛。

"你没看到吗，林子里最美丽、最梦幻的时候就是黄昏。"

"晚上更好。"

"是吗？"王毅诡异地笑着。

"有绿眼睛的鬼出来。"

"你别吓唬我。"

"没出息，还是个一米八的大男人，还说自己喜欢探险、猎奇。"

"我担心的是你。"

"告诉你，这里绿毛鬼是没有，蛇倒是有的。"

"你看到了？"

"不，"林苓一本正经，"我刚才仔细考察了这里的环境，很适合蝰蛇生长，一种剧毒蛇，喜欢晚上出没。"

"你怎么知道。"王毅有些声虚。

"这里和我家乡的后山很像。"

"唏，"王毅深吸了一口气，"咱们走吧。"

"不在山里过夜了？"

"开什么玩笑，不是出来时就已经决定了在山林边露宿吗？"

"我算过了，从这里下去走1小时，就能走出山林，外边天空应该还亮着。"

"时间还是很充裕的。"王毅松了口气。

"在山里，想不到的事情很多，时间别算得太紧了。"

"好吧，听您的，夫人，呵呵。"

"你说什么？"林苓扭头瞪着王毅，"自作多情，我什么时候答应过做你的老婆？"

"我也没有求婚呀。"

"那好，我们行同路人，回去就分手。"

"别这样，"王毅拉住林苓的手，"我现在就求婚。"他想单腿跪下。

"晚了，因为我看透你了。"

"我是认真的，"王毅发急了，抱住林苓，"我爱你。"

"看把你吓的，没出息，"林芩挣脱了，"快走吧。"

王毅收拾好行装，自己背上后，又替林芩背上，依依不舍地环顾着四周。"哪一天我有空了，也要以这里的景色写一本中国的哈里·波特。"王毅嘟哝着。

"你写的书大概只能放在厕所里。"

"我不开玩笑，还要拍电影，到时候请你当主角。"

"你写的本子，我当主角，有人投资吗？"

"哈哈。"王毅的笑声引来了一串回响，在寂静的山林里传得很远。

林芩和王毅顺着过来时的小路返回。没走多久，他们就遇到麻烦了，前面出现了一个三岔路口，王毅看着草图，搜寻附近的标记，林芩则顺着三条小路的轨迹往前看。标记没有找到，三条小路都湮没在远处的树林里，光线暗淡，看不见尽头。

王毅有些急了，猜测着，林芩很沉稳，凭记忆判断路径，最终，王毅选定了一条路。

"这条路对吗？"林芩狐疑地张望着。

"听我的。"

林芩跟着王毅走上那条路，走了一段以后，林芩觉得越来越陌生，于是嘀咕起来："这条路对吗？怎么这么陌生。"

"相信我的判断。"王毅只顾朝前走。

林芩、王毅又走了很长一段路，发现回到了原处。王毅擦了一下汗，愧疚地瞄了一眼林芩，满眼迷茫。林芩没有表情，略微思索了一下，选择了另外一条路。树林里的光线灰蒙蒙的，静得可怕。

林芩走在前面，发现了树杈上的标记，王毅一声不吭地跟在后面，没有了自信，只觉得脚下的路崎岖不平。不一会儿，他们又来到一个两岔路口，王毅开始寻找树杈上的红布条，又没找着，他不敢随便说话了，看着林芩，等她拿主意。林芩思索了片刻，看了一下王毅的草图，选择了往左边的一条路。

林芩、王毅又走了一段路，前面出现了一个三岔路口，天色已经很暗了，三条路径的前方一片朦胧，林芩仰头看了看天色，直摇头。

"怎么办？"王毅茫然地问。

"还能怎么办？"

"就地露宿？"

"还有更好的办法吗？"

"对不起，都怪我，让你跟着我受罪。"

"我怪你了吗？现在怪有什么用？我倒觉得很有趣。"

"真的？"

"那里有块平地，"林芩指了一下前面不远的地方，"把尼龙布铺在那里，小帐篷撑在尼龙布上面。"

"好。"

王毅、林芩走过去，放下行囊，忙乎起来，不一会，一个矮小的尼龙帐篷撑好了。

王毅钻进帐篷，拿出电池灯、面包、水，分给林芩。林芩靠坐在帐篷外的树干上，一边吃面包，一边透着树梢的缝隙寻找北斗七星。

"山里夜宿别有一番趣味。"王毅哼着班德瑞的钢琴曲。

"美得你！"

"怎么不美，有美人陪着，是老天要我迷路的，是老天要成全我呀。"。

"哼，不要脸，"林芩似笑非笑地调侃起来，"你说你是怎么搞得，还说喜欢山里探奇，有经验，一会指南针，一会画草图，一会留标记，那标记呢？还不如小狗撒泡尿有用，煞有介事，尽是花拳绣腿。"

"不好意思，说实话，我是去山里探过险，可是，当领队还是第一次。"

"怪不得，你是在拿我当试验品。"

"没有这个意思。"

"你看，那里有个东西。"林芩指着前面的草丛，惊呼起来。

"什么东西？"王毅嬉笑着，"不会是蛇吧？"

"当然。"林芩死死地盯着那堆草丛，仔细搜索着。

"我怎么没看见。"

"别出声，别乱动，你以为是狼，有发绿的眼睛？！"

王毅急忙安静下来,身子一动不动地靠在树干上。

"我看到了,蝰蛇,三角头。"

王毅一惊,急忙扫视起自己四围的地面、草丛,怕有蛇爬过来。王毅不怕鬼灵,唯独有点怕蛇,蛇这种动物隐蔽起来很难发现,进攻起来像长矛,快速而截面很小,防不胜防,而且还带有致命的毒液,是野外宿营人的天敌。

"快关灯,趴下。"林芩疾呼。

王毅迅速关掉电池灯,趴在地上,紧张地注视着林芩。

"你看,露相了吧,"林芩讥笑着说,"一遇到危险就只顾自己逃命,把我甩下了。"

"你在耍我?"

"谁说的?"

"我想起来了,蛇和关灯有什么关系?蛇对灯光不敏感。"

"哈哈……"林芩笑得喘不出气,"还是个大男人?!"

"好,你看我怎么收拾你。"王毅爬起来。

"别动,"林芩机警地环顾左右,"我听到动静了,还有个黑影闪过。"

"又在唬我。"王毅停住了。

"这回是真的,你看,还有两盏绿灯。"林芩随手指了一下前方。

"这山上没听说有狼、熊、野猪什么的呀?"

"你就这么肯定?!"

"这倒也是。"王毅歪着头想着。

"上次去阿尔卑斯山,我们不是看到山民扛着猎枪、牵着小狗在走吗?!"

"绿灯还有吗?"

"有,快坐下,不要动。"

王毅急忙坐下,靠在树干上,屏气听着动静,半晌,他又想站起来搜寻。

"别动。"

王毅又贴紧了树干,一动不动。

"呵呵。"林芩发出一声笑。

"怎么？你为什么不隐蔽……"王毅突然醒悟了，停住了发问。

"呵呵……"林芩捂住嘴笑个不停。

"你又在耍弄我？呸，呸。"王毅爬起来扑向林芩。

林芩一侧身，躲过，王毅撞抱在树干上。

"呵呵。"林芩笑着想站起来。

王毅侧身压住林芩，乘势抱住她，喘着气，用力吻着，不停地说："看我怎么收拾你，怎么收拾你……"

"放开。"

"不。"王毅抱得更紧了，又吻了一下。

林芩也抱住王毅，吻了起来。忽然，林芩一颤，仿佛又想到了什么，一下子冷却下来，慢慢推开王毅，梳理起衣服和头发。

"你知道吗？你刚才弄得我很丢脸。"王毅也平静下来，微笑着说。

"谁让你瞧不起我的！"

"你也别太得意了，其实，在刚才的表演中，有一大半是我装的，是为了向你赔罪，哄你高兴。"

"还不服？还想再试试？"林芩瞪着王毅。

"下次不敢了。"

"这就对了，告诉你，我从小喜欢上山走夜路，也独自在山里露宿过。"

"你家里到底是干什么的？为什么每次问你，你都不说？"

"你猜呢？"

"听你说的生活好像是在农村，可是看你现在做的事情应该是在城市里。"

"搞清楚这一点很重要吗？"

"当然不是第一位的。"

"如果是第一位的，我们现在就分手。"

"对不起。"王毅凝视着林芩，目光火辣辣的。

林芩低下头，没有羞涩，却很沉重。

"怎么啦？不高兴了？"王毅不解地问。

"不。"

"你的婚姻大事一定要你父亲、母亲同意？"

林芩点点头，没有说话。

"女儿的终身大事要和父母亲商量，很正常嘛！"王毅不以为然。

"你不明白。"

"他们已经给你找了人家了？"王毅有些紧张。

林芩微微地摇摇头。

"哎，"王毅轻声一叹，觉得林芩的回应不够有力，于是试探着问，"什么时候让我见见你的父亲、母亲？"

"找机会吧。"

"很难吗？"

一阵冷风吹来，林芩一个寒战。

"你好像很冷，"王毅也觉得有点冷，"你进帐篷去吧。"

"你呢，你不是也很冷吗。"

"我无所谓，我就在外面守着你。"

"不，山里的夜晚比较冷。"

王毅没有说话，爬进帐篷，拿出雨衣、毯子、毛衣递给林芩。"你把毛衣穿上，我们一起待在外面。"王毅温和地说。

"你也穿上，"林芩套上毛衣，"坐在我身边，挨紧一点。"

王毅套上毛衣，挨近林芩坐下，盖上毯子和雨衣，搂住林芩。

"我有一种感觉，"林芩望着摇曳的树梢，"我们就像在大海里，是从被打沉的船上逃下来的。"

"真的，我也有这样的感觉，拜伦在《唐璜》里是怎么说的？"

"唐璜的船被打沉了，又被救起，在海上漂泊，没有食物，开始吃老人、病人，唐璜不愿意，又跳海逃走了。"

"后来呢？"王毅狡黠地笑着。

"被一个美丽的姑娘救起来了，私订终身。"

"呵呵……"王毅搂紧林芩，笑得摇头晃脑。

"你真坏。"

"就想听你说下去。"

"美得你，告诉你，接下去还有呢，姑娘的父亲不同意，把唐璜捆绑起来了。"林芩攥紧拳头在王毅面前晃了晃。

"被这样的拳头打是一种享受，就像捶背。"王毅握住林芩小巧的拳头。

"要不试试？"林芩抽出拳头，"对着你的鼻子？"

"别，别试，我鼻子要是流血了，你心里一定会流血。"

"厚颜无耻。"

"别说这些了，"王毅深情地看着林芩，"唐璜和海蒂毕竟还举行过了一个简易的婚礼，就像在这里，两个新人，树木和小动物是客人，寂寞是牧师，如果你答应，我们现在就举行婚礼，我死也认了。"

林芩沉默了，夜色遮盖住了脸上的阴郁。

"和你说正经事，"王毅很认真，"我受拜伦《唐璜》的感染，一直想写一首长诗，寓意我对你的爱，我当然会描写一些波折，不过，结尾是喜剧，我经过九死一生的磨难追求到你，忠贞不渝。"

林芩感动了，眼睛里闪烁着光。

"不管发生什么事，我都等你，爱你。"王毅动情地说。

"你看，维纳斯在笑你。"林芩仰望着天空中的金星。

"那是金星，"王毅也仰头看望，"维纳斯就是你，以后，你不在我身边的时候，我就会看她，就像你在我身边一样。"

林芩依偎在王毅的怀里。王毅幸福地抚摸着她的头发，忽然，他感到林芩在抽搐，听到林芩轻轻的抽泣声。

"我发现你身上有一层魔咒。"王毅不安地说。

"是吗，你能看出来？"

"不明显，不过，有时候也很明显。"

"你怎么会有这样的感觉？"

"我知道你爱我，我也一样，可是，好几次，包括现在，当你的真情热烈到一定程度时，都会突然冷却，好像有什么障碍，看不见，却突不破。"

林芩的泪珠在月光下闪闪发亮。

王毅默默地抚摸林芩的肩，四周一片沉寂，半晌，王毅轻声背诵起拜伦的《唐璜》（第四章第30节）：

宛如阿尔卑斯的山谷，
一湾清澈的水面被风吹起涟漪，
她就这样被那神秘地侵到头脑中的篡者搅扰，
呵梦，
无论思绪怎样漂游，
我们都得唯命是从。

3. OIA小镇的灯火

林芩、朱颐、韩贵、摄影师回到酒店，酒店经理满脸堆笑地迎接着他们。林芩走进房间，坐在镜子前开始卸妆，朱颐靠在沙发上喘气，不停地揉着酸胀的腿肚子。

林芩走进浴室，朱颐的空间扩大了，心不在焉地看起电视，脑子里全是凯瑟琳的眼睛、笑容……林芩围着浴巾出来，房间里的空间又被她挤占去了一块，加上她的气场扩张，朱颐觉得憋气、受限、难以忍受，于是站起来走向晒台。

海天黑暗无垠，白天的白色、蓝色都淹没在夜色里，朱颐少了一种视觉享受，显得无聊。朱颐想出去走走，顺着马马拉小街往前走，他不相信林芩讲述的"海蒂"的故事，却有一种强烈的冲动——或许会碰到凯瑟琳。凯瑟琳下榻的酒店就在前面不远处，而且，他的第六感觉从来就很灵验。

"我出去到酒店门口转转。"朱颐回进房间对林芩说。

"明天的路很多，还要拍婚纱照，不会轻松。"林芩用吹风机吹着头发，头发披甩在一边，很松。

"我知道。"

"不要太晚，也不要太累了。"

"我不会走得很远，或许就在这酒店、或许就在附近的咖啡吧里坐坐。"

"我也去，陪你聊聊天？"

"不用了，我想一个人清静一点。"

"没有不舒服吧？"

"没有。"

"好吧，"林芩点点头，"别搞得太晚了。"她换上柔软的睡衣，上床了。

朱颐走了，轻轻地带上门。

房间里空荡荡的，林芩用遥控器调节着电视频道，没有一点睡意。没过多久，林芩的思绪又转到了她先前讲述的故事上，转到了她的《唐璜》上，再也没有心事看电视了。

林芩干脆下床，打开电脑，路上的故事又重新涌上心头，她凭记忆复述，并输入电脑，完成后，又默默地念叨了一遍，忽然，她发现，自己似乎遗漏了一段情节，如果补上这段情节，可能会更完整，那就是，在"'海蒂'救上'唐璜'到看日出、走到钟楼前"的当中，应该有一段两人热恋的情节，有了这段情节，后面演绎的爱情磨难或悲剧就更能显示出命运的凄惨，催人泪下。林芩想了一会，开始补充这段情节，可是，她写了几行就发现，自己的语言贫瘠，无法准确、深动地描绘出那段情节，于是，干脆凭记忆背诵起拜伦的《唐璜》（第二章）里的几句，想激发出灵感：

"海蒂"告诉"唐璜"，她的父亲出去做贸易了，所以能出来陪伴他。每天晚上他们都依偎在岩洞口，看着太阳沉落到蔚蓝的山峦下，远山像新月一样弯弯，四周幽暗而静止。一个长长的吻是爱情、美丽、青春赐予的，像太阳集中于一点，"血是熔岩，脉搏是火焰，每一下爱抚，每一个吻，都震撼心灵。"

天越来越黑，他们依偎得越来越紧，灵魂彼此倾诉，感情一次次沉迷，"海蒂"把急跳的心贴到"唐璜"的胸上，离开那里就不能跳动，她又用娇美的胸脯给他去枕，随时准备无私地献出全部。

朱颐没有去酒店的咖啡吧，而是穿过酒店前庭走上马马拉小街，朝凯瑟琳下榻的酒店方向走去。小街旁边有一个小酒吧，坐在小酒吧外面遮荫棚下，能隔着小街宽视野地看到大海，桌面上的烛光摇曳。

突然，朱颐看见一双眼睛蓦然回转，睁得大大的，诧异而凝固了，那就是凯瑟琳的眼睛。

"是凯瑟琳，"朱颐惊喜地走进酒吧，庆幸自己的感觉就是那么灵验，"你好，怎么这么巧？"他在凯瑟琳对面坐下。

"是啊，我睡不着，恐怕是白天太兴奋了，景色太美了，所以出来走走。"

"是的，这里的景色很动人。"

"主要是遇到了会讲故事的人。"

"哈哈。"朱颐爽朗一笑。

"你呢？"凯瑟琳微笑着，"也睡不着？"

"是的，我的潜意识告诉我，这时候出来散步，一定会遇到惊喜。"

"呵呵，"凯瑟琳忸怩了一下，"你的新娘呢？一个人留在房间里？"

"是的，她觉得很累。"

"你不累吗？"

"我觉得有些闷。"

"都说到了圣托里尼，"凯瑟琳目光诧异，"男女之间没有故事也会有故事，没有激情也会有冲动，何况你们是来度蜜月的，怎么会觉得发闷？"

"为什么要问得这么尖刻？"

"对不起，我是说，老婆是要哄的，要哄一辈子。"

"不谈她好吗？"朱颐看着被无袖衣裙裹着的凯瑟琳，"你不觉得冷吗？还是白天穿的那一身短袖。"

"不怎么觉得。"

"可晚上的气温很低。"

"习惯了，在国外都这样。"

"我可不习惯。"

"看得出,你好像有点冷。"凯瑟琳的声音柔和。

"无所谓,"朱颐很享受这种声音,"喝点热饮料就会好的,怎么样,来一杯?"

"好的。"

朱颐点了两份热咖啡。

"你看,"凯瑟琳喝了口咖啡,"晚上的景色是一种宁静的美,我被烦扰了一个白天,现在特别需要享受安静。"

"人的心境只要一平静,就是一种享受。"

"你很细腻,很会讨女人喜欢,你太太一定很幸福。"

"呵呵。"朱颐笑而不答。

"我想,这里的夜景会让你平静的。"

朱颐望着远处的悬崖,轮廓依稀可见,悬崖顶上铺设了一层宽阔的色彩斑斓的光带,绵延远去,其中昏黄的淡光显出了房屋的轮廓,耀眼的炽光像爆炸开的恒星,柔和的紫色映出梦色的田园,偶尔还有几片绿色的光泽,是一片树木。悬崖下的海岸边聚集着许多灯火明亮的小船,就像黑幕上燃烧着的生命之火,邮轮巨大的身躯如同辉煌的岛屿,通体明亮、清晰。

"难怪我们的摄影师说,移动几厘米就是一个景色。"朱颐的脸庞移动了几厘米,欣赏着,又移动了几厘米……凯瑟琳的混血美丽唤起了朱颐的热情、新奇,他思索着能吸引凯瑟琳的话题,想把交谈持续下去,而不愿意让凯瑟琳现在就告辞回酒店。朱颐阅女人无数,那些女人的差别都不大,尤其是中国女人,千篇一律的蒙古人种脸型,让他疲劳,因此,只要一遇到新颖的形象,哪怕只是稍微一露头、一抛落,就会在他的心灵中撞击出巨大的漩涡,他分辨不清楚什么是兴趣,什么是爱情。

"我第一眼看到你太太,就觉得她是个非常能干的人,绝对不是一般的强。"

"可是,她在公司里挂的是虚职。"

"为什么?"

"原因很多,可能太累了,想休息一阵子。"朱颐故意回避。

"哦，太可惜了。你呢？"

"也是虚职，不过，我正在策划自己干，自己开辟一块空间。"

"是和你太太赌气了？！"

"没有，"朱颐笑了笑说，"她不是一个随便会生气的人，我只想有自己说了算的事业。"

"你们男人啊，就是拉不下架子，我们女人嘛，也是要一张脸，总喜欢和别人比男人，其实，男人小鸟依人一点也很可爱。"

"我会被天下人笑死的。"

"你可以把耳朵塞起来。"

"这不是掩耳盗铃吗？堵不住人家的嘴呀。"

"其实没必要在乎，因为……"凯瑟琳想到了什么，停住了。

"我知道你想说什么？"

"我想说什么？"

"是想说，人和人不同，关键看能力适合不适合。"

"意思接近了。"凯瑟琳微笑着说，"不过，不完全对，我是说，如今，任何一家公司的经营环境都很复杂、都富有挑战性。我的直觉告诉我，你太太的性格就很适应这种挑战。"

"她岂止是适应，根本就是喜欢，如鱼得水，就像吸烟的人，上瘾，非要抽浓烈的烟不可。"

"我很敬佩她。"凯瑟琳一副不经意的样子，搅拌着咖啡，"你们公司正是需要人的时候啊。"

"你可能不太清楚，这和我们集团下的ZQ材料公司有关，或者说，和ZQ材料公司的外资有关。"

"哦？"

"其实，她并没有闲着，而是集中精力在抓ZL系列新材料的研发。"

"这可是一款全新概念的材料，全世界都在开发，你们进展到什么程度了？"

"你怎么也知道ZL材料？"朱颐一怔，看着凯瑟琳，"那可是我们公司内部使用的名称，国外叫……"他思索了一会，"对不起，我实在叫不上来。"

"呵呵,"凯瑟琳轻松一笑,"我随便问问,你们公司在研发这款新材料是公开的秘密,报纸上都有披露。"

"已经到了模拟常态环境生产阶段,过一两天就会有结果。"

"出现过问题吗?"

"没有,好像很正常。"

"那就好,祝贺你们了。"

"还有,瑞士研发基地的人明天可能会过来,没准当中就有个叫王毅的人,他知道的更多。"

"王毅会过来?"凯瑟琳有些吃惊。

"你也知道他?"朱颐皱了一下眉头。

"不。"凯瑟琳垂下眼皮。

"咱们不谈ZL材料好吗?成天谈工作,我很累。"朱颐开始感觉到凯瑟琳对他的热情不单纯,不过,他不希望猜疑搅和了眼前的气氛,因此,他宁愿相信凯瑟琳的关注只是巧合、无特殊含意。

"好的,"凯瑟琳又抬起眼睛,"你刚才说,你自己想干一块,想干哪一块?"

"我想投资搞一家影视公司。"

"资本金呢,据说至少要上千万。"

"当然是找我父亲要。"

"他会支持你吗?"

"我和他谈过了,他要我去征求我太太的意见。"

"你太太怎么说?"

"她说出了一个能让我气上一辈子、恨上一辈子的理由。"朱颐沉下脸。

"什么理由?"

"她担心我最后弄不成,留下个烂摊子由她来收拾。"

"呵呵……"凯瑟琳笑个不停。

"你也相信她说的?"朱颐不高兴了,把头扭向一边,看着前方。

月亮像个银盘高高悬挂着,空气中没有尘埃,白云的立体感很强。

远处一块突出的悬崖像一头巨兽蹲卧着，直冲海面，风车巨大的身躯如同卫士，手中的武器就是那个大转盘。

"别不高兴，"凯瑟琳和缓地一笑，"你父亲同意这样的看法？"

"是的，到现在还是。"

"这说明，你父亲依旧非常重视你太太的意见，"凯瑟琳沉默了，凝望着远处的灯火，半晌，轻声地说，"你爱你太太吗？"

"你为什么要问这个问题？"

"随便问问。"

"这是我的个人隐私。"

"对不起，我只是好奇，为什么听了半天就没有听到你赞美、欣赏她，你们像政治婚姻。"

"你从女人的角度说，她可爱吗？"

"她很可爱，很漂亮，是个女强人，你要知道，女强人和普通的女人的区别仅仅是，善于掩饰、控制温柔、脆弱的一面。"

"说得对，我能感觉到，"朱颐眼睛里放射出异样的光泽，"每当我发现她在掩饰、控制时，我就会可怜她。"

"只是可怜？"

"还不够吗？"

"相处长了，多少应该会有爱情。"

"我想是的。"

凯瑟琳微微点头。

"我觉得你对她特别感兴趣，对她和我的关系也特别有兴趣。"朱颐的目光疑惑。

"是吗？"凯瑟琳不回避朱颐的目光。

"你真的很想和她交谈？"

"她是个奇女子，很让我敬重，我想更多地了解她这样的人的信仰、心理、信念。"

"嗯……"朱颐沉思了，他发现，他一直在和一个智慧的头脑打交道，而且，这个智慧的头脑一直在关注和打听一些发生在他身边的敏感的事，他没有深想为什么，只是感到一阵凉意。

"有难处吗？"

"没有，她也是个喜欢交结朋友的人，明天或者后天，我找机会安排。"朱颐有些勉强。

"谢谢……"凯瑟琳扭转脖子扫视远处，突然，脖子凝固了，似乎发现了什么，余光注视着右侧。

朱颐顺着她的余光搜寻过去，看见林芩远远地站着，面色黯然，不由一惊，瞄了一眼凯瑟琳，用目光询问："怎么办？要叫她过来吗？"

"请她过来。"凯瑟琳落落大方地站起来，朝向林芩微微作笑。

朱颐若无其事地举手招呼林芩过来。

林芩落落大方地走过来，梳理了一下长发，没有一丝忌讳和尴尬。"外面空气真好，景色也很好。"林芩微笑着坐下了。

朱颐又去要了一杯咖啡。

"是碰巧遇到的。"凯瑟琳解释着。

"旅途中的人都是朋友，有朋自远方来，不亦乐乎。"林芩微笑着说。

"呵呵。"凯瑟琳松了口气，也笑了。

"换了个新地方，精神特别好，睡不着，就想出来走走。"林芩很轻松。

"你们正好谈谈，"朱颐插话说，"省得再另外约时间了。"他坐到一边，听林芩和凯瑟琳谈话。

"你们在圣托里尼大概要住多长时间？"凯瑟琳扑闪着眼睛。

"好多天，你呢？你的同伴呢？"

"我也得住几天，我的研究团队在雅典，我是一个人过来的，没想到一踏上这片土地就走不动了，这里真迷人。"

"那就和我们结伴吧。"

"谢谢。"凯瑟琳流露出喜悦。

"听朱颐说，你是研究宗教的？我很有兴趣，能不能和我谈谈？"

"当然，"凯瑟琳很愉快，"白天，如果你在小街上走的话，就能看到许多碧蓝色圆锅顶一样的建筑，每个顶上都有一个白色的十字架，那就是教堂。你还会发现，这样的碧蓝色圆锅顶很多，散落在镇上。圣托里尼虽小，却有许多教堂，这还只是看得见的，看不见的教堂更多，在每一个人的心里，至高无上。"

"我去过上海，偌大一个城市，没几座庙观，说得出来的就是龙华寺、静安寺、玉佛寺，等。"

"如果一大群人没有信仰、没有良心自责、没有道德约束，只知道赚钱、利润、竞争，社会能有安宁吗？会有秩序吗？"凯瑟琳的目光闪动。

"是啊，人们发展经济到底是为了什么？"

"应该是，让兄弟姐妹更平等、更和谐、更宽爱、更自由。"

"我看一切都是为了人性，人性的本质就是人的自由，社会越发展，人们享受的自由空间越大，这个自由包含：生存、安全、富有、平等、尊严、互尊、机会、劳动、幸福，还有爱情。"

"很精辟。你在人文科学方面也有很深的思考。"

"我想请教你一个基督教方面的问题。"林芩谦虚地说。

"别说请教，我们可以一起讨论。"

"美国人认为，社区政府、公民社团、宗教是美国社会稳定的基础，全世界有那么多人相信基督，又绵延千年不衰，说明基督教有强大的生命力，其现实意义是什么。"

"基督教里的耶和华神，你可以把它理解为我们心中崇高的精神境界，那就是人性的至高境界，比如，有一个故事讲得就很真切，耶稣是神的儿子，耶稣复活的那天，玛利亚不知道，去探望死去的耶稣，她往坟墓里看，只会流泪，就在这时，耶稣出现了，悄悄地站在她的身后，叫她往后面看，她马上就看到了生命、力量、希望。"

"可是，在追求和走向更高的自由空间的过程中，我们又会不得不牺牲和放弃许多自由，比如一个作家，他想写一部流芳百世、对人类思想有重大影响的作品，可他首先得保证自己的大脑有充分的养料滋养，而养料的来源是每天必须填饱肚子，摄入足够的营养。"

"你在宗教和俗世之间架起了一座桥梁，那就是人性问题，很智慧，让我受益匪浅。"凯瑟琳夸奖着。

朱颐插不上嘴，干脆挪坐到另外一张桌子边去了，关注着海面上通体光亮的邮轮缓缓而去。

林芹和凯瑟琳像一对久违的朋友热烈地讨论着。

夜深了，林芹、朱颐回到房间，林芹又简单地冲洗了一下，看着朱颐，目光疑虑，想发问。

"我和她真的是碰巧了。"朱颐回避着林芹的目光，有些不安，担心林芹多虑。

"我没有问你这个，我想说，你是否觉得她很智慧？"

"我没有和她谈什么。"

"谈了又怎么样呢？她不是一个随便对谁都会有感觉的人。"

"她对哲学、人性、宗教都很有研究。"

"来圣托里尼的路上，我也想过，如果能像她那样，一辈子做个学者也不错，在自己构建的精神领域里，想飞多高就多高。"林芹换好睡衣上床了，躺靠在床头上看电视。

朱颐进卫生间冲洗了一会也出来了。

"她问你什么了？"林芹注视着电视屏幕，问朱颐。

"只是简单地聊了一下情况。"

"谈到荣光集团了吗？"

"寥寥无几，不过谈到了ZL系列新材料和你。"

"她也知道ZL这个名称？"

"是的，我也纳闷。"

"已经够了，"林芹微微一笑，"她已经知道了该知道的一切，包括我和你的婚姻。"

"她为什么要这样做？她会得出什么结论？"

"我不知道，至少我现在不知道，因为我不是上帝。"

朱颐沉默了，猜测着。

"别去想了，过几天就会明白的。"

"是祸躲不过。"

"未必是祸。"林芹很自信。

朱颐看见床上只有一条被褥，有些尴尬、犹豫。

"怎么不上床。"林芩微笑着。

朱颐摊了摊双手,欲言又止。

"我也是个女人。"

朱颐心头涌起一阵爱怜,掀起被褥上床,拥抱住林芩,林芩温顺地躺下,闭上眼睛,朱颐犹豫了一会,坚挺起来……林芩闭着眼睛,忽然,浑身冒起了鸡皮疙瘩,眼前浮现出许多女人赤裸的身躯,有个男人赤裸的身躯交杂在其中——那个和许多女人交欢过的身躯正在拥抱她,她感到痛苦、悲戚……她知道朱颐在外面放荡过,只是没有点破而已,她也借题提醒过,有时甚至很严厉,可是朱颐总是以装傻来回应……林芩的眼睛湿润了,身体在颤抖,朱颐感觉到了,他察觉到林芩的痛苦、勉强,意识到林芩是在责任、义务的束缚、重压下寻求正常的生理需求,这在文明社会里,对人性的自由而言,是无比残忍的。

朱颐失败了,试了几次又失败了,仰面躺下,透过气窗玻璃看着天上的星星,暗暗责骂自己是畜生,毕竟,作为哥哥,他对林芩的感情很深,不想欺辱她。

林芩如释重负,轻轻地吐出一口气来。

第三章　OIA小镇（2）——洁白的婚纱

1. OIA的阳光

林芩坐在梳妆镜前，挺直腰身，雍容高贵，酒店安排的伴娘替她化妆、披戴婚纱，而后一个搀扶起她，另一个献上一簇百合花。洁白的百合花瓣上有淡淡的粉红色。朱颐静静地站在一边等候，穿着一身银灰色的西装，系着红色的领结，胸口贴插着红色的花，黑色的头发和皮鞋一样发亮。

林芩挺起胸脯，捧着百合花，由朱颐挽着，缓缓走出房间，下楼穿过前庭，迈出酒店门槛，踏在门槛外的台阶上。朱颐走下台阶，站在小街的地面上，仰望着林芩。

林芩稳稳地站着，目光平视着马马拉小街，百合花安详地贴在胸前，最美丽的就是百合花上面的那朵迎着阳光微笑的脸。一个满头金发的小伙子麻利地半跪下，蹲在林芩脚边，整理着婚纱下摆，下摆从台阶最上层一直拖到下面小街的地面，在小伙子的手下显示出清晰的台阶轮廓。地面很干净。

林芩想起了自己的《唐璜》里的婚宴的情节，此时，她已经分辨不清，那是真实发生过的事，还是在虚幻世界里的事：

> 荒凉的海滩，天上的星星，"海蒂"失踪的那晚，钟停止的那晚，"唐璜"独自回到岩洞，岩洞里的新房、婚床、烛光……那么熟悉，那么温暖、真心相爱的婚礼似乎还在进行，可是，却没有生命的呼吸，确实那样凄凉。他想过死，面对着黑色的海面、海风呼喊着"海蒂"的名字，喊累了，就是无休止地流泪，那泪水是红色的，有腥味，不是海潮的腥味，而是血的腥味。

司仪朝朱颐做了一个手势，朱颐面对林芩慢慢跪下一条腿，身子微微旋转，面孔始终仰着朝向林芩芩，祈求着，林芩慢慢弯下腰顺着朱颐旋转的方向微微转动，嘴唇慢慢贴近，闭上眼睛，最后吻在了一起，朱颐也闭上了眼睛。

林芩克制着自己复杂的感情，极力在眼前呈现出朱颐的面容，确认此刻吻的就是朱颐，婚姻原来就是这么现实，爱情才充满了虚幻。

掌声从四面响起，狭窄的街道有些堵塞，蓝、绿、黑色的眼睛送来祝福，黄、黑、亚麻色的辫发雀跃。林芩微笑着迎接着人群的祝福，百合花、白色婚纱衬出她洁白的皮肤、殷红的嘴唇，代表着纯洁和幸福。

朱颐慢慢睁开眼睛，取出红色的盒子，小心地捏出钻石戒指，轻轻戴进林芩纤细的手指。朱颐缓缓站起，抱住林芩的腰，深情地凝视了片刻，吻了她。

司仪一抬手，两个穿着深色西服的乐手拉响了提琴，幽雅的乐曲又引来许多游客。乐手奏着提琴慢慢向前移动，林芩手捧着百合，朱颐挽着林芩，慢慢地跟在后面，伴娘亦步亦趋。韩贵不远不近地跟随着，摄影师跑前跑后忙碌着。

朱颐感动了，感觉到了和林芩兄妹关系中的爱的元素，而且，这种元素正在裂变和聚合，越来越多——她正在融入他的生命，燃烧起他生命的火焰，而且越燃越旺，他不敢想，一旦没有了她的融入，没有了这股能量，他的生命火焰还能燃烧多久，他发誓要牵住她的手一直走下去，他责怪自己，这样的愿望、这样的真情为什么来得这么晚，为什么一直要到蜜月时才表现出激烈，为什么当初会对她的冷丽、坚韧那样排斥，为什么要去做那些能伤害她感情的荒唐事……忽然，他想起了尼采的话，"春天来了，冬天还会远吗！"同样，收获的秋天来了，冬天还会远吗？他一阵忧伤。

在一片蓝色和白色中，林芩显得格外白嫩，朱颐不停地问自己，林芩不美吗？不，很美；不聪明吗？不，很聪明、很勤奋、很通人情世故、很得父母亲喜欢。她做什么事情都那么完美，即使在家里的窗户外种植一棵三角梅，也能攀延得比邻居家的高、开得盛，红的像一团火。

朱颐感到忧伤的是，林芩似乎没有理会到他内心的变化，她火热的表面更多的是一层礼仪，下面是一层冷漠，冷漠下面的心里才有一点火热,尽管这火热很渺小,却生生不息,能让人感受到,因为这火热是一种希望,与其说这火热是被严密地包裹着,不如说是被精心地呵护着,当然,这火热不是为他呵护的,而是为另外一个人。

林芩、朱颐的婚仪队伍顺着狭窄的小街向前走,阳光下,小街的色调耀眼,蓝白色的反差格外明亮炫目。在一大片乳白色、浅色的房子中间,高低错落地撒落着许多蓝色的圆锅顶,顶上都有一个十字架。圣托尼教堂、圣乔治教堂、圣玛丽教堂蓝色的顶子就在他们的下方。海面充满了生气,白色的游艇拖拉出了长长的白色潮带往前移动。

林芩在一排形状各异的房子中间发现了一栋二层楼的房子,黄色的墙面和阳台上爬着火红的三角梅,红的像一团火。林芩激动了,她见过那画面,见过那棵三角梅,就是她要找的一张图片上的景色,她疾步走过去,要摄影师认真选择画面,拍摄出白色的婚纱、黑色的头发、淡黄的后景,头上的火红。

"你能不能再多给我一点提示,"摄影师观察着墙面,"主要是寓意方面的,我想,你一定有所寄托。"

"三角梅永远是孤独的,"林芩严肃地说,"不是因为她懦弱,而是因为她坚韧,不论多么贫瘠的画面,只要有她在,就有生命和美丽。"

"这团火不孤独,"摄影师对好了焦距,按下快门,"她支撑着整个画面,感动着每一个人。"

小街边上有一个乳白色的木栅栏,是一个台阶的出口,台阶雪白,十几节台阶下连着一个小露台,小露台的一角有一把收拢的阳伞,泛着耀眼的白光,外面大海的蓝色异常柔和。乐手们停在小露台上,对着大海演奏,海波翩翩起舞。摄影师迅速拍摄下了晒台的一角——镜面下方的一角是白色的伞、晒台,上面一大片是蓝色的海,仿佛在天上。

摄影师挤过婚仪队伍冲到头里,走到更下面的台阶上,举起摄像机对准正缓缓而下的林芩、朱颐。台阶两边无规则的房子凹凸起伏,显出悬崖、岩石的奇异、洒脱。

摄影师又往下走了许多级台阶,变换成照相机仰冲着林芩、朱颐,接着又是摄像机,一会以蓝色为背景,一会以白色为景观,还不断提醒林芩、朱颐做出各种姿势——相拥、牵手、揽腰……他还为林芩单独照了许多，东、南、西、北，几乎是一寸一寸地移动拍摄，其中有的角度独特，为了突出奇险，林芩站立的位置危悬。林芩还特意要摄影师拍下"月牙湾"口衔着的小希拉岛，岛上也有一层淡淡的白色。整个镜面的感觉是，若不是被衔住，那小岛就会游离出去。那小岛原来和圣托里尼连在一起，据说是公元前236年的地震把它们分离开的。

林芩、朱颐他们没有顺原路返回，而是跟着景色走，随台阶上下起伏，穿梭在房舍中间，走进一条长廊。

"这长廊是天然的取景平台。"林芩引着摄影师的视线，扫视海面、悬崖、悬崖上的房舍，"你不要怕重复，一个角度一个角度地给我拍，许多古老的建筑都有一段故事。"

摄影师的镜头追随着林芩移动着，司仪、乐手静静地注视着林芩远去，朱颐跟随而去，始终保持着一段距离，不去干扰那纯洁的画面。

"我刚才，"韩贵凑近朱颐，悄悄触了他一下，示意他停下，"得到齐燕的最新消息。"

"齐燕？"朱颐停住脚步，惊愕地看着韩贵，久违的牵动着万缕情丝的名字犹如一声炸雷，"她怎么样？"

"还好。"韩贵的脸色不轻松。

"什么叫'还好'，有什么事吗？"朱颐掠过一丝疑虑。

"应该说，没有什么大事。"

"这就是说，还是有事的？"

韩贵摇摇头，不愿意回答。

"你和她一直有联系？"

"是的。"韩贵偷偷瞄了一眼林芩。

"你为什么一直不告诉我？"朱颐抱怨道。

"这不由我做主。"

"那么，为什么现在又要告诉我？"

"也是身不由己。"

"到底谁在指使你？"

"你最好不要问。"

"你知道林芩就在前面吗？"朱颐不满地说。

"我知道。"

"什么事情能够瞒得过她？"

"我也知道。"

"既然你都知道，"朱颐皱起眉头，愤愤地说，"你们到底想干什么？到底是什么意思？还想要我和林芩相处下去吗？"

韩贵闭紧嘴巴，唯恐失言。

"真是些不消停的人，"朱颐疑虑重重，说，"那好，别的事我也不想知道，只请你告诉我，齐燕现在怎么样，好吗，在做什么。"他已经明白了，没有母亲的坚持，韩贵是绝对不敢和齐燕保持联系的，可既然父亲已经把自己和齐燕的关系定性为荣光集团内不和谐的音弦，为什么母亲还要维护、保持这一丝联系呢？她在期盼什么？

"你父亲的有些想法有时候确实不近人情。"韩贵流露出了同情，却没有直接回答朱颐的问题。

"简直是灭绝人性，弄得我、林芩、齐燕都很痛苦。"

"齐燕一直在拍摄《文明历史旅游》系列纪录片，眼下正在拍摄其中的一篇——《欧洲宗教》。"

"这件事情我知道，那个题目我也知道，一开始我还参与了，她还在坚持？"

"快结束了，在做最后剪辑。"

"我知道她困难不少，老是受干扰，断断续续地。"

"是我一直奉命在悄悄资助她，还和她讨论过建立文化娱乐公司的事。"韩贵注视着林芩。

"是荣光集团的钱吗？"

"当然。"

"为什么呀？"

"你应该明白。"

"是我妈妈坚持的？"

韩贵不回答。

"你为什么要回避？"朱颐盯着韩贵，半晌才从牙齿缝里挤出一句,"她可是个很善良的人。"

"是的。"

"她不是一个心计很重的人。"

"其实,这和你妈妈没有很大关系。"韩贵语气中肯。

"你说什么?"朱颐诧异地睁大眼睛,"一会这样,一会那样,你到底想说什么?"他心里冒火、烦躁,那火焰"腾"地一下燃烧起来,烧毁了覆盖在已成灰烬的爱的遗迹上的冰封,点燃了灰烬,思念和愤怒如同燃料不断地加注进去,火焰顿时弥漫开来,占据了整个胸腔,通过眼帘向外喷射,驱动着思绪飞速运转,并且不断地自问自辩:难道是父亲良心发现,松懈了抵制,让母亲看到了缝隙,让舅舅蠢蠢欲动?不会,父亲只会固执地支持林芩,否则,他的那个管到第三代的宏伟计划就会毁于一旦。那么,就应该是母亲、舅舅坚持不懈,为什么母亲自始至终不放弃齐燕?是什么力量驱使她要这样做?难道最近出现了微妙的契机……朱颐想不出答案,不过他感觉到了一丝从缝隙中钻出来的异样的气息,他觉得这气息中可能潜伏着玄机,他的心一阵怦跳,可是,当他看到林芩愉快而安闲地在拍照,专心致志地和摄影师商量取景时,又觉得不像有什么不测的事变会即刻发生,他从不怀疑,如果有蛛丝马迹,林芩智慧的脑袋一定会洞察秋毫,先于他察觉,于是,他又疑惑起来。

林芩不时地朝朱颐微笑、招呼。朱颐也回以微笑,思绪却飞向了过去、几百公里以外:

天空碧蓝如洗,阳光穿透没有尘埃漂浮的天空直射地面、屋顶、水泥堤墙、缓缓而流的河面、攒动的面孔,如烤灼一般。巴黎的塞纳河面升腾起暖气。

沿着塞纳河,朱颐、朱荣光并肩走在前面,齐燕挽着钱淑芬的胳膊隔着几米远紧跟在后面。齐燕矜持、拘谨,很注意自己的形象,希望能为朱颐披上婚纱,戴上钱淑芬出嫁时戴过的戒指。她对朱荣光能从瑞士专程赶到巴黎来看望她很感动,因为,不管怎么说,至少能得出这样一个结论——朱荣光在认真斟酌她和朱颐的关系。钱淑芬对齐燕一向比较友善、热情,尤其是娘家一头一致看好齐燕,对她的影响很大。

朱颐面孔被烤得发红，加上早晨从日内瓦过来时坐了几个小时的火车，有些疲倦、泛晕。朱荣光却精神十足，有一句没一句地询问朱颐的学习和生活情况、今后的生活安排、工作计划、事业规划，他还问到了齐燕的同样问题。

朱颐感觉到朱荣光对齐燕的态度发生了变化——特别关心，语气也有些松动，他侧脸看着朱荣光，希望他能释放出更进一步、更明确的信号。

"我随便问问。"朱荣光泼来一盆冷水。

朱颐一懵，抱着一线希望向朱荣光说起齐燕的许多长处。

朱荣光仔细听着，偶尔点点头，就是不表态。

朱颐不气馁，知道这是父亲的脾气和性格——对重大问题从来不喜欢随便表态，要父亲在做出最终决策前透露出清晰的姿态是不现实的，可是，不管怎么说，有一点至少是可以肯定的，父亲没有像以往那样撞墙式反弹自己和齐燕的关系，而是愿意听了，为什么呢？一个大大的疑团生起在朱颐的心中。

朱颐又讲了许多，一再挑明齐燕是唯一让他动情的女孩，他决定选择齐燕，不再变卦了，他想以此来逼朱荣光表态，他也做好了和朱荣光争辩的准备。可是，出乎朱颐意料的是，朱荣光没有提出任何质疑，似乎在摇摆，顾虑重重，需要思考，需要选择，藏藏掖掖。朱颐意识到，林芩还是他的最重要的割舍不下的选项，无非是有一股力量正不屈不挠地动摇着他的决心，可是，如果这时天上落下一片羽毛到林芩身上，就会使他重新摇回到最初的位置上——选择林芩。

朱荣光默默地走着，心事沉重，朱颐忐忑不安，钱淑芬静静地期待着，齐燕有些焦虑。他们离开河岸，穿过大街，被熙攘的人流缓缓推过巴黎圣母院前的广场，推拐进边上的一条小马路。小马路的右手边是一排竖在水泥矮墙上的铁栅栏。栅栏里是巴黎圣母院的侧面墙壁，栅栏外排着等候参观的队伍，有序而舒散，等待着十几个人一拨地往里面放。栅栏上有一道门敞开着，距门几步之远的里面有一个小台阶，台阶上有一个狭小的门洞，门洞里是盘旋而上的狭窄陡峭的石头台阶。

巴黎圣母院因雨果的同名小说而声名远扬，雨果用沉闷和伤感的笔触,通过对比,鞭笞与讴歌了人世间的伪善与真诚、邪恶与善良、丑陋与美丽,同名电影用暗淡的色彩和光线渲染了神秘、诡异、恐怖,主人公火红的衣裙突出了善良、真诚、美丽。这故事是完全虚构的,可是在这先入为主的镜头影响下,朱颐看到那个小门洞时,就觉得那门洞像是通往幽灵城堡的入口。朱颐的脑子里不断浮现出昏暗的夜幕、石栏边的青衣幽灵、石栏上的鬼怪精灵。

朱荣光的态度发生微妙变化和钱国强的活动有直接关系。钱国强得知林芩、王毅开始研发ZL系列新材料的消息后,一惊一喜,惊的是,担心朱荣光会愈加依赖林芩,会逼迫朱颐就范,喜的是,林芩和王毅又走到一起去了,于是,极力鼓动钱淑芬坚持选择齐燕,同时,也鼓励朱颐坚持自己的选择、自己的爱情,钱国强说,"《婚姻法》中的婚姻自由赋予了你自主选择爱情的权利,而且,也赋予了林芩这样的权利。"钱淑芬的态度变得更加暧昧,加上老祖母跟着叫唤,无疑助长了朱颐的自信、朱颐的执著。如今,所有的人都在给朱荣光施加影响,逼迫、等待他表态,朱荣光觉得非常孤立,他既不能无视支撑荣光集团半壁江山的势力的意见,也不能不顾及林芩和王毅的感情纠葛——那是和ZL系列新材料、荣光集团的未来纠缠在一起纠葛,同时,他也担心强扭的瓜不甜,一旦自己年老体弱无力掌控局面时,朱颐约束不住林芩。他左右为难,很纠结,所以,表现出来的举止就是动摇。

朱荣光这次来瑞士原本只是为了检查ZL系列新材料和其他新产品研发进度的。他听林芩说,海外研发基地的团队表现不错,王毅干得很不错,新材料研究有突破,以后虽然不能说是一路坦途,不能说四道关口(出样品;模拟常态条件生产;持续大批量生产;市场营销)都没有问题,可是,毕竟见到了曙光。朱荣光深知ZL系列新材料的厉害,谁掌握了这个技术,谁就占据了时代的制高点、市场竞争的制空权。如今,不仅是朱荣光盯着ZL系列新材料的研发,而且省市领导也同样关注它的成败,他们都很清楚这场风暴关系到几十亿投资的生死存亡、一个产业链的兴旺衰败、上万人的饭碗衣着、政府的财政收入,他们把ZL系列新材料研发列入了省、市领导要事督办清单,市领导、省办公厅隔三差五地就会打电话给朱荣光询问进度,市科协还拨付给荣光集团100万高新科技研发经费，当然，面对各方面的期待，朱荣光很清醒，这种新技术研发的巨大风险全部落在他一个人的肩头、荣光集团身上，由他一人承担，由荣光集团承受。

朱荣光此次来瑞士考察还有一个目的，那就是，随着ZL系列新材料的研发越来越接近成功，他要表明他的存在，声张他对ZL系列新材料研发的掌控力、拥有ZL系列新材料的一切权益、ZL系列新材料属于荣光集团，而且，这种念头越来越强烈，越来越迫切。朱荣光是个在商场上混迹多年的人，什么样的人都见识过，几乎尝遍了所有的甜酸苦辣、荣辱曲折，有时甚至命悬一线，当过英雄也钻过狗洞，经验告诉他，人心是自私的，除了自己，谁都不能全信，都需要制衡，包括林苓，因为人心的自私会随环境变化而膨胀，再善良的人也会因为没有约束而变坏，因诱惑而堕落。

这番小心思没有瞒过钱国强的眼睛，他觉得鸡蛋上出现了缝隙，这条缝隙虽然很小，甚至微不足道，可值得尝试一下、努力一把，他激励劝说朱荣光到瑞士时顺便见一下齐燕，见一下儿子的朋友，一起吃一顿饭，他还特别强调"顺便"两个字，这样做，既显得自然又显得平常，没有人会疑神疑鬼，也没有人能说三道四，朱荣光欣然接受了。可不巧的是，齐燕为策划、拍摄《欧洲宗教》纪录片，按照计划去了巴黎，而且行程紧凑，要会见的人很多，讨论的事情也很多。这下就让朱荣光犯难了，如果专程赶去巴黎，那就不是"顺便"了。朱颐把这情况告诉了齐燕，询问齐燕怎么办，齐燕的态度很坚决，希望朱荣光能到巴黎会面，一来检验朱荣光的真实态度，二来给朱荣光看看，自己也是个有一摊事业的人，不是个只能摆着看的花瓶、生孩子的机器、图谋朱家财产的小人。

齐燕大学毕业后没有马上回家，而是在欧洲一家电视台实习了一段时间后，又回到瑞士，在一所大学读研究生。如今又把这间断的题材重新捡起来，继续拍摄。朱颐则用更换学校的方式一直赖在瑞士，沉迷于瑞士的湖光山色、和谐安宁、齐燕的温柔。

朱荣光犹豫再三，答应去巴黎，潜意识中也隐含着考察一下后备媳妇资质的意味。齐燕很高兴，做了充分准备，她要把自己的坚强、聪明、创业勇气和才干充分展现给朱荣光看。她对朱颐说，"虽然说婚姻自由，从法律上讲，我和你结婚不需要你父亲——表姑父同意，不过，我不想伤表姑父的心，不愿意踏进充满敌意的家，不愿意被人看作是个图谋不轨的贪婪女人。我在成为你们朱家媳妇以前，一定要亲眼看见、亲耳听到表姑父、表姑妈心悦诚服地首肯、真心实意地欢迎。"

朱颐相信齐燕讲的是真心话，他不愿意拧着齐燕的意志来。

朱颐和齐燕长大后的再次见面是钱国强做得"媒"。钱国强为什么要这样做，到底暗藏着什么心事，没有向任何人透露过。

齐燕高中一毕业就去英国求学，学艺术。她小时候见过朱荣光、钱淑芬，叫他们"表姑父"、"表姑妈"，和朱颐、林芩也一起玩耍过。农村人喜欢讲血缘溯亲，一拽就可以牵出一大串，谁也搞不清楚谁和谁的哪辈子祖宗是亲兄弟、亲姊妹。由于朱荣光一家长期在外创业，搬迁过好几个地方，朱颐才和齐燕疏远了，等这次再见到齐燕时，齐燕已经出落成了大姑娘。

钱国强打了一个电话给朱颐，告诉他，有个远亲的女儿、他小时候的玩伴到英国求学，要他像个大哥哥的样子多多关照，尤其是力气活、跑腿活，能出力的尽量多出力。朱颐抓着电话想了半天，想不起来是谁，在钱国强的提醒和启发下，才依稀翻腾出模糊的影像——又黄又瘦，扎着两根老鼠尾巴似的辫子，可无论如何也想像不出现在的模样。钱国强说，黄毛丫头十八变，齐燕已经是个漂亮的大姑娘了，美丽不在林芩之下。朱颐要他详细描述，他把齐燕狠狠地赞美了一番，说得是完美无缺——才像李清照，貌如王昭君，德似莫愁女，朱颐听得心里直痒，不由得参比起林芩——小时候不也像个猴子吗，如今活突突的是个大美女了，比她还要美，那能是个什么模样？！他心急火燎，恨不得马上就见面。

钱国强还在钱淑芬面前半开玩笑半当真地说过几次，"把齐燕收进门当媳妇，那女孩温顺极了，又是自家的亲戚。"

朱颐联系上了齐燕，约好了见面的时间，朱颐就赶到爱丁堡，当他走下火车看到站在月台上的齐燕时，傻了，眼前活突突地蠹着一个大美人，儿时的影像一点也没有了。朱颐仔细辨认了半天也对不上记忆中的影子。其实，辨认的过程更多的是在欣赏、观赏。

"怎么样？想起来了吗？"齐燕微笑着，落落大方。

"真的，一点也认不出来了，"朱颐嬉笑着说，"都说'黄毛丫头十八变，越变越漂亮。'这话看来是真的。"

"不过，你一下车我就认出来了。"齐燕羞涩地低下头。

"和过去一样，还是越变越好看？"

"呵呵，走吧。"齐燕笑着迈开脚步。

"厚颜无耻？"朱颐追上几步问。

"还算有自知之明。"

"哈哈。"

"你记得吗，"齐燕笑着说，"最后一次和你见面是在我家，是你爸爸带你来的。"

"我记不起来了。"

"我们一起去捞小虾，想起来了吗？"

"对了。你怎么记得这么清楚？"

"谁像你。"

"也不能怪我，"朱颐辩解着，"回去后我就搬家了，当时怪想你的。"

"是吗？那时候你才几岁呀，怎么会有思念，嘴巴比蜜还甜。"

"你是在讥笑我？"

"对不起。"

"你刚才没有回答我，我是不是变得英俊了一点。"

"不觉得，只觉得你和过去一样顽皮，又多了一层风流倜傥。"

"哈哈……"朱颐一阵笑。

"你小时候尽用死蛇、死老鼠吓唬我。"

"不，"朱颐不服气，"我也为你做过好事，比如，桑果紫了，我就替你上树摘；你受委屈了，我就为你出头教训欺负你的人。"

"呵呵，真有这事？"

"你看，你不也是忘记了？"

"我没忘，是逗你的。"

"一见面就耍弄我。"朱颐故作不高兴的样子。

朱颐、齐燕并肩走着，说笑着，久违的感情像两股暖流透过毛细孔、细胞缝隙，渗透到彼此的心头。朱颐欣赏齐燕的美丽、纯洁、开朗、天真，尤其是温柔，齐燕也被朱颐的潇洒、真诚吸引。

齐燕把朱颐安顿在火车站附近的一家酒店，接着就陪朱颐去爱丁堡黑色古老的城区漫步。他们走了很长的路，说了很多小时候的故事、家乡的事、英国的风情，开始时，齐燕一直充当乖巧的听众，倾心地听，哪怕朱颐说漏了、说错了，也只当是真的，全盘接受。后来，当朱颐把话题转到爱丁堡的典故上时，齐燕接过去了，朱颐则成了听众，认真的连眼睛也不眨一下。朱颐喜欢走幽静无人的巷子，巷子隔出的两人世界让朱颐冲动，朱颐按捺不住想吻齐燕，齐燕总是正色以对，镇住了朱颐。

朱颐在爱丁堡待了两天，和齐燕如胶似漆，到了分别时，朱颐拥抱住齐燕久久不放，深深地吻了起来，齐燕也动情地回敬了他。他带着齐燕献给他的初吻回到伦敦，第一件事就是对着老天发誓，一定痛改前非，去掉风流倜傥的坏名声和坏习惯，只专心于齐燕一人。

齐燕的学习成绩非常好，第一年就参加了大学的微型电影摄制比赛，得了一笔奖金。她借着去伦敦的机会，邀请朱颐陪她游逛伦敦。

齐燕和朱颐沿着泰晤士河岸往前走，那一线有伦敦塔、伦敦塔桥、伦敦桥、伦敦眼、大本钟、议会广场、西敏寺大教堂，等等。

齐燕兴致勃勃地谈论起微型电影的立意、拍摄、得奖的趣事。"我以后的发展方向是拍纪录片，好的纪录片一样有丰厚的收益、深远的教益、敦实的哲理。"她兴奋地难以抑制。

"能不能说得具体一点。"朱颐的心也活了。

"最理想的是，先在电视台或者著名的地理杂志当一名摄影记者，走遍世界，积累经验，以后再独立出来做自己的工作室，自由自在地创作，自由自在地想像，自由自在地生活。"齐燕激情四射，仰起头看着无垠的天空。

朱颐的脸上浮现出阴郁，心头变得暗淡，不是滋味，默默无语。

"明年，"齐燕没有察觉，继续说，"学校要给我一笔钱，去制作学校的一个广告片，呵呵。"她笑得和阳光一样灿烂。

朱颐越加沉闷，既羡慕又伤自尊，因为这种参赛、得奖、独立开辟事业的机会永远和他无缘，相距甚远，是他连做梦都不敢求的事。

"你为什么不为我高兴？"齐燕侧头看着朱颐。

"我就不明白，"朱颐似笑非笑地说，"你功课那么重，怎么会有空去做那些没有多大收益的事！"

"怎么是没有多大收益？"

"我说的是功课，成绩。"

"这难道不是一种成绩吗？"齐燕诧异地看着朱颐。

"这能说明什么？"

"人的综合能力、竞争意识、不服输的顽强意志呀，这些才是现代社会需要的真正成绩，才能使我在踏上社会后很快适应社会。"

"我不喜欢听这些。"

"为什么？"

"许多人都喜欢拿这套理论来炫耀自己的能力。"朱颐争辩着。

"你不高兴了？"

"真的，不和你开玩笑。"

"那好吧，以后我不说了。"齐燕撅起嘴巴，很不情愿地退让了。实际上，齐燕已经察觉到了朱颐的弱项，真心实意地想唤起他强烈的事业心，她希望自己相爱的男人也是个奋斗型男人。

"对不起，是我不对，我要向你学习。"朱颐一阵怜悯，觉得自己有些过分。

"呵呵。"齐燕轻松地笑了。

朱颐嗅出来了，在这个世界上，恐怕不只是林苓，应该说，几乎所有稍微讲究一点积极向上的女人遇到他时都会这样做——鼓励他上进，言下之意就是，他给她们的第一感觉是个"不求上进"的人，和家族的期望相差甚远，不可能成为家族今后的中流砥柱。她们无不为他惋惜，无不为他的家族担忧，都希望在他那幅英俊的皮囊里，燃烧起激情的烈焰，从内到外千锤百炼，脱胎换骨，去支撑荣光集团的未来，如果真是这样的话，谁能和他相爱，谁就能拥有世界上最美丽的幸福，否则，只会相伴世界上最催泪的凄苦。

朱颐觉得气馁、丢人，因为他没有自信，无法满足她们的期望，不过他很感激齐燕，只有齐燕原谅他、理解他、提出忠告时顾及他的脸面、自尊、承受力。林芩就不是那样，劝导他时，态度和齐燕相比简直是上天落地的差别，也可能是因为做妹妹时间长了，两小无猜惯了，不太讲究方式方法。林芩的表现一般是，话还没说就先沉下脸、瞪圆眼睛，一点面子也不给，开口如同机枪扫射，强势、急促、咄咄逼人，不让他争辩和喘息，任何一个大男人即便想全盘接受她的道理、认真悔改，也接受不了她的训斥，承受不住在她面前卑躬屈膝的屈辱！还有，在秉性上，林芩性格刚毅、泼辣、雷厉风行，严厉时两道目光都有震慑力，让人胆战心惊；齐燕性格温柔，似水如棉，即使生气也让人疼爱。朱颐在风雨飘摇的环境里长大，看惯了朱荣光的严厉，林芩的坚强，只要有一丝温柔拂面，都会觉得如久旱后遇到了甘霖，会不顾一切地去吮吸，并输送到体内的每一个细胞里。因此，面对齐燕，面对来自齐燕的"偏见"，朱颐的感觉特别不一样，珍爱如命。他决心珍惜这个女人，抓住这份感情，永久地持续这段爱情。

朱颐开始后悔，责备自己怎么就这么不争气，从小到大还不以为然。他最后悔的是，当自己长大一点后，应该懂得事理时，竟然会抵触任何让他"改邪归正"的机会和努力，从而耽误了时间，浪费了生命。他记得，他在初中时不合群，很孤僻，好学生都歧视他，朱荣光认定国内的教育环境不适合他，再搞下去，恐怕会把他逼出神经病来，于是，鼓励他去美国读高中，提高做人的信心、读书的兴趣，而后再争取去常青藤大学。可他死活不去，因为没有自信，不敢远离家人，更怕被人欺负和歧视。为此，朱荣光还发过好几次火，有一次还打了朱颐一个耳光，怒斥他没有出息，不像他的儿子，今后如何继承得了大位。

钱淑芬忍不住站出来，说："儿子的身体情况你都知道，打就能解决问题？"

"你说怎么办？"朱荣光怒不可遏。

"只要儿子高兴，随便他去哪里，他想去哪里学就去哪里，他想学什么就学什么，如果你要是把儿子逼疯了，逼出个三长两短，我就和你拼命，去阴间照顾他，大不了荣光集团散伙。"

"我的孙呀，我的肉啊"老奶奶听到动静又哭起来了。

朱荣光不再坚持了，随朱颐怎么选择。朱颐还一阵高兴，像胜利了一样，无忧无虑地混到现在。

朱颐发誓今后一定努力读书，而且，过了一段时间后确实有了不小的转变，比如，对人生的态度、读书的要求、学习的成绩都有了明显的进步，只因基础太差，进步的轨迹曲折、反复。

钱国强趁火打"劫"，对钱淑芬说，"这就是爱情的力量。"

巴黎圣母院一侧的小马路上人潮熙攘，嘈杂喧嚣，朱颐默默地走着，他不指望父亲此刻会有清晰的表态，甚至害怕父亲表态，因为他根本没有把握父亲的表态会随他的心意。朱颐清晰地意识到，富人家的婚姻不会只有"爱"一个元素，因为财产关系、社会责任、世俗观念，等等，都会冷酷无情地参合进来，左右一切，扼杀人性。他记得钱国强曾经和他开过一句玩笑，"你选谁结婚都不会由你说了算，可能省长、市长都要关心。"

"那婚姻法呢？"朱颐反问。

"婚姻法只是给你划了一个最大的自由空间，而后会出现许多约束条件，每个约束条件都会挤割去一块空间，"钱国强双手握紧，"最后把你压缩在一个狭小的空间里，成为掌中之物。"

朱颐反复回味着舅舅的说教。

"啊……"一阵尖厉的惊叫突起，冲破喧嚣，朱颐被惊醒了，他看见齐燕惊恐地挣脱了"绿毛鹰嘴青面怪"搭在她肩头的手臂，跳跃到马路对面的人行道上，依着墙根弯曲下腰，面色苍白，垂头捂胸，不停地咳嗽，簌簌作抖，迟迟说不出话来。

"绿毛鹰嘴青面怪"走到齐燕附近，不断地欠身表示歉意，齐燕拼命摇手，躲着他，一直退到墙角。"绿毛鹰嘴青面怪"醒悟过来，揭去面具，露出和善的面孔，慈祥、顽皮地一笑，原来是一个小巧的中年街头艺人。那人愧疚地用右手捂住胸口，朝齐燕弯下腰，深深道歉。

"别怕，人家在闹着玩。"钱淑芬抚摸着齐燕的头发，搂着她。

齐燕纤细的身子一抖一颤，朱颐也过去安慰她，过了好久，齐燕才渐渐恢复平静。

　　朱荣光静静地注视着，没有说话，心里却不住地摇头、嘀咕："一个玩笑就值得被吓成这样？要是林芩，一定是另外一副景象，甚至根本不敢招惹她。"

　　马路上人群里又发出阵阵惊悸怪叫，"绿毛鹰嘴青面怪"又去恶作剧别人了。一个戴着粉红色贝雷帽的美国小女孩被吓了一跳后，马上恢复过来，还要和"绿毛鹰嘴青面怪"合影。行人没有斥责那个"怪物"，更多的是把他的装束和表演当作一道风景线。

　　朱荣光、朱颐、钱淑芬、齐燕排上队伍，钻进门洞，踏上一个只容得下一人行走的狭窄阶梯，盘旋而上。齐燕和钱淑芬走在前面，朱颐和朱荣光走在后面，不一会儿他们就被前面的人甩下了一大截，压住了后面的人流，人流没有催促，目光里充满友善、同情、理解。

　　台阶陡峭、漫长，也没有窗户，朱颐不知道旋转了多少回，终于看到了一个小门洞，他跟随朱荣光钻了出去，踏上一条狭窄的露天走道，走道上有恬静的石头圣像，走道背后是教堂大殿的高墙，高墙上有个巨大的雕花窗洞，头顶上面很高的地方还有一条露天走道、高耸对称的钟楼。朱颐伏在走道的石栏上朝外眺望，脚下是密密麻麻的米白色墙壁、黑灰色屋顶，一直延伸到天边，塞纳河像一条清澈宽长的带子镶嵌在其中，静静地流淌着，游船在河面上游弋，情侣在河堤上依偎。

　　"这个世界上，"齐燕不停地梳理着随风飘逸的长发，朝着朱颐，"要是有十全十美的事，就能省却许多遗憾。"

　　"不，有人说，没有十全十美才富有挑战，才需要智慧。"

　　"轮到自己头上了还会这样说吗？比如，真应验了雨果写的艾斯米拉达的话，卡西莫多的心跳动在菲比斯卫队长的胸膛里，那么，世界该有多美啊。"

　　"你是不是觉得我不够完美？"朱颐扭转脸，认真地看着齐燕。

　　"我没有含沙射影你的意思，只是想起了雨果、雨果笔下的人物，没有任何其他意思。"

　　"不，"朱颐不高兴了，"你潜意识中就存在着这个遗憾，不经意中就会流露出来。"

"你真的这么认为？"齐燕很委屈。

"你喜欢幻想，喜欢生活在自己设计的美好的世界里。"

"这不好吗？"

"这现实吗？"

"有梦总比没有梦好，至少能激励人们去追求、去向往。"

"你又在嘲讽我？"

"没有，我怎么会呢。"

"告诉你，"朱颐认真地说，"如果世间真有这么美好、真的那么划一，你就一定会觉得没有了精彩，没有了雨果。"

"看你，又不高兴了，"齐燕意识到自己无意中戳到了朱颐的痛处，让他感到自卑，"别感情用事了，都怪我想象力太丰富了。"

"我没生气，我永远不会生你的气。"

"雨果怎么偏偏要把艾斯米拉达处理成悲剧人物，让人们永远无法释怀。雨果太自私了，为了让自己的作品轰动，却把一个善良和美丽的生命送进墓穴。"齐燕面色凝重。

"艾斯米拉达是虚构的，历史上没有这个人，何必那么感伤。"

"可是，所有的人都相信她是真实存在过的，都不希望这善良、美丽的生命是虚构的。"

"存在主义大师萨特说过，世界是混乱的。"朱颐抖露出昨天刚刚准备过的名人警句。

"表姑父不喜欢言笑？"齐燕瞄了一眼面对着塞纳河沉思的朱荣光，岔开话题。

"他是个生意人，成天考虑的是竞争、需求、利润、投资，生冷生冷的，习惯了。"

"时间因为有美丽而充实，因充实而珍贵。"齐燕眺望着远方，遐想自语。

"这背景很好，我给你拍一张。"朱颐不想让忧郁的情绪蔓延。

"好。"齐燕依靠在围栏上，让长发飘逸。

"你过来一点。"朱颐注视着照相机上的透视镜，比划着。

齐燕机械、迟缓地移动了一下，情绪依旧有些低落。

"对，再过来一点。"

齐燕又移动了一下。

"好，从这个角度照过去最好。"朱颐按下快门。

"让我看看。"齐燕离开围栏，走近朱颐。

"你看，"朱颐打开照相机背后的显示屏，凑到齐燕眼前，"拍这个画面，我可以有两种选择，一种是把远景弄模糊，只突出你和身边的圣像，另一种就是现在这样，远景也很清晰。"

"呵呵……"朱荣光凑过来，"我们家上辈子都是种地的，就我这辈子开始做生意，还没出过一个有艺术细胞的人，真不知道为什么会出你这样的人。"

朱颐愣愣地站着，辨别着这句话是褒义的还是贬义的。

"你也别老是贬低自己的儿子，"钱淑芬走过来，"人的兴趣不同，不等于能力不同，炸油条没有什么技术吧，过去老被人看不起，可'永和大王'就把油条炸向全世界，没准咱们朱颐就适合做张艺谋这样的事。"

"对，以后就叫你朱艺谋了。"齐燕调侃着。

"如果真是这样也行，我投资让他搞影视娱乐公司，荣光集团也开辟一个新领域。"朱荣光笑着说。

"这话是你说的？我们可都听到了，而且是当着上帝的面说的。"钱淑芬转向朱颐，"儿子，给他谈谈你的想法，就像前几天在电话里和我谈的那样。"

"刚才在路上说了一些，只是不详细。"朱颐有些激动。

"听朱颐说，"朱荣光和蔼地看着齐燕，明知故问，"你正在拍纪录片？目前正在构思一部'大作'？"

"是的，是一部反映宗教历史的纪录片，准备推荐给电视台，也准备参加比赛——大学生、研究生作品竞赛，当然，我更把它当作我今后事业的奠基石。"

"很好，构思都做好了？"朱荣光满意地点点头

"是的，拍摄也开了个头，很短，剪辑下来大概就10多分钟。"

"不错。"朱荣光赞许着。

"有这种想法的女孩子不多，"朱颐插话说，"她家里也很支持，划过来很多钱，已经投进去不少了。"

"哦？"朱荣光有些惊讶，"敢投资就好，说明你很当真，祝你成功，"他转向朱颐，"需要我做什么尽管说，比如，资金还有缺口的话。"

"谢谢表姑父，我已经安排好了。"齐燕很平静。

"爸爸已经发话了，你就不要客气了。"朱颐微笑着说。

"我喜欢争优的性格，"朱荣光认真地说，"真的，像我一样，不服输，不过，不要太累了。"他转向其他方向，眺望风景。

朱颐感觉到一丝凉意，他对齐燕的纪录片充满期待，希望能借此打动朱荣光的心，彻底扭转朱荣光的观念，可朱荣光表现得有点冷，像被什么东西死死地掣肘着，不愿意顺着齐燕的"奠基石"的意义探究下去，只把这看作大学生、研究生的游戏，刻意淡化，朱颐当然清楚那个"掣肘"是什么。

朱荣光发现，朱颐面色僵直，齐燕虽然在微笑却有些沉重，他意识到，自己的态度可能伤害了他们的情绪。"你们看，和我们一拨上来的人都进了那边的门洞，快走吧，还要往上爬呢。"朱荣光借着人群的移动，转移了话题。

"你还走得动吗？"钱淑芬看着朱荣光，皱了皱眉头。

"要不，"齐燕挨近钱淑芬，"我们就到这里为止？"

"不，"朱荣光坚持着，"我吃得起累，而且，已经爬到这里了，是一定要到顶上去的，一定要去看那口钟的。"

"你这个老头子就是这么犟，做起事来连命都不要。"钱淑芬埋怨道。

"你以为我是泥捏的？！走。"朱荣光招呼了一声朱颐，追赶人群去了。

钱淑芬和齐燕又赶上去走在头里，钻进了狭小的门洞，踏着狭窄的阶梯继续旋转而上。又不知道转了多少个弯，他们钻出一个门洞，踩上了一条刚才从下面仰望过的狭窄的露天走道，走道被巨大的石柱支撑着，走道边的石栏上蹲坐着石雕鬼怪、精灵，狰狞怪异。在这层走道上，视野更宽阔、更深远，能极目远眺到巴黎城在天边的轮廓、能和爱菲尔铁塔比肩而视，塞纳河变得更袖珍。在卡通般的建筑群落里，耀眼的金色圆顶下卧躺着曾让欧洲胆寒的"雄师"——拿破仑，深沉的低吼依稀可闻，塞纳河载着"雄师"未筹的雄心哀鸣而去。

齐燕的心情开始低沉，朱颐不断地用拍照来分散逐渐聚向她心头的阴云。可是，每一个鬼怪的面容都是一个不详的征兆，让齐燕苦闷。

朱荣光招呼大家弯身钻进一个钟塔，钟楼里横七竖八地支撑着粗壮的木头，一口巨大的足有几层楼高的铜钟从顶端悬挂而下，横梁稳稳地牵拽了它几个世纪，庄重、肃穆、神秘。钟塔里的空间狭小，所有的人都害怕那口钟会突然猛烈地敲响起来，那沉闷的巨响聚集在狭小的空间里，无数次的反弹一定会把人们的五脏六腑震碎。

朱荣光凝视着大钟，默默无语，他知道一声激起千层浪的意味。过了好一会，他才钻出钟楼，朱颐紧跟在后面。

"齐燕的纪录片里要讲到巴黎圣母院的这口钟。"朱颐坚持着有关齐燕事业的话题。

"不错，是详细介绍吗？"

"是的，还会介绍巴黎圣母院的历史。"齐燕正好钻出钟塔，接上话题。

"你觉得这部纪录片会有市场吗？"朱荣光转向齐燕。

"不一定，在我的起步阶段，我更重视艺术突破。"

"可是，市场需求在某种程度上反映的是大众的接受度。"

"艺术积累到一定高度，就会有永久稳定的大众性、市场接受度。"

"这一直是艺术家的难题，"朱荣光用探询的口吻说，"是追求艺术真谛还是迎合市场，只有大师才能完美结合，刚出道的人永远要在这两者之间挣扎。"

"大师都是从名不见经传的小人物变化过来的。"

"说的好，很有信心，这就是成功的开头。"

"因为我有天赐的机会。"

"为什么？"朱荣光关注起来。

"家里有财力支撑我探索，我不急于图市场回报。"

"好，耐得住寂寞能出大作品。"朱荣光赞许道。

"你别介意，"朱颐对齐燕说，"爸爸是做生意的，很难理解艺术家的情感。"

"呵呵，"朱荣光笑了起来，"我没有说齐燕讲得不对，相反，我认同齐燕的长线投资观念。"

"我选这个题材时，"齐燕认真地说，"没有过多考虑回报，我只是想模仿一些大师的作品做好自己的探索，不仅形似，而且要神似，模仿精了再创新，再寻找有市场的题材，自然就会有好的回报。"

"这个想法很正确，"朱荣光表示赞同，"不要着急，慢慢来，要耐得住寂寞和市场诱惑。真正优秀的产品不管出道多晚，都会后来居上。"

"有多少人耐得住寂寞和诱惑呀，这需要意志、毅力。"朱颐帮衬着。

"对电影人来说，还有一种责任，就是要把自己内心构建的美好世界展示给大众，引导大众追求善和美，视觉艺术比任何文艺形式都要来的直接、便捷、震撼。"齐燕有些激动。

朱荣光仔细地听着，尽量让齐燕多说，想更多地了解齐燕，包括每一个细节。

朱颐仿佛看到了希望。

林芩洁白的婚纱在爱琴海的蓝色和白色中跃动，婚纱下的头发格外黑亮，迎着阳光一闪一烁。洁白的婚纱融进了周围的亮白，又被一片湛蓝衬出，林芩就像是从海里走出来的维纳斯，惊呆了悬崖上的无数目光、吸引了无数镜头。林芩慢慢往前走，迎着太阳，朝着大海，笑容满面。

在朱颐的眼睛里，林芩的洁白有些冷，像个冰美人，就像维纳斯的雕像一样，很美却坚硬、冰冷。他怨恨过，老天爷为什么不让齐燕的心跳动在林芩的胸膛里，为什么要把他和齐燕活生生地隔绝在两个世界里，此刻，他对齐燕的思念上升到了无以抑制的地步。"说实在的，我真想和齐燕见一面，不求她原谅我，只要她能听我解释一句，我也会很高兴的。"朱颐转向韩贵，声音微颤。

"我来安排。"

"真的吗？"朱颐有些激动。

"真的。"

"你们啊，"朱颐面对大海，"你们……到底想干什么？！"

"你们都过来。"林芩的招呼声打断了朱颐和韩贵的谈话。

韩贵怕林芩多疑，急忙招呼朱颐过去，司仪、乐师也跟了过去。朱颐帮助林芩取下头上的婚纱，交给司仪，林芩吩咐司仪、乐师留在原地，自己带着朱颐、韩贵，从长廊边的一个台阶出口走下去。摄影师已经窜到了很远的阶梯下面，扛着摄像机对着林芩、朱颐，一会儿又换上照相机……又换上摄像机……

林芩、朱颐顺着台阶往下走，阶梯越走越陡，离海面越来越近，并不是说真的距离海面很近，而是因为视角收小，海面变宽，看不到边际，就像贴近了似的。

林芩环视四周，圣托里尼像蓝色"天幕"上的月亮，静静地吻着海水，也被海水轻轻地吻着，黑色的纳亚·卡美尼火山岛显得格外诡秘。她又抬头眺望，悬崖上绵延着一片白色，圆锅形的蓝点散落其中，身边的小房子拥挤在一起，姿态各异、层叠，都伸展着一个晒台或侧身兜着一个阳台。

林芩、朱颐沿着阶梯走，台阶则引着他们跟着景色走，无论走到哪里，都像在画里，因此，当他们越过一个景色时，又会期待下一个景色，等景色疲劳了，出现了灰色的山崖，才会告诉他们，已经走下来了许多路。林芩站在悬崖腰部的台阶上，清晰地辨认出了堆积的火山灰烬，整个悬崖是由厚厚的火山灰堆积而成，最厚处达60米，只是不知道那是多少次火山喷发的"成果"。

悬崖边有"窑洞"的遗迹，荒芜的没有生命，是灾难肆虐的证据。林芩想起来了，她看到过一张窑洞的照片，原本废弃的窑洞被主人装修成了酒店的客房，很宽敞，有客厅、卧室、厨房，等等，洁白，还在顶上开设了一个窗洞，透进亮光。林芩再举头仰望，白色的小镇竟然成了头顶上的一片"白云"。脚下的台阶还在往下延伸，引诱着他们继续往下，一直通到悬崖底的海边。

　　林芩不想再走下去了，拉着朱颐、招呼韩贵走进身边的阳台。阳台上摊放着几把白色的椅子，椅子两两一组，夹着太阳伞。墙角是一圈鲜艳的石腊红花，在白色的映衬下格外鲜艳。林芩坐进太阳椅，太阳伞的阴影遮蔽着她，她眺望着远处的海面，平静地就像画中的人物。阳光炽热、炙人，可海风凉爽，只要有一片遮阳布，或者一缕云霭，就会感到一片清凉。

　　"简直是雷卡米埃夫人再现，"摄影师走到林芩面前，举起照相机按动快门，"我的这张照片拿出去，原来的那幅还叫名画吗？！那个银行家要是看到我的这张照片，一定会妒忌得死去活来。"

　　"是在赞美我，还是在吹捧你自己？呵呵。"林芩微微一笑。

　　"都有，在你面前，我不敢说假话，"摄影师转向朱颐，"朱公子，你说我说得对吗？你太太像不像名画里的雷卡米埃夫人？"

　　"哦，是，你们说什么？"朱颐没有注意摄影师的问话，还陷在沉思中，想着韩贵的话。

　　林芩瞄了一眼朱颐，又转向大海，微微闭上眼睛，向大海祈祷，希望她的人生也是那么宽敞、安宁、妩媚、纯洁……眼前的静谧、洁净使她陶醉，她觉得惬意、舒坦，惬意和舒坦原本就是女人柔弱性情的归宿，因为，不管女人有多坚强，在其坚毅的身躯里、顽强的性格背后，都只是一颗柔弱的肉质心脏，都渴望人世间的温缓、偃旗息鼓的安宁、男人真诚热烈的爱……她的内心突然波动起来，激烈起来，激动地想呐喊，想把真实的情感抛向大海，向大海倾诉，以获得大海的同情、救助，因为大海的力量是无限的，一定能帮助她获得索要的一切……她的内心之所以会变得激烈，因为在许多时候，她都觉得自己的生命是弱小无助的，像无数芸芸众生一样，随波逐流——在饱受虐待的幼小岁月里，她只盼有一个不受打扰的空间，这个空间哪怕很小，也是她生命的全部；在幸福富足的成长日子里，她拥有再生父母的爱和再生父母为她开拓的广阔空间，不受虐待，受人尊重，可是却被捧到了风口浪尖上，安置在寒冷的高处。虽然，经过几年风雨剥蚀，她明白了什么叫生活，什么叫牺牲，为什么生活要和牺牲紧紧缠绕，她还磨炼出了坚韧的性格，临风傲雪的脾气，可是，人的本性时刻都在提醒她，她具有普通人所有的一切情感、内质、需求。

林芩觉得有些累，肉质的心脏需要休息，她依恋起眼前纯洁的白色、真诚的蓝色，想尽情地融化在其间，成为一个元素，自由自在地游荡，不需提防、没有算计、远离谋划，在上帝的爱护下，享受着平等、热爱，可是，她也知道，眼前的惬意和舒坦是短暂的，过一会就要离别，一旦离别，就会离开圣洁，跌入无垠的灰暗、无尽的情仇、无数的诡诈之中。她越想越害怕，害怕离开，害怕失去自由，担忧被许多事情纠缠，这些事情都不是她自愿揽获的，而是父亲、社会加给她的责任，是要她牺牲自己的自由、爱情去承接、去面对、去忍耐。她觉得委屈，在她那令人羡慕的坐拥江山和财富的华丽、荣耀背后，其实是牺牲、眼泪、阴暗，她还要忍受牺牲，擦干眼泪，掩饰阴暗去为那份华丽、荣耀展现成就感、幸福感，而这种成就感、幸福感又是她陷入嫉恨、麻烦、诽谤的源头——她已经被不少人描绘成嗜财如命、嗜权如命的恶魔。

林芩格外眷恋眼前的安宁，珍惜能让她躲避命运折腾的瞬间，因此，许久都没有离开的意思，她又想起了王毅，在这个世界上，她觉得最惬意、最舒坦的时候就是依偎在王毅的胸怀里，她可以靠在那厚实的肩膀上安睡，可以随心所欲地"欺负"他，不用提防，不用担心他会嫉恨，会算计……她心中的"唐璜"又活跃起来，可场面却让她揪心：

"唐璜"冲进了"海蒂"被软禁的岩洞，和"兰勃洛"对峙。"海蒂"抱住"唐璜"，要她跪下，跪在她的父亲面前，求他宽恕和同意。"唐璜"站着，不愿意退让。"兰勃洛"表情冷淡，看着"唐璜"，微微摇头。

"用什么情节来表现激烈的矛盾的冲突呢？"林芩思忖着，想到了枪，用枪口象征对抗，拜伦的《唐璜》里就是这样描绘的，林芩继续默念起来：

"兰勃洛"拔出腰间的枪，对准"唐璜"，只要轻轻一扣动，"唐璜"的脑袋就会血溅。"海蒂"发疯似的扑在"唐璜"身上，挡住枪口。

　　林芩的眼睛湿润了，她掐断思绪，睁开眼睛，毅然站立起来。朱颐、韩贵、摄影师的目光"刷"地一下都转向了她，注视着她，等待着她接下来的举动。林芩平静地招呼大家上路。

　　阶梯依附在悬崖上，纵横交错、四处延伸，忽上忽下、忽左忽右，引诱着人们继续探奇。林芩选择了一条新的阶梯，左拐右绕地拾阶而上，每一抬头、每一扭头，都让她有一个惊奇，新颖的画面驱走了她心中的阴暗。

　　摄影师紧紧跟随着，偶尔喘息一下。

　　"累吗？"林芩停下来，关切地看着摄影师。

　　"无所谓，我练过负重跑。"摄影师也停住了。

　　"当过特种兵？"

　　"没有，不过，练过几招。"

　　"累了就招呼一下。"林芩继续起步，往上攀。

　　"这算什么，小菜一碟，干咱们这一行的，野外摄影是少不了的，锻炼身体是基本功。"

　　"好哇，"林芩笑着说，"什么时候和韩贵切磋切磋。"

　　"哪敢切磋，"摄影师看着韩贵，"是学习，一看就知道韩大哥有几下子。"

　　"呵呵，过奖了。"韩贵憨厚地笑着说。

　　林芩又路过一个拐弯处，眼前横着转出一个晒台，一道目光闪过来，林芩的眼睛不由得一跳。"是你啊，凯瑟琳，怎么这么巧。"林芩微笑着迎上去。

　　"真美，"凯瑟琳上下打量着林芩，"你真美，这里的景色本来就很美，再加上你，就更加迷人了，迷得我不想离开了。"她的眼睛眯笑成月牙形，很甜，同样很迷人。

　　"你也一样，来这里的女人都很美。"林芩打量着凯瑟琳。

　　"我想，我也应该补上这一课。"

　　"到时候别忘了邀请我。"

"一定的，就怕请不到你。"

"不，我相信我们之间有缘分。"

"呵呵，"凯瑟琳笑着说，"我相信，我也是这么希望的，这个世界本来就很小，是为有缘分的人安排的。"

"那就和我们一起旅行吧。"

"谢谢，我很乐意。"

"不需要和你的团队打招呼吗？"林芩有些诧异。

"我已经向同伴们打过招呼了，再多待几天，我是个自由撰稿人，freelancer，可以不受命于他人。"

"自由自在地研究、写书、收集神话、拍摄照片，这本生就是圣托里尼的一道风景线，应该是我羡慕你。"

"我有什么值得羡慕的，"凯瑟琳瞥了朱颐一眼，"我是没有牵挂才自由，不像你，有身份、有事业，是多少女孩子的梦想啊，有多少女孩愿意为此失去自由，可就是连梦也不敢做。"

"我不这么认为，"林芩转向大海，"最幸福的人生是享受高度自由的人生，就像你，不为生计发愁，不为献笑苦恼，喜爱什么就干什么，全身心地投入，心甘情愿。"

朱颐呆呆地站着，张望着海面，没有在意林芩和凯瑟琳的交谈，整个脑际和心胸都被齐燕的身影牢牢地占据着，无法释怀。

"不打扰你们了，"凯瑟琳注意到了朱颐木冷的表情，以为他是被冷落而不高兴的，"我们有的是时间。"她欲转身离开。

"欢迎你晚上来参加我们的Party。也不算是正规的婚宴，只是请了一班瑞士的朋友、同学，很简单。"

"一定来，一定来，"凯瑟琳愉快地答应着，"呵呵，晚上见，拜拜，"她特意转向朱颐，"拜拜，晚上见。"她离开了。

"拜拜。"朱颐扬起手，机械而僵硬地回应了一声。他看着凯瑟琳远去的背影，有些明白了，凯瑟琳之所以和他交往，只是把他当作连接林芩的纽带，她的热情只是一种表象，或者说，是男人容易误读的表象，这只能说明林芩的判断是对的——"身边的人没有一个是消停的"，"凯瑟琳就不是一个随便的人"。这么说来，在过来的渡轮上，自己和凯瑟琳的相遇绝对不是巧合，凯瑟琳无疑中流露出来的对自己身边的一些问题的熟知程度和兴趣说明她有过深思熟虑，而且认真地做过"功课"，收集过信息，"信息"这两个字也可以被翻译成"情报"……朱颐心中不由升起了一个疑问："她是谁，想干什么？"朱颐马上又想到，连他都看出了问题，林芩一定有自己的盘算。

　　林芩、朱颐、韩贵、摄影师继续往上走，当他们走上马马拉小街时，已经接近昨天晚上观看日落的小街尽头——悬崖边了，林芩站在一个台阶的拐角处，眺望着海面，海面的尽头没有太阳，太阳还顶在头上。她把内心世界和海面融合在一起，努力搜寻起维纳斯的身影，不一会儿，她仿佛看到维纳斯从水面冉冉升起，站在蚌壳上，迎接着用繁星织成的锦缎——世上最尊贵的衣服，可是，心里却充满了忧伤，因为她要嫁给丑陋的火神。

　　朱颐面对空旷的大海，觉得无趣，思绪又跳跃到了过去的片断——巴黎圣母院：

　　巴黎圣母院狭窄的台阶往下旋转时会产生一些离心力，朱荣光、朱颐、钱淑芬、齐燕的脚步轻松而敏捷，朱颐还数起了台阶，不一会儿就走出了圣母院，可是，却记不起来一共数了多少阶。

　　"接下来还有什么安排？"朱荣光和蔼地看着齐燕。

　　"听表姑父的。"齐燕很认真。

　　"去你工作的地方吧。"

　　"在巴黎，我没有专门的工作室，酒店客房就兼顾了。"

　　"那好，就去你住的酒店。"

　　"好。"齐燕欣然同意。她意识到，这是朱荣光想实地、详细地了解她眼下的工作状况，从工作状况能看出人的性格、对事业的态度。

　　齐燕住的酒店离巴黎圣母院不远，三星级，乘上出租车拐几个弯就到了。酒店的客房不大，一个小房间，像个工作室——摄像装备、稿纸、电脑、教科书摊放在桌子、椅子、床铺上。朱荣光、钱淑芬、朱颐、齐燕走进房间，空间一下子拥挤起来。

　　朱荣光坐进桌前的椅子，随手拿起纪录片的分镜头稿纸，似懂非懂地翻阅起来。齐燕站在边上等候发问。钱淑芬、朱颐挤坐在床沿边，不方便动弹。

齐燕打开桌面上的电脑，调出前些日子拍摄的资料，说："爸爸，这里有我前几天拍摄的资料。"

朱荣光凑到电脑屏幕前认真地看起来，这即是对齐燕的尊重，也是在了解她的工作、产品、行业。朱颐也凑了过来。

"这一段，"朱颐指着屏幕，"是齐燕模仿《巴黎圣母院》电影拍摄的，用强烈的明暗光线对比，表现中世纪宗教的黑暗时期。"

"你什么时候学会这些东西的，"朱荣光微笑着侧转头看着朱颐，"好像是这方面的行家里手，说起来有板有眼。"

"哪里，都是齐燕教的。"

"可你对其他东西，即使教了也学不到这种程度呀，是不是有精神力量。"

"我不想让齐燕失望。"朱颐斜睨了一眼齐燕，很认真。

"呵呵，"朱荣光一笑，又把目光转向屏幕，"让我好好看看。"

"齐燕，你继续解说吧，你说得清楚、说得专业。"朱颐说完又回到钱淑芬身边去了。

"好的，"齐燕等画面播放过一段后，暂停下来，"这一段讲到16世纪宗教改革，基督宗教原本是在底层老百姓中流传的，大约诞生于公元1世纪的中东犹太人社会，以后，越来越多的贵族也加入进来，信教了，公元391年被罗马皇帝狄奥多西一世宣布为国教。"她又播放了一段，停下，"西罗马帝国灭亡后，在西罗马帝国的废墟上诞生了法兰克王国，如今的法国、德国、意大利的雏形是在这个王国的基础上分裂出来的。"她继续播放了一段，停下，"到了公元8世纪，法兰克国王分送土地给教会上层，教会上层开始贵族化，并且和政治权利结合，逐渐腐败。腐败不得人心，违背基督教原教旨，引起广大基层教民不满，结果引发变革。我还要回瑞士、去德国，把宗教改革的一段内容补全，因为宗教改革的重点在瑞士和德国。"

朱荣光仔细听着，不断地点头，没有插话提问。朱荣光懂得，与人交谈时，耐心聆听也是必不可少的艺术，况且，齐燕讲的这段历史，也勾起了他的兴趣。"我过去一直以为现在的意大利人就是罗马人的直系后裔。"他笑着说,"看来,我是孤陋寡闻了,每一行都有每一行的道道。"

"罗马人被许多民族同化了。"

"我刚才的问题打岔了?"

"不,历史没有孤独的,"齐燕被朱荣光的真诚、尊重感动,"你看,雨果正好以巴黎圣母院为背景,揭示了宗教的黑暗。"她又播放了一段昨天拍摄的巴黎圣母院的内容。

"你的整个制作成本大概是多少?"朱荣光调整了一下坐姿,轻松一下身子,面对齐燕。

"几乎没有,设备是学校的,劳动力是我自己的。"

"不对吧,你差旅支出还是有的。"

"哦,我忽略了。"

"企业嘛,只要花一分钱都要计算,只有这样,成本才能计算得准确。"

"谢谢表姑父提醒。"

"我告诉你怎么简易记账。"

"好哇。"

"你把涉及摄影的每一笔支出都明细地记下来,包括吃饭、住宿、乘车的钱,如果遇到多用途的差旅费,你就设定一个比例分摊,最后汇总,不妨试试?"

"好的。"齐燕点点头。

"还有,每做一次投资,都要有预算——预先的开支计划。"

齐燕拼命点头。

"爸爸,"朱颐站起来插话解围,"人家又不是搞投资的,哪里算得那么规范。"他心里掠过一丝喜悦,因为他觉得朱荣光是在有意识地教诲齐燕生意经。

"表姑父说得对,我应该有这样的意识,从今天晚上起,我就开始建账。"齐燕接上话题。

"你现在是不是能试着给我介绍一下开销和预算?"朱荣光说完

后，耐心地等待起来。

齐燕知道朱荣光是在测试她的经营天赋、商业意识，于是认真地回顾了一下，不用笔纸计算便清晰地报出了流水账、总预算。

朱荣光听得很认真，不时地掐算一下数字，偶尔也提出一两个问题，问很得详细，问得每笔数字基本碰平。朱荣光的目的不仅是要"面试"齐燕，更重要的是想以此为案例，灌输她严谨的经商家风。

"怎么样，"朱颐凑过来，"我说齐燕的商业意识也很强吧？！"

"不错，反应很快，接受能力也很强，呵呵。"朱荣光满意地笑了。

"是个天生的做生意的料子，很有潜质。"朱颐逗趣着。

"比我年轻时强。"朱荣光肯定地点点头。

"表姑父太谦虚了。"齐燕长长地舒坦了一口气，露出了笑容。

朱荣光扫视了一圈房间，注意到摄像机，于是站起来，走到摄像机边上，顺手提了提，觉得有点分量。"拍外景时只有你一个人？都你一个人扛？"他盯着齐燕，关切地问。

"是的，大部分时间是这样，因为雇人要花钱。"

"齐燕是个能吃苦的孩子。"钱淑芬突然插上话。

"创业就是要有这种精神。"朱荣光赞许地点点头。

……

早晨的空气格外清新，金色的阳光撒在塞纳河上，游船金色灿烂。朱荣光显得特别高兴，邀请大家登游船畅游。朱荣光和朱颐坐在一起，后面隔着几排是钱淑芬和齐燕。游船顺着塞纳河慢慢行驶，两岸的建筑缓缓向后，这些建筑物凝聚着大革命的精神和拿破仑时代的辉煌。大革命的火焰燃烧过整个欧洲，迸发出的思想火花照耀着整个西方世界，直到今天还在闪烁。

"齐燕怎么样？"朱颐小心翼翼地问朱荣光，"她很有商业头脑，只要锻炼一下，就能担当起重任。"

"她的性格过于文静，缺少魄力。"

"可以锻炼。"

"我要的是非常高超的能力。"

"任何强势的人不都是从普通人中走出来的？"

"这需要天赋，比如，再给你锻炼，你也锻炼不成省长呀！"

"你是在选省长吗？牵强附会。"朱颐不高兴了。

"荣光集团是个小摊子吗？"

"你骨子里就是不想要她做媳妇，才说出许多莫名其妙的理由。"

"我反对了吗？"朱荣光沉下脸。

"可是，你也没有答应呀，"朱颐有些激动。

朱荣光沉默了，目光聚焦在岸边的景色上。

"她合适我，我和她在一起有感觉，很开心。"朱颐坚持着。

"你一定要娶她？"

"是的。"

"不能再变了？"

"是的，和其他女人在一起，我会痛苦一辈子。"

"你讲的是林芩？她哪一点不好，配不上你？"

"我不管。"朱颐很任性。

朱荣光又沉默了，朱颐也生气地扭头看着前方。

"齐燕愿意放弃她的爱好和事业改行吗？"朱荣光婉转地问。

"为什么要放弃？为什么要改行？"

"要为荣光集团工作一辈子。"

"制作纪录片是她的生命，硬要她改行，可能会同意，不过一定会很痛苦。"

"我也担心这个，可是，三心二意做不成事，所以，你能不能再考虑一下。"

"你怎么又搬出个理由来？告诉你，这不是大问题，过一段时间她就会想明白的、接受的、适应的。"

朱荣光再次沉默，陷入深思。

"她善良、温柔，我认定她了。"

"唉，"朱荣光叹了口气，"如果没有荣光集团这一摊子事，齐燕是个相当不错的贤惠媳妇。"

"是的，你看，她和妈妈就像亲母女。"

"即便她有潜质，能锻炼，愿意放弃自己的爱好，可是……"朱荣光吞吞吐吐。

"这不都齐了吗？你还想说什么？"

"许多事情的成败不在当事人，有的因素甚至在娘胎里就注定了。"朱荣光的语气深沉。

"我不理解你想说什么。"

"齐燕家里的人多，"朱荣光压低了声音，"关系复杂，不像林芩。你母亲娘家一头的关系已经让我够伤心的了。"

"你是不是担心外戚干政？分裂荣光集团？最后荣光集团不姓朱？"

朱荣光以沉默表示赞同。

游船又走了很长一段路，穿过几个桥洞，桥头上的雕像缓缓转动着。朱颐赌着气，不说一句话，呆呆地看着河岸的建筑。

"林芩不好吗？"朱荣光意味深长地说，"她孤单一人，家庭关系简单，又是我从小看着长大的，知根知底，对我、对你母亲都很孝顺，对家族的事也很忠诚。就这一点来说，从客观条件上来讲，齐燕不如她。"

"齐燕心底更善，没有坏心事，不会把她家里的关系拖拉进荣光集团的。"

"存在决定意识，关系左右行为，到时候只怕她身不由己。你听说过宋太祖赵匡胤黄袍加身的事吗？"

"听说过，就是他手下的将军簇拥他当皇帝。"

"你到时候扛不住。"

"你怎么会有这么多不着调、乱七八糟的思想，"朱颐显得很不高兴，"你以为，不要齐燕当媳妇，就可以排除这种担忧了？！荣光集团里还会有其他矛盾的，林芩也未必扛得住！"

"你说说看，什么矛盾？"朱荣光也流露出了不满。

"就拿林芩和王毅那么一层关系来说，你能控制得住？！"

"你别小看林芩，她讲大义，能抓住事物的要害，对复杂的问题能正确应对，比如，她现在做的事情就是一个证明，她死死黏着瑞士的研发基地,那可是荣光集团的生命和未来呀,荣光集团要再上规模、再创效益、产业升级,就指望瑞士的研发基地了。"

"所以,我不喜欢林苓的性格,心计太多、太硬,有时候太跋扈。"

"这叫跋扈吗?哪个掌握大局的人不厉害?!毛泽东、邓小平,各个都是强人,决心下了,排除一切阻碍往前走,谁能动摇他们?!"

"反正我受不了。"

"可以慢慢磨合、适应嘛。"

"林苓也未必愿意磨合、适应。"

"不行,"朱荣光严厉地说,"正因为这样,我才更放不下心,她的工作我会做的。"

"你为什么要这样做?"

"你想,如果你把齐燕引进家门,她和林苓的关系一定处不好,一定是林苓走人,我怎么对得起她父亲和母亲。"

"可以给她钱,给一大笔,让她另立门户。"

"你真糊涂,不理解我的意思。我刚才说了一大堆,已经说得很白了,你怎么就是听不进去?这里面牵涉到许多利害关系,"

"我不理解?我只知道林苓和王毅也受到很大伤害。王毅还在等她,还在等一线希望,林苓也是,一有空就翻拜伦的《唐璜》。"

"拜伦?《唐璜》?"

"一首长诗,讲父亲干涉女儿婚姻,和梁山伯、祝英台差不多?"

"真是这样?"

"我还骗你吗?"

"原来是这样,"朱荣光焦虑起来,"不能这么下去。"

"你这样做要害许多人,"朱颐揪紧了眉头,"害我、害齐燕、害林苓、害王毅,还有妈妈。"

"你妈妈?"朱荣光大惑不解。

"妈妈已经同意我和齐燕的关系了,是舅舅告诉我的。"

"你妈妈怎么不和我说?"

"你听得进吗?"

"她的理由呢？"

"她担心的是，我和林芩最终会分手。"

"唉，"朱荣轻声叹了一口气，面色很难看，半晌，从牙齿缝隙里挤出来一句话，"这一家子，怎么都不理解我。"

"在这个家里，你一向专断独行，"朱颐气恼地说，"表面上，你说，有事大家商量，尊重家里人意见，其实，最后还都是由你一个人说了算！所以，家里人都不愿意和你讲心里话，有一段时间我也不愿意回国、回家，觉得家里冷冰冰的，没有自由、没有人情味。"

"放肆！"朱荣光重重地拍了一下座位，"幸亏我身体还能顶得住，至少还能坚持10多个年头。"

朱颐一阵忧伤，知道朱荣光在说什么，在责怪他不争气。他不敢回头看齐燕，不想让齐燕从他的表情上察觉出刚才的争执。他木然地看着游船在小自由女神像前拐了个弯，逆向而行，耳朵里响起游船播放的景色介绍——英语、法语、中文、韩语，等。

……

朱荣光要走了，没有留下任何明确的态度。当朱荣光、钱淑芬走进机场"出境入口"的时候，齐燕呆住了，愣愣地看着空荡荡的门和进出的陌生身影，脑子里一片空白，朱颐叫了她几次都没有反应。

"走吧，叫了你几声了。"朱颐搂住齐燕的肩，感觉到齐燕在抽搐。

齐燕一动不动，眼睛蒙上了一层薄薄的泪水。

"你要相信爸爸，你想，林芩早就回去工作了，可我还一直滞留在瑞士，陪着你，没有要我回去，说明他心里还是认可的，只是有点犹豫罢了。"

"你不知道我很屈辱吗？好像我追着要嫁到你们家似的，好像我没有别的选择，只等着你们家宣判！我只是因为爱你……"齐燕的眼泪流了下来。

"我可没有这个想法，真的，我真的没有这个想法。"

"你有，你父母亲也有，是世俗的眼光，以为让谁嫁到你家就是给谁天大的恩赐。"

"请你相信我，我绝对不会这样看的。"

齐燕摇摇头，扭身独自走了，朱颐追上去，默默地陪着她走。朱颐没有气恼，而是感动，他以前交往过许多女孩，那些女孩都比齐燕热烈，可热烈的背后都隐含着对他家族财产的觊觎，很虚伪、很肤浅，唯有齐燕靠自己创业、靠对他的尊重、靠把爱融进他身体里的每一个细胞来打动他。

马马拉小街上的钟楼又横凸出来，矗立在林芩眼前，淡黄色的身躯挺拔直立。林芩仰望着钟盘，指针还是指着11点半。停止的时间又勾起她沉重、不愉快的回忆，她不知道，为什么远离喧嚣是非之地的圣托里尼还会有戳她心境、让她阴郁的景象，难道说，上天一定要她把阴郁背负到天涯海角！

"昨天的故事只讲到一半，下面呢？"摄影师笑着说。

林芩摇摇头，不想说。

"我知道了，这样的故事只有披上漆黑的夜色才诡异、神秘、诱人，才说得深动。"摄影师比划着双手。

林芩依旧沉默，这时，她的手机响了，那个手机在韩贵的挎包里，韩贵急忙拿出来递给她，她看了一眼来电显示，知道是王毅打来的。

"我已经到雅典机场了，正在等飞往圣托里尼的飞机。"王毅的声音平静、稳重。

"我们不是最后说好了你不过来吗？"林芩下意识地扯了一下衣裙。她一直拒绝王毅过来，因为她不想让王毅看到她的这身打扮，她知道，王毅看到后一定会极度痛苦，一定会不顾一切地追问她对他的誓言。

"心爱的女人已经做了别人的新娘，难道还不让我来送一下吗？我会面对现实，敞开胸怀，表示诚挚的祝福的。"王毅的声音发抖。

"不……"林芩不相信，这种情节只有在小说里写过，生活中很少，没有一个男人会目睹自己心爱的女人被别人抱进洞房而表示祝福的，尤其是看到自己心爱的女人在进洞房前的一刹那还向他释放出眷恋的爱意时，一定会抑制不住冲上去要求决斗的。

"请相信我，我能忍受一切，我不看僧面也要看佛面，他毕竟是你的哥哥。"王毅的声音很克制。

　　林芩听出来了，王毅的情绪很冲动，却很克制，她的心软了，不想伤害他，更确切地说，也在想念他，想看到他，想对他说，自己的心里还装着他、等待着他、永远爱他。不过，她马上又想到，今晚流露出这样的情绪，无异是在往他燃烧的心头喷油，她又犹豫了。

　　"你在听吗？你怎么不说话，喂，你听得见吗？"王毅在电话里一直催问。

　　林芩挂断电话，把手机交还给韩贵，若无其事地招呼朱颐、韩贵、摄影师们起步。

　　林芩面前的小街宽敞起来，小街一边的商店里都是工艺品，最吸引人眼球的是圣托里尼的图景雕塑板，板上涂着标志性颜色——蓝色、白色。林芩吩咐朱颐去采购一些纪念品，晚上分送给宾客，又把韩贵叫到面前，和他一起认真推演了一下晚上的仪式安排，并且提醒韩贵要注意的各项细节，包括来宾的接待。尽管晚上的安排简单得可以说几乎没有什么特别仪式，而且还有司仪主持，可她还是不想出现任何瑕疵，让来宾不愉快。

　　韩贵一一记住，又用手机和负责接待的旅行社联系了一番，再次和他们核对了一下接站的名单、时间，敦促他们安全地把每一位客人送到下榻的酒店，以及做好约定的其他服务。

2. 突　变

　　马马拉小街一侧展现出一片宽阔的空地，空地的底部边沿有一座教堂，教堂宽阔的正面洁白耀眼，泛着刺眼的光，蓝色圆锅顶上的十字架直冲天空，在与上帝交流。顶的边上是一个三层钟架，三、二、一地悬挂着铜钟。教堂边沿有一条小路，通往悬崖背面的山下。

　　林芩走向教堂，朱颐停住了，远远地停在空地外面。朱颐对教堂毫无兴趣，不喜欢教堂内压抑的空间、束缚"自由"的虔诚，他只对身边矮墙外的海空有点兴趣，于是，他移向矮墙。

　　林芩走到教堂门前面停住了，凝重而虔诚地打量着门洞，不想轻易迈进去。

"你好，怎么这么巧！"凯瑟琳从教堂里出来，看到林芩，惊喜地说，"进去吧，我陪你去。"

"还是先在外面听你介绍，我也有一些问题想请教，里面说话不方便。"

"也好，你想知道什么？"

"我一直有信教的想法，想洗涤自己的心灵，想和上帝交流无法与别人交谈的话，尤其是昨天晚上，和你探讨了宗教以后，我的这个想法更加强烈了。"

"你要我从哪里说起？"

"从最简单的开始，就像普及、启蒙一样。"

"那我就从最基本的讲起，"凯瑟琳微微抬了一下手，指了指教堂，"这是东正教的教堂。东正教是基督教的一个分支，最古老的东正教就是希腊正教，精神中心在希腊。公元330年，东罗马帝国君士坦丁大帝把首都东迁到君士坦丁堡，教会的分裂开始明显，公元800年，东罗马的查理曼加冕，促使了教会的分裂，罗马教皇和君士坦丁堡大主教互相争斗，最终在1054年分裂。"

"所以，东正教不归属于罗马教皇，不归属于现在的梵蒂冈。"

"是的，他们主张和罗马教皇平等对话，而且，东正教也不像天主教，现在内部没有一个精神中心，各国的教会都是独立的、平等的。"

"16世纪宗教改革对革新宗教的陋习有着及其重要的作用，对东正教的影响是什么？"

"那场改革主要发生在天主教内。"

"我听说，"林芩虔诚地说，"基督教以新约全书、旧约全书为圣经，传说基督教是神的儿子耶稣创造的，耶稣被钉上十字架来清洗人类的原罪。"

"基督教宣扬平等、包容、仁慈、民主、勤奋，"凯瑟琳的语气流畅，"抑制恶欲，忏悔罪过。中世纪，基督教会保持着民主管理形式，也是重要的科研机构，许多主教都是成就卓著的科学家。比如，利玛窦，16世纪的意大利传教士，他在中国传教的同时也传播科学，最出名的就是传教欧几里德《几何原本》。基督新教还宣传现代自由、民主思想……"

林芩听得入迷，不断提问没有听懂的地方，她渴望自己的心灵得到抚慰、修补，不想让缺损的地方继续撕裂，以至毁坏整个精神世界。

朱颐依矮墙而立，望着海面，心头又浮现出齐燕的形象，背景是瑞士的草地：

瑞士的湖泊清澈，泛着蓝色的光泽。朱颐无心欣赏窗外的景色，烦躁地在房间里踱步，等待着朱荣光的回复。

朱荣光离开巴黎后一直没有个清晰的回音，朱颐在焦虑中数着钟点过日子，同时，不断地打电话回家催问，可是，朱荣光总是回避；钱淑芬的回答千篇一律，都是些空洞的安慰话，没有实际意义；钱国强更是没辙，只知道骂朱荣光"死脑筋"、"木鱼疙瘩"，不敢和朱荣光当面交锋。朱颐感到不安，担心这样拖下去形势会发生大逆转——母亲的态度会动摇，舅舅会撒手不管。

齐燕极力克制住自己，没有跟着朱颐的情绪起舞、推波助澜，可是，朱颐带着焦虑、烦躁在齐燕面前转来转去，让齐燕难以忍受。

"不要烦躁，"齐燕劝道，"中国有句古话，叫'好事多磨'，婚姻是自己的事，相爱也是自己的事，只要自己坚持，谁也没有办法！"

"中国还有句古话，叫'夜长梦多'。"朱颐神经质似的回敬道。

"你冲我发什么火呀，我也很烦躁，我有时候也在想，是不是真的应该爱上你，受你们一家子的累，好像我在图你们家里钱财似的。"

朱颐被噎得说不出话，面孔直抽搐，情绪更加烦躁，双手死命地揪扯自己的头发。

"好了，怪我不好，刚才说重了，就当我没说。"齐燕意识到朱颐的承受力比自己弱，自己应该分担更大的委屈和重压。

"就是嘛。"朱颐松开双手，感激地看着齐燕，情绪渐渐平息下来。

朱颐的手机突然响了，是钱淑芬打来的，朱颐一接通手机，里面就传出来一阵宽心的微笑，朱颐一阵吃惊、欣喜。"有什么事值得你这么高兴？"他抓着手机的手微微发抖。

"老头子太倔了,一旦形成了观点,八匹马都拉不回来的。"钱淑芬笑着说。

"这也值得你高兴?"朱颐有些失望。

"人多力量大,他再固执,还是拗不过我们大家。"

"他改变主意了?"

"不能说改变主意,可至少是开始松动了。"

"有什么根据?"

"他已经悄悄安排人去调查齐燕家里的情况了。"

"哦?"朱颐仿佛看到黑幕上出现了一丝裂缝,希望之光从缝隙里透进来,他急于想扒开裂缝钻过去看个究竟,"调查下来的结果会是什么?"

"不好说。"

"不好说?"朱颐又泄气了。

"不过,调查回来后还有我们呢。"

"呵呵,"朱颐稍稍松了口气,"可是,如果,他还不同意呢?"

"至少是,不管怎么说,他毕竟安排人去调查了。"钱淑芬带着几份自信。

"拜托妈妈了。"

"你放心,哪有妈妈不和儿子站在一起的。"

朱颐挂上电话,把钱淑芬的话全盘告诉了齐燕,齐燕详细地询问了钱淑芬说话时的语气、笑声,反复掂量着那几句对话。

"终于松动了。"朱颐欣喜地说。

"应该说,有松动比没有松动好,可是,松动毕竟不是最终结论,毕竟还有许多客观条件没有发生根本变化。"齐燕坦然地说。

"你怎么老说泄气话。"

齐燕把客观条件分析了一遍,朱颐有点泄气了。

"别泄气,"齐燕鼓励着,"你应该想想,打听打听,是什么原因促使表姑父松动的,再因势利导。"

"对呀,"朱颐被提醒了,"应该能找到突破口,而后再动员一切力量冲击,一举摧毁朱荣光的防线。"

"不许这么说，你还应该称他为父亲，或者爸爸。"

"对，对……"朱颐开始琢磨、思寻起来，可是，无论怎么琢磨、思寻，就是想不透。

齐燕已经平静下来，一副听之任之的样子，又去忙自己的《欧洲宗教》纪录片了。

傍晚，湖光山色上的天空呈现出一层淡淡的紫色，天边的云彩放着红色的光芒，镶着一条金边，好像在燃烧。校园的中央绿地上，齐燕挂着照相机，引着朱颐欣赏周围的远山。不远处的草地上放着摄像机。

"你看，我们学校每到这个时候最美。"齐燕微笑着说。

"是很美，是的，是很美。"朱颐看望着，机械地应对着。

"你烦什么呀。"

"怎么不烦？妈妈说爸爸今天会来电话的，可是，直到现在……"

"我都不急，你急什么，听天由命。"

"说得轻巧，你可以不在乎我，可我不能没有你，爸爸这一点头或者一摇头，我的命运就相差得远了去了。你知道吗，要是让我没有爱地和一个人生活一辈子，那是什么样的痛苦，什么样罪过啊。"

"你以为我不知道吗，"齐燕有些生气，"所以，特意请你出来拍照，就是想让你宽宽心，这样的景色还不能打动你吗？"

"没有你，这样的景色有生命吗？有气息吗？"

"那好，随便你。"齐燕一赌气，就想离开。

"好吧，听你的，只要你高兴。"

"这才乖嘛，"齐燕仰望了一会天空，用照相机对了对焦距，"这个天象很怪，我从来没有看到过。"

"你也相信这个？"

"当然，如果都不灵验，为什么世界上还有那么多人相信它？"

"你看看，是好兆头还是坏兆头？"

"是祥云，是吉光。"

"噢？你别骗我。"朱颐露出了喜悦，张望起来。

"谁骗你了，你要是不信，就当没看见。"

"不，我信，我宁愿被你欺骗。"

"你说什么?"

"我说,我宁愿被老天爷欺骗。"

"不,你开头没有说'老天爷'。"

"我把你当老天爷,当上帝。"

"呵呵。"齐燕愉快地笑了。

"把照相机给我,"朱颐兴奋地要过照相机,对着齐燕,"这景色真吉祥,只有你才配得上,我给你拍几张。"

"你的水平能行吗?"

"不相信?你想要什么我就能拍什么,要线条拍线条,要性感拍性感。"

"呵呵,"齐燕嫣然一笑,"有长进。"

朱颐让齐燕侧身、单立、冲着天空往后仰,用逆光描出她的体型曲线,让金线镶在曲线上。这曲线灿烂、美丽、性感,朱颐很冲动,透过透视镜,久久地欣赏着,忘却了一切。

"还在等什么?我这姿势还要摆多长时间?"齐燕的曲线在微微晃动。

"这就好,就好。"朱颐醒悟过来,在镜头里添上云彩后按下了快门。

"你想累死我呀。"齐燕恢复了体态后,笑骂起来。

"对不起,这么好的晚霞,这么好的身材,这么好的时光,怎么能随便、轻易地按下快门?"朱颐嬉笑着说。

"小嘴越来越会编故事了。"

"嘘……别说话。"朱颐感到口袋里的手机在震动,伸手去摸,随着手机被摸出口袋,铃声变得越来越清晰、越来越响亮,朱颐急忙接通手机。

"你好吗?是一个人吗?"朱荣光的声音。

"不,和齐燕在一起,"朱颐用手捂住手机,激动地瞅着齐燕,轻声说,"是爸爸打来的。"

齐燕顿时安静下来,仔细听着手机里溢出来的声音。

"那好,告诉你,"朱荣光的声音变得认真起来,"我和妈妈商量过了,同意你和齐燕结婚。"

"真的吗?同意我和齐燕结婚?"朱颐激动地重复了一遍。

"这有开玩笑的吗,具体的安排明天和你谈。"

"谢谢爸爸,谢谢妈妈。"朱颐兴奋地挂上电话,冲着齐燕攥紧了双拳,"我们胜利了,胜利了。"

"答应了?"齐燕激动地想再证实一下。

"答应了,答应了,我想,我一毕业就回去,我们回去办婚礼。"朱颐卸下照相机,放在草地上,朝齐燕伸展开双臂。

齐燕一下子扑了上来,一股巨大的冲力撞在朱颐胸前,朱颐向后踉跄了几步,重重地摔倒在草地上,齐燕的整个身子压在朱颐身上,惊叫起来,朱颐乘势紧紧抱住她,不让她动弹,吻她。

"你真坏,乘机欺负我。"齐燕捶着朱颐。

"是你撞倒我的。"

"我能撞倒你?我刚才还在想,怎么一下子就把你撞倒了,是不是我太冲动了。"

"你们不是都嫌我笨吗,我笨吗?"

"你有坏男孩的天赋。"

"男人不坏,女人不爱。"

齐燕捧住朱颐的面孔,深情而着力地吻了起来。

云彩变化着各种形状,晚霞变得暗红,周边的金色依旧闪耀着,草坪上也是一层金黄,学府古老的建筑静静地沐浴在金红色里,一副中世纪的宁静、庄重。

"这下就要委屈你了。"朱颐爬起来,模仿迈克尔·杰克逊的"后退太空舞步"扭动起来——要把持续压抑在心头的晦气统统挥撒出去。

"什么叫'委屈'。"齐燕扛起摄像机对着朱颐拍摄。

"改行,放弃你手头的工作。"

"那里面浸透了我的心血,而且已经开始制作了。"齐燕放下摄像机,顺着朱颐的节奏翩翩起舞,"还有,等毕业典礼一结束,就一起先去我家,这么大的事,总要当面听到我父母亲的同意才行,不要以为,你家答应了,我家就一定会答应,我母亲可不是《傲慢与偏见》中的贝内特太太。"

"当然，见过你的父母后，再回我家，结婚。"朱颐放慢了节奏，一会儿朝前，一会儿倒退，兴奋得忘乎所以。

齐燕沉默了，舞步慢了下来。

"你在想什么？"

"能不能到时候再给我两三个月？"齐燕停住了，喘着气。

"我们等这个'同意'已经等了很长时间了，来之不易。"

"你担心还会变？"

"不是，不过，我等不及了。"朱颐也停住了舞步。

"请你详细地告诉我，你父亲对你的未来是怎么安排的。"

"他要我回去参与ZQ材料的销售，从市场营销做起，那可是荣光集团的核心业务。"

"你行吗？"

"怎么不行。"朱颐看看天，天色已经变暗，于是拉着齐燕坐到草地边沿的长椅上，搂住齐燕，"怎么不行？！有舅舅帮助，市场和技术都是成熟的，客户也是现成的。"

"我的安排呢？"

"如果你没有意见，我想让爸爸安排你去一家子公司，从负责销售做起。"

"是'销售'还是'负责销售'？"

"当然是'负责销售'，我想，他应该会同意的。"

"我怕担当不起，因为我没有经验。"

"你应该明白，你一开始就应该得到重用，得到培养。"

"我的意思是，"齐燕有些为难，"我暂时不想去你们的家族企业，或者说，一开始不想去。"

"为什么，怕和林芩相处不好？"

"不是，林芩毕竟是你妹妹，有兄妹情谊，我们会和得来的。"

"怕销售压力大？怕那里的人嫉妒你？人们都知道你和我的关系，没人会难为你。"

"我会怕这些吗？"齐燕正色说，"我是想，自己先在外面独立干，锻炼的差不多了再来荣光集团。"

"这不是我能答应的，父亲曾经流露过，万一你成为我们家的媳妇，就希望你能尽快上手。"

"那我就更不能去了。"

"我知道你的心结在哪里，担心什么？"朱颐拣起一团蚯蚓排出的泥疙瘩，扔向前方，"你怕被别人看作吃现成饭的？"

"不是的。荣光集团很复杂，我太稚嫩，比不上林芩，怕卷进去后处理不好，反而给表姑父添麻烦，自己也没法待下去。"

"你不了解爸爸的心事。"

"你为什么吞吞吐吐，不一下子告诉我。"

"爸爸已经考虑过让林芩离开的事了，指望你来顶她。"

"那你爸爸会怎么安排林芩？不能因为我委屈了她。"

"不会，父亲会给她一笔巨资，让她和心爱的人团聚，开创他们自己的事业，我想，这也是林芩的最大愿望。"

"林芩很优秀，我有许多地方比不上她。"齐燕内疚地说。

"这个决策和你没有关系，不要往自己身上拉。"

"你可以这么说，可我不能这么想。"

"还有，林芩和舅舅的关系不和，父亲只能照顾一面，挽留一只老虎。"

"不管怎么说，这绝对是荣光集团的损失。"

"荣光集团不是靠一个人转动的！"

"可林芩终究不一样。"

"你别想得那么多了。"

"怎么能不想，"齐燕惋惜地说，"人才也是资产，荣光集团是你们家的私有财产，怎么能像对待国有企业那样随便抛弃一块好资产？！"

"那你说怎么办？"

"想办法留住林芩。"

"怎么安置？那可是一天一地的待遇啊，很难。"

齐燕沉默了，不知如何回答。

"别想那么多了,想了也无解,还是多想想怎么尽快地来接我的摊子,抓ZQ材料的销售。你想,整个荣光集团的效益大头都压在它身上,今年要200个亿销售,明年要300个亿,我哪里坚持得住呀,哪里顶得住商场中没完没了的压力呀。"

"是啊,在资本的眼睛里,利润才是亲儿子,你不过是个干儿子。"

"不许你嘲弄爸爸。"

"算我没说,呵呵,"齐燕笑了起来,"说实在的,我不喜欢商场,这个圈子里没有真正的朋友,只有永远的利益、永远的竞争对手,不是争市场份额,就是比财富,许多合作伙伴为了一笔交易竟然会变成世仇,我这种搞艺术的人的神经脆弱,恐怕承受不住。你想,成天被冷漠包围,被奸诈弄得提心吊胆,怎么活呀!"

"就为我委屈一下你那神圣的身躯、高贵的头颅吧。"

"那要看你对我怎么样!"齐燕调皮地一笑。

天色很黑了,朱颐的心却被齐燕的善良、温暖点亮,他更加害怕失去齐燕,害怕心中的光亮消失,一个人孤独地在黑夜里行走,一想到这种失去、消失和孤独,他就有一种莫名的沮丧,他紧紧地搂抱住齐燕。

"乖孩子,在想什么呢?至少我现在还在你怀里。"齐燕逗着。

……

齐燕、朱颐相拥来到学校附近的一个小餐馆,庆祝胜利。餐馆老板和他们很熟,推荐了好几款法国葡萄酒。齐燕执意要点上次存放在那里的圣托里尼的Santo Assyrtiko红葡萄酒。那酒还是朱颐的一个在圣托里尼的酒店实习的同学带回来的。那同学说,"圣托里尼的葡萄生长在火山灰层上,养料丰富、雨量少、日光充足,含糖量高,所以酿出的酒也带甜味。"齐燕品尝后像上了瘾似的,唯独钟爱这款酒,并说,"这酒象征着好日子,我以后度蜜月,也一定要去圣托里尼。"

朱颐接过酒店服务生送过来的酒,仔细端详着,浮现出幸福、甜美的微笑。

"度蜜月一定去圣托里尼。"齐燕羞涩地说。

"当然,除了那里,我哪里也不去,哪怕是天堂。"朱颐展开双臂,像在咏吟。

"又在做诗。"

"是的,我也要为你写一首长长的情诗。"

"你写得出来?"

"用心写,用血写,再不怎么样,也会让你感动。"

"那我就等着了。"齐燕仰起头,吟起诗来:

她走进美的光影里,
好像无云的夜空,
繁星闪烁;
明与暗的最美的形象凝聚于她的容颜和眼波,
融成一片淡雅的青光……

"这又是谁的诗?"朱颐惊奇地问。

"拜伦。"

"你怎么也喜欢拜伦?"朱颐揪紧了眉头。

"不好吗?他是一个战士,英俊、勇敢、正义、多情。"

"林芩也喜欢。"

"因为这个,你不高兴?"

"不,只要你喜欢,我就喜欢。"朱颐呷了一口葡萄酒,一股甘甜从口腔浸润过食道直达胃底。

"美吗?"齐燕冲朱颐一笑。

"很甜。"

齐燕也美美地品尝了一口。

……

朱颐睁开眼睛,天已经大亮了,齐燕躺在他身边,像个玉美人。朱颐答应齐燕,可以先不结婚,不过,按照家乡的规矩,先订婚,订婚仪式简短,不需要特别准备,不会耽误很多功夫,主要目的是,"正式宣布我们的恋爱关系。"

齐燕答应了,并讲述了她的计划,她要利用自己的暑假在日内瓦滞留一段时间，采集镜头，那里有宗教改革的圣迹，而后再去欧洲其他地方，尽可能多地采集镜头，采集到哪里算哪里，否则，冬季毕业（齐燕的学制是冬季毕业）时一回去，就再也没有时间采集了。她打算回去后就把镜头封存起来，或者抽空做一些剪辑，有机会再启动，当然，齐燕也作好了10年、20年后再启封的准备。

……

朱荣光接受了齐燕的安排。

朱颐和齐燕在日内瓦逗留了一段时间后就去了德国，又去了北欧诸国，在齐燕的稿纸上、镜头里记录下了瑞士的慈温利、加尔文，德国的马丁·路德、托马斯·闵采尔，等等宗教改革圣贤的事迹、遗迹，还有其他许多资料。

齐燕的毕业典礼在圣诞节前举行，朱颐请朱荣光、钱淑芬也过来参加。在欧洲，这是一个家庭的重大"庆典"，家长们都会放下手头的一切事务正装而赴。

朱荣光很爽快地答应了，还特意说了一句，"上次来冷淡齐燕了，对不住她，这次一定要补偿。"

林芩专心致志地倾听和交谈着，忘却了头顶阳光的炙烤，地面热能的辐射。"宗教改革是基督教会历史上的第三次大分裂，分裂出了基督新教，也正是这次分裂，让基督教焕发出了新的生命。"她小心地说着，怕说错，怕不恭。

"16世纪的宗教改革从德国开始，"凯瑟琳认真地说，"以后转到瑞士，最早的领袖就是德国的马丁·路德。当时的基督教会上层非常腐败、贪婪、黑暗。那场运动的起因是1517年10月，罗马教皇利奥十世派人去德国贩卖'赎罪券'，收罗钱财，谎称，只要买了'赎罪券'，灵魂就能从炼狱升入天堂。"

"呵呵，"林芩被这怪诞的谎言逗笑了，"历史上有几部揭露基督教上层黑暗的作品非常有名，比如，13世纪但丁的《神曲》，14世纪薄迦丘的《十日谈》，19世纪雨果的《巴黎圣母院》。《巴黎圣母院》的第一页就指明了故事开始日期是1482年，15世纪。"

"宗教改革首先反对的是教皇的权力，分为温和派和激进派……"凯瑟琳如数家珍。

朱颐看了一眼还在专注讨论的林芩和凯瑟琳，又把目光转向大海，去追寻齐燕的影子。这时，他发现韩贵已经忙碌完了，便走到韩贵身边，把他拦在远离教堂的小街上，依着白色的花坛，站在高高矗立着的光洁的花茎旁。那花茎上有一串红色的花蕾。

"齐燕到底发生了什么事？"朱颐急切地问，"看你先前那会儿神神秘秘的样子。"

"不都告诉你了吗？至于其他的。我会安排的，你等着就是了。"韩贵不愿意多说。

"我觉得你很奇怪，即想让我知道，又不想让我多知道；即想让我和齐燕接上关系，又不让我们马上联系上。"

"你知道我的难处吗？你知道我的想法吗？"

"你的难处，这个我大概能想到，可是，'你的想法'是什么意思？"朱颐拉下脸，无法接受韩贵这没大没小的口气。

"你以为，我是个局外人，我的想法就无所谓是吗？"

"我没有这个意思，你是'南昌起义的老伙计'，我父亲都要对你另眼相看。"朱颐急忙解释。

"你想过没有，齐燕是个好姑娘，林芩也是个好人，她们的感受是什么。"韩贵意味深长地说，"我是个有血气、有血有肉的人。"

"你的变化好像很大。"

"为人做事得讲良心，"韩贵严肃地说，"得讲道理，不能一味地贪图利益、迎合哪种意见，这就是我的想法。"

"这是你的事，"朱颐不敢较真下去，"我不想改变你，我只想问一句，齐燕还恨我吗？或者说，还有怨气吗？"

"你说呢？"

"我知道她恨我。"

"不，她不恨了，她知道这不完全是你的错，只是有怨气，怨恨这个社会。"

"我知道，这个世界太无情了。"

"可是，你能控制住自己呀！"韩贵白了朱颐一眼。

朱颐一怔，知道韩贵暗指什么，他对自己做过的荒唐事很敏感。

"好吧，你也别多想了，想多了也没有用，已经发生的事情就让它过去吧，别再发生新的就是了，要对得起身边的人。"

"我会注意的，"朱颐悔恨地低下头，"你还没有回答我的问题，你们一会这样，一会那样，这背后到底是什么故事？"

"暂时还不行，我不能，也不敢，有人再三关照。"韩贵紧咬住嘴唇。

"我不会出卖你。"

"我给你两个字，你自己去理解。"

"哪两个字？"

"备份？"

"什么意思。"

"不是说好了自己去理解吗？"

"我明白了，"朱颐恍然大悟，说，"可你们知道吗，这样做有多残忍，把一个姑娘活活地拖在那里，拖到青春消逝，还有比这个更自私的吗？"他充满了怨气，"她的性格我了解，她未必会跟着你们的意愿转。"

"是啊，人家未必接受。齐燕很不幸，有一半是你造成的。"

"我承认。"朱颐的声音很低，不敢正视韩贵。

"好吧，不说这个了，"韩贵看着朱颐，沉吟了片刻，很严肃地说，"告诉你，齐燕遭遇了不幸。"

"齐燕出事了？"

"现在不清楚。"韩贵急忙改口。

"不，你在骗我，你有话想说。"

"现在真的不太清楚。"

朱颐愣住了，呆呆地瞪大了眼睛。从他身边走过去的三三两两的游客惊诧地看着他，以为发生了什么意外。

林芩和凯瑟琳还沉浸在她们的精神世界里，好像整个世界只有她们两个人，天地星辰、生灵万物都围绕着她们在旋转。

"1555年9月，"凯瑟琳侃侃而谈，"德国皇帝和诸侯签订了'奥格斯堡宗教和约'，新教和旧教平等，路德派新教最终确立。加尔文继慈温利之后在瑞士建立了新教。宗教改革最终也推动了天主教内部的改良，清楚积弊。"

"我们进去吧。"林芩的声音很虔诚。

凯瑟琳陪同林芩轻步走进教堂，林芩在大幅圣像前低头祈祷，教堂里安静得只能听到人们的呼吸声，神圣得让人敬仰，散落在全世界的2亿多颗心脏都在为之跳动。

林芩走出教堂，依依不舍地回顾着。"我没有赶上做礼拜，你能不能像做礼拜一样讲一段圣经？"林芩对凯瑟琳说。

"可以，"凯瑟琳停住脚步，说，"耶稣复活那天……"

林芩凝听着。

朱颐仿佛落进了一个昏暗的世界：

齐燕毕业典礼的前几天，天空异常阴沉，飘着大雪。朱荣光突然来电话说，因为一些变故，不能出席毕业典礼了。他的声音低沉，坚决，似乎遇到了什么大事。

"到底为了什么呀？"朱颐急切地追问。

"你回来后告诉你，"朱荣光不接朱颐的话题，"还有，你一个人先回来，有重要事情商量。齐燕暂时不要来我们家。"

"订婚的事怎么办？"

"你回来就知道了。"

"现在不能说吗？"

"飞机票已经给你订好了，钱也付了。"

"你怎么能这样不讲道理，涉及我的事，事先也不和我商量。"

"自然会给你讲清道理的。"

"你为什么要干涉我的生活、干涉我的自由？！"

"你这孩子怎么不听话了！怎么能这样对我说话！"朱荣光生气地挂断电话。

……

齐燕正在电脑上剪辑摄影资料，书写解说词，朱颐吞吞吐吐地告诉她，朱荣光来电话了，不能来参加毕业典礼了。

"Why？为什么？Why？为什么？"齐燕惊呆了，眼睛瞪得滚圆，像一只受惊的小鹿，预感到事情将会发生大逆转。

"我问了，他老打岔。"

"就是说，不回答？"

"是的，前一阵子来电话还说得好好的，要来。"

"可是，后来就一直没有再说了呀。"

"我想，都说好了，还要反复问吗？"

"一定是发生大事了。"

"我想也是，可就是不知道发生了什么事。"

"要不，你去找表姑妈问问。"

"好的，不过……"

"不过什么？"

"爸爸从来就喜欢一言堂，下命令，不管你想得通还是想不通。"

"你家里的情况我知道，表姑父一言九鼎。"

朱颐没有接话，不知道说什么好。

"你们家呀，许多事情都不能像平民百姓家那样简化。"齐燕猛地转过身去，用力敲打起键盘，似乎要把集聚的厌烦消耗尽似的。

朱颐从后面伸出双臂越过齐燕肩头，搂住她，让她的头靠在自己的胸怀里，焦虑的眼泪充满了眼窝。

齐燕的头挣脱出来，手指的敲击特别用力，滴滴答答的声音清脆迅速，突然，那声音停住了，她紧紧抓住朱颐的双手，微微颤抖，却不流泪。

"我不会变心的，"朱颐轻声说，"我爱你，永远爱你，不管说什么，我都不离开你。"

齐燕的声音在嗓子里打滚，半晌，"我本来就不该答应你，这样的话，也就不会有现在的烦心，人家还以为我一心想攀豪门，却落得一场空，丢人哪。"她松开了朱颐的双手，推开了他的胳膊。

"我们就在这里结婚，随后和我一起回家，木已成舟，看他怎么办？"

"你爸爸会气疯的，会嫉恨我一辈子的，我会很孤立，我不想进入一个充满仇恨的家庭，无休止地参与争斗。其实，我不稀罕你们家，我有自己的事业，还有自己的自由、人格、尊重。"

我已经决定了，不回去，我要自力更生。"朱颐几乎是喊着。

"这不行，你离不开你们家。"

"你说的不是真心话，你是担心我没有独立能力？"

"不，既然女人爱上了一个男人，她就会为他付出一切的。"

朱颐感动地流下了眼泪，可是他也知道，作为一个男人，一辈子依靠女人养活，享用女人的赏赐，不可能幸福，也不可能持久。

"你回去吧，就听你爸爸的。"齐燕转过脸，强装出微笑。

"你呢？我舍不得你。"

"你不要管我，我经受得住。"

"我不信。"

"我正好可以一门心思地做完这部纪录片，做我喜欢做的事，以后再决定何去何从……"齐燕突然哽咽了。

朱颐重重地捶打了一下自己的胸口，恨自己无能，痛惜自己将要失去心爱的女人。

"别这样折磨自己，我真的什么都承受得住。"

"我回去后绝对不和林芩往来。"

"这和林芩没有关系，说白了，林芩也很无辜、无奈、很痛苦，她也有爱，她也要经受棒打鸳鸯的折磨。"

"你真这么想？"

齐燕站起来，突然，紧紧抱住朱颐，泪如雨下，难舍难弃，内心极度矛盾。朱颐也紧紧抱住齐燕，怕她从自己的怀里挣脱，永远地消失。

"我不回去，看他们怎么样？"朱颐发愤嚷着。

……

朱颐没有按照朱荣光订的时间回家，而是滞留在瑞士，为的是抗议，为的是发泄，为的是眷恋。

第四章　Fira小镇——重叙旧情

1. 婚　宴

　　林芩静静地躺靠在客房的沙发上午休，晚上还要举行一个宴会，够她受累的。好在客人不用她操心，由韩贵和旅行社招呼。旅行社会把他们一一从码头、机场接送到酒店安顿，傍晚再接送他们去参加宴会。

　　朱颐闷闷不乐地倚靠在床上，不和林芩说一句话，韩贵含糊其辞、左摆右摇的姿态让他疑念环生、思绪紊乱。他想再去找韩贵，可这会儿连韩贵的影子都见不着，电话也接听不畅——不是占线就是不耐烦地推托。韩贵此时正在客人下榻的酒店安置客人入住。

　　"没有休息吗？"林芩醒来了，打量了一会朱颐。

　　"我不累，睡不着。"

　　"晚上估计会很累，不知道那帮人会闹到几点。"

　　"我挺得住。"

　　"不管有什么事，今天晚上当着朋友的面，一定要当真做好！"

　　"嗯。"朱颐点点头。

　　"这就算是我求你的。"

　　"她可是从来不求人的！"朱颐"咯噔"一下，心里嘟哝了一句，马上又说，"何必这么说，这也是我的事。"他偷偷瞄了林芩一眼，很在乎她的脸色。

　　酒店经理亲自送进来蛋糕，述说了一番祝贺的话，林芩、朱颐微笑着接过，表示感谢，又把他送出门。

　　林芩也有一肚子的委屈，可她知道朱颐更脆弱，不能向朱颐倾泻，只有自己承受，她不由得想起了引起朱荣光彻底改变的那件事：

　　林芩陪着朱荣光来到美国，一出洛杉矶机场就直奔客户公司，全然不顾旅途的疲倦。他们此次来美国是想实地了解客户对ZQ材料的需求、新产品动态、市场前景。

在客户公司的会客室里,公司总经理罗勃特与朱荣光寒暄了几句后,就叫秘书拿进来两块乳白色的表面光洁的材料,放到朱荣光面前,叽里咕噜地说了一串英语名称。

朱荣光接过材料翻来翻去,听着林芩翻译。

"这就是我们说的ZL系列新材料。"林芩翻译完后补充了一句。

"这就是说,别的公司已经搞出来了?"朱荣光不敢相信眼前的事实。

"是的。"

"是的?"朱荣光重复了一句,微微发抖,背脊直抽冷气,头皮发麻,像有许多小虫子在上面爬行。

"我们不妨先听听罗勃特先生怎么说?"林芩安慰着。

朱荣光重新把脸转向罗勃特。

"有人向我们推荐了这款新材料,"罗勃特耸耸双肩,"今后很有可能替代你们的ZQ材料,很有竞争潜力。"

朱荣光的额头渗出薄汗。

"眼前已经批量投产了?单位价格呢?"林芩接上问。

"没有,至少眼前你们不要担心,这款新材料还不构成竞争,比如成本、质量稳定性、技术参数等等,都不确定,我们还有个试用过程。"

朱荣光微微松了口气。

"不过,"罗勃特感觉到了,绿色的眼睛盯着朱荣光,很认真,"我相信,用不了多长时间,这个技术问题、成本问题就能解决,所以说,这些只是不是问题的问题。"

"只要有前景、有成长性、有高利润,无数个脑袋都会寻思突破的,而且一定能在短时间里突破。"林芩冷静而稳重地说。

"听说你们在瑞士的研发基地也在开发这款新材料?"

"是的。"林芩微微一笑。

"怪不得你们胸有成竹,我预祝你们成功,我和你们做了这么多年生意,彼此了解、信任,当然希望和你们合作。"

"谢谢。"林芩充满自信。

"我再说一遍,这款新材料非常厉害,对旧产品具有毁灭性打击。"罗勃特像是在催促。

朱荣光仔细端详着新材料,一言不发,像被一记重拳打懵了,迟迟缓不过劲来。

林芩接过话题和罗勃特讨论起来。罗勃特不厌其烦,尽己所知地解说了新材料的潜力、自己颇具洞察力的分析,并且透露了许多鲜为人知的信息。林芩密密麻麻地记满了好几页纸,受益匪浅。

访问束时,朱荣光想站起来告别,却觉得双腿发软,站立不起来,林芩不敢搀扶,只是和罗勃特交谈,以转移罗勃特的注意力。朱荣光撑着椅子扶手站立起来,忽然双脚一阵飘忽,身子微斜,林芩急忙扶住他。朱荣光想挣脱,不想让外人看到自己被重创的样子,可是,力不从心。

"要紧吗?"罗勃特关切地说,"我马上可以为你们联系医生。"

"他很强壮,只是过去受过伤。"林芩笑着说。

"OK,是个作战英雄。"

朱荣光站稳当了,向罗勃特告别。一出客户公司大楼的门,朱荣光又飘忽起来,幸亏林芩搀扶住他。

"回酒店吗?"林芩看了看暮色。

"对,回酒店,我有话要说。"

"我让酒店把饭送到你房间。"

"可以,不过我也吃不了许多。"

……

朱荣光回到酒店,瘫倒在沙发上,很疲惫。林芩让服务生送来一碗中式面条,朱荣光没吃几口就吃不下去了。林芩递给他毛巾和茶水。

朱荣光喝着茶,轻轻擦拭着汗水,情绪低落。林芩焦虑地等待着,不知道他想说什么。

"芩芩,"朱荣光缓过气来,把毛巾放在茶几上,"你也看出来了,ZL系列新材料即将登上舞台。"

"是的,我从罗勃特那里还知道,新材料开发的进度比我们预料得要快,批量进入市场的冲击力比我们想像得要猛烈,因为,那些公司和国家把走出经济衰退的'赌注'押在技术创新上。"

"一旦这款新材料成了气候，荣光集团的大部分设备、资产、人才储备就要被推倒重来。"

"很可能。"

"你别安慰我，这不是很可能，而是必然。"

"那又怎么样？我们不是早就在做准备了吗？"林芩充满自信，"无非是进度再快一点。"

"多亏你看得远，抓得早。"

"这是女儿的分内事。"

"我不担心你们会研发失败，我只是担心我自己。"

"担心爸爸自己？"林芩疑惑不解。

"是的，你也看出来了，做这么大的调整，我力不从心，需要年富力强的帮手。"

"我会全力以赴的。"

"可我终究还是不踏实。"

"怀疑我们年轻人不尽心尽力？"

"不……"朱荣光欲言又止。

"那又是为什么？"

"其实，你心里比我清楚，就是不愿意说。"朱荣光忧郁地看着林芩。

林芩低下头，拨弄着手指，已经明白了朱荣光想说什么，有些紧张。

"如今处处是挑战，"朱荣光声音低沉，看着地面，"国际竞争、国际经济衰退、内部三心二意、各种利益纠结，这么多矛盾，这么大一个摊子，如何应对啊，可朱颐又不争气，不懂事，"他停顿了片刻，"你知道吗，我刚才在罗勃特办公室里感觉到了什么？"

"不知道。"

"就觉得像世界末日到了。"

林芩沉默了，意识到朱荣光讲完这些铺垫之后就会引申出一个更沉重的主题，这个主题一定和自己有关，而且沉重的难以承受。

"现在，家里、荣光集团里，唯一不让我操心、还能为我分忧的，只有你一个人。"

"爸爸，不要再说这些了，要女儿做什么，只管开口。"

"好，你大概已经猜出我想说什么了，"朱荣光凝视着林芩，郑重其事地说，"只是要委屈你了，更恰当地说，要你作出牺牲了。"

林芩浑身一颤，知道朱荣光想要说出自己最不愿意听、也最不愿意接受的事情——她将一辈子被苦难吞没。

"和朱颐结婚吧。"朱荣光终于说出来了。

林芩的眼泪充满了眼窝。

"我求你了。"朱荣光眼色混浊。

"朱颐和齐燕春节回来就要订婚了，"林芩的面色阴沉，"他们已经推迟了，我和王毅也确定了婚期，爸爸，这事都是你同意过的呀。"

"我是说过，也答应过。我也知道，我如果改变主意的话，会伤害四个人，很没有人性，而且朝令夕改，说了不算，没有诚信。"

"不要这么说，女儿听了心里也难过。"

"也只有你会首先想到我。"朱荣光难过地说，"可是，除此以外，我还有别的办法吗？"

林芩的眼睛里闪动着晶莹的泪珠，非常痛苦，不情愿，却又很可怜朱荣光。

"我还是那句话，朱颐如果有半点拿得起来，我也不会……"朱荣光的眼睛红了。

林芩抑制不住，流下了眼泪。

"我不逼你，你回房间好好想想，除此以外，是否还有更好的办法，明天告诉我。"朱荣光站起来，向林芩欠身，示意她可以离开了。

林芩告辞了，快走到门口时，背后传来朱荣光的声音，"等一下。"她急忙转身，看着瘫靠在沙发里的朱荣光。

"芩芩，"朱荣光看着林芩，真诚地说，"不管你做出什么结论，我百年之后，荣光集团有一大块股份是你的，还有一笔存款，我和你妈妈把有关文件都已经做好了，而且经过了公证，不经过你的书面同意，我们不能撤回。我回去后就把有关文件交给你。"

"爸爸……"林芩抽泣起来。

"去吧。"朱荣光挥挥手。

林芩抽泣着回到自己的房间，躺在床上，瞪着眼睛看着天花板，和王毅亲密相拥的镜头一幕幕出现在眼前。她想，此时，王毅一定在做结婚的梦，在扳着手指头数日子，翘首盼望，迎接新娘。他无论如何也不会想到，千里之外正酝酿着一场飓风，会把他的梦撕碎，把他的泪吹干，甚至把他的生命摧毁。她看到她和王毅的心粘在一起跳动，突然，心被撕裂开来，血肉模糊，王毅凄惨地哀号、痛哭，泪如雨下。

林芩的眼泪也顺着脸颊往下淌，她没有擦，也不抑制，而是任凭它宣泄，任凭它带走心间的悲痛，减轻心头的负荷。她首先想到，无论如何要维持住自己和王毅、朱颐和齐燕的婚姻，因为……这没有理由好讲，也没有必要讲理由，可是，她又问自己，这样做的结果会是什么？毫无疑问，荣光集团会分裂，历史上让人们津津乐道的血缘宗亲为了利益互相仇恨的故事很有可能会重演，到时候，谁会去辩白其中的"是"与"非"、"正义"和"非正义"，谁又会去心平气和地议论谁更能代表先进的生产力？！而且，这无疑也是朱荣光、钱淑芬最担心的后果，最不忍心吞咽的苦果。

可是，林芩又不甘心顺着这条思路得出自己最不愿意接受的结论，她反复问自己，难道除了接受朱荣光的安排外，再也没有别的出路了吗？再也没有别的办法可以满足和兼顾方方面面的要求了吗？林芩想了许久，想不出来，一直瞪眼到天亮，智慧的脑袋就像被卡住了似的……她意识到，无解就意味着没有别的路，自己、王毅、朱颐、齐燕、朱荣光、荣光集团、等等，其间的利益冲突是无法兼顾与调和的……她急出了眼泪，深切地感受到朱荣光的底线是那么狭隘，而且顽固，正是这条底线，使许多问题的处置失去了有利时机、回旋余地，使许多原本可以缓和的矛盾激化了……顺着这条思路下去，结论是很明晰的，她是否应该勇敢地抵制呢？她不流泪了……可是，忽然，她的思绪出现了逆转，她又想到，朱荣光的苦心难道仅仅是出于一己之私吗！存在决定意识，荣光集团的利益和发展牵涉到国家、百姓的利益，在特定的环境里，朱荣光的一些理念也需要理解，更何况，朱荣光对自己恩重如山……她动摇了，心软了，心酸了，原来的执著崩塌了。

　　林芩迷蒙中觉得王毅死死地抓住她的双手，哀求着，她断然掰开他的手，他一声凄厉飞速远去，顷刻间化成一个黑点……林芩惊醒了，发现房间里空荡荡的，天已经亮了，她急忙起身，对着镜子一照，发现眼睛微肿，里面布满血丝，于是急忙走进卫生间，细心清洗，精心化妆，尽量掩饰住悲伤、疲惫、红肿，不让朱荣光看出自己在做决策时所经受过的痛苦、煎熬。

　　林芩走进餐厅，看到朱荣光已经坐在一张圆桌前等候了。朱荣光面容枯焦疲惫，眼睛通红，也是一夜未眠。

　　朱荣光盯着林芩，没有开口，想让林芩自己说。

　　"爸爸，我答应你。"林芩微笑着坐在对面。

　　"芩芩，"朱荣光感激地发抖，"我对不起你爸爸。"他轻声呼唤起来，"大哥呀，你是哪辈子修得福啊，生出这样一个深明大义的女儿。"

　　林芩微微作抖，极力控制住自己的情绪，一会儿就平静地像没事似的。

　　"你想说什么就说什么，想做什么就做什么，你越是平静，我越是不安。"朱荣光真诚地说。

　　"我是自愿的，我没有什么要说和要做的。"

　　"王毅那里呢？"

　　"我会和他讲的，会处理好的。"

　　"这事恐怕只有你能解决得好。"

　　"你放心，我不会让他离开瑞士研发中心的。"

　　"朱颐和舅舅那里的工作我去做，做得通得做，做不通也得做。"朱荣光轻轻捶着桌面。

　　朱荣光振作起来了，露出了久违的微笑，提出多逗留几天，要林芩陪他去附近城市溜达。朱荣光是军人出身，对大海、深蓝海军、全球一体化的梦情有独钟，他提出去圣地亚哥科罗拉多岛和军港，参观"中途岛"航空母舰，零距离感受航空母舰是怎么回事，尤其是"中途岛"，与这个岛屿相关的海战的故事、影片，他读过、看过许多遍，切斯特·尼米兹的精湛布局让他起敬。如今，海洋上有许多航空母舰、商海里也有许多"航空母舰"，自己的"舰队"正在等待他调整航向。

林芩笑着说，自己也有这个想法，一来期盼中国的航空母舰早日起航，二来希望荣光集团再次起飞。此外，她还想让朱荣光感受到，他的任何一项决策都没有给她带来过实在的伤害，她是愉快地顺从的。

……

林芩照应着朱荣光攀登上岸边的舷梯，通过灰色的舷桥，踏上航空母舰的船舷，走上飞行甲板。甲板冲向前方的海空，上面停放着好几架飞机，指挥塔直冲蓝天。天空漂浮着厚厚的云彩，云彩的缝隙中露出一片蓝色。林芩激情洋溢，幻想着自己坐进了机舱，正准备起航，冲上天空。

不远处的海滩上，绿色的草地和蓝色的大海相互映衬，水兵和情侣相拥的塑像矗立在草坪上，高大而永恒。林芩一阵苦涩，知道自己的婚姻里不会再有爱，只有冷淡和煎熬，就像天空的阴云，低沉而永恒。林芩没有心情欣赏眼前的塑像、海湾、头顶的云。

"踩在这上面，"朱荣光眯细着眼睛看着前方，"你就能感受到，科技、资本、实力决定了国家、企业、人民、个人的自由空间。"

"挑战无处不在，压力无时不在。"林芩感慨地说。

"所以，我不敢大意啊，荣光集团就像一支陈旧的舰队，是到了该脱胎换骨的时候了。这里面有技术问题，可能不仅仅是技术问题。"朱荣光看着林芩，注视着她的表情变化。

"爸爸，你放心，女儿会全力以赴的。"林芩回避着朱荣光的目光。

"不瞒你说，昨天的那两块材料对我打击很大，我一下子苍老了很多，直到今天早晨起床，还有点萎萎颤颤。医生一直嘱咐我要多休息，当心毛病再发，我也是这么想的，可就是没有想到，在这个节骨眼上，老天爷还交下来这么一摊子又重又难的事。"

"爸爸还很年轻，在我的眼睛里，这个世界上就没有爸爸越不过去的山，爸爸是我们心中永远的主心骨。"

"别开玩笑，没有人能斗得过老天爷，"朱荣光微笑着说，"竞争很无情，形势很紧急，给我们的时间不多，恐怕只能用年，甚至用月来计算。我耗尽精力堆砌起来的几十个亿资本、设备几乎要推倒重来，我从来没有感觉过憔悴、力怯，即使那次轻度脑溢血……"他停顿了一下，似乎很不情愿，"可是，昨天，这种感觉都有了。"

"如今是刀架在脖子上了，无路可退。"林芩很坚定。

"退就会崩溃，就是死亡。"

"我会竭尽全力敦促王毅加快进度的，同时，开始制定工作规划、步骤、人才储备，只要王毅一拿出最新的样品，就立即转为模拟常态条件生产试验，尽快转化为生产力。"

"很好，不过，有一个问题你不要掉以轻心。"

"是舅舅那里？"

"是的，你要低调，现在ZQ材料公司的人对你和王毅的工作太敏感。"

"很好理解，他们都是开发ZQ材料的有功之臣，他们的荣辱都凝聚在ZQ材料上，即使现在，我们也还在吃他们打下的老底子。"

"他们是既得利益者，他们以为，彻底否定ZQ材料就等于彻底否定他们，彻底裁撤舅舅的势力，其实，他们忽视了，他们的荣誉和利益会随着ZQ材料退出而退出的。任何事物都是发展的，不进则退，一退则亡。"

"他们应该理解，上ZL系列新材料恰恰是在拯救他们，而且，舅舅和他们也是积极力量，和我们只是认识上的分歧，我相信，只要我们充满善意地帮助他们转型，他们会转变的。"

"有你这么说，我就放心了，"朱荣光感激地看着林芩，"说实在的，我也经常在想，内部不团结，怎么能抗拒海上的风浪"

"这不是光想的问题，而是要做，我发誓，我不会拉下和歧视他们中的任何一个。"

"太好了，这可以减少很多阻力。不过，在处理具体问题时，要小心，要有耐心，有些人可能一下子转不过来，比如，现在就有人提醒我，别招惹他们，那些人正在酝酿起事，准备把事情闹大。"

"他们想怎么闹？"

"集体请辞，停工，等等。"

"呵呵，"林芩笑了笑说，"谁在挑头？"

"还能是谁？"

"韩贵？"林芩眼睛里闪着光。

"你怎么猜到的？"

"谁不知道？我了解这个人的性格，他是最早跟着舅舅打天下的人，我翻阅过集团的历史照片，当初起步时，他就站在你和舅舅身边，最困难的时刻也没有离开过。"

"当年我们躲在外面时，舅舅坚守在公司里，韩贵寸步不离地陪伴着，还兼任贴身保镖，一身鹰爪拳让舅舅多次化险为夷，忠诚可嘉。"

"是个忠义之士，我喜欢这样的性格，这样的人。这样的人一旦明白事理后，依旧是最可靠、最积极的力量。"

"舅舅也是恋旧嘛，"朱荣光坦诚地说，"毕竟是一批生死与共的兄弟，而且，目前巨大的国内市场还支撑着他们，所以，你现在做的事，投鼠忌器呀。"

"女儿记住了。不过，在全球化浪潮中，占领国际市场是我们永恒的主题，不能被打回来寻求内需，只有这样，百姓才能同步、同等的享受进步和发展。"

"说的太好了，比我年轻时有气魄。"

"我们这一代是站在你们这一代的肩膀上做事的。"

"可是，不是每个人都站得上去的。"

"不管发生什么事，"林芩走近一架飞机，抚摸着机身，"只要一加进个人恩怨、个人利益，就会变得复杂，就会被曲解，就会带有情绪，就会被放大，其实，我图什么呀，"她笑了笑，"我来去无牵挂，除了集团、爸爸、妈妈，今后可能有个儿子，什么都是过眼云烟。"她故意不提朱颐。

"你放心，不管遇到什么事，我都会理解、支持你的。"

"我会想办法让舅舅，让他的一班兄弟转变看法，更新技能的，决不歧视一个人。"

林芹心头又浮现出王毅的身影，王毅的身影是那么黏稠、顽固，一有间隙就浮现出来。林芹下意识地吟诵起了拜伦的《唐璜》里的一段，可是当她看到朱颐近在咫尺的身影时，急忙闭紧嘴唇，不让声音再发出来。林芹有些不安，她担心王毅会冲动，失去理智，虽然王毅一再向她发誓和保证，他是诚心诚意来祝福的，不会闹，不会恨，只有愉快，可是，她太了解王毅了，知道王毅对她的爱是刻骨铭心的，不相信他会那么大度，能把感情控制得那么好，她只相信，男人在爱情上的自私和排他性能使灵魂中最原始的野性膨胀到极端，这种极端让人激动，也让人胆战。她静静地思忖了一会，想出了一个办法，打电话给韩贵，要韩贵多多"关照"王毅。

婚宴被安排在Fira小镇附近的一个酒店里。酒店并不豪华，进门是一个露天葡萄园，两米多高的红色葡萄架上叠着茂密浓郁的枝叶，葡萄园边沿上有一个二楼高的空中走廊，红色的柱子和栏杆被葡萄藤覆盖，空中走廊的阶梯在葡萄园大门外的一侧。穿过葡萄园是一个大堂，一长溜宽敞的玻璃窗对着大海和纳亚·卡美尼火山岛。大堂上是一大片玻璃天棚，支撑天棚的是许多红色的柱子，每根柱子底下都长着一到三棵葡萄，绿色的藤蔓顺着柱子往上攀延，又沿着横梁四处攀爬，浓浓密密地爬满了每一根横梁和每一根立柱，还垂挂下来，撩着人们的面颊。整个酒店就像骑在一个巨大的怪兽背脊上，看着"尾巴"由粗变细最后一个拐弯把末梢抛进海里。

宴会没有特别的仪式和程序，许多时候由着客人的兴致来，林芹也没有披婚纱，而是穿着一件贴身紫红色的旗袍。林芹的朋友们簇拥着林芹和朱颐来到葡萄园里嬉闹，照相机的闪光如闪电，此起彼伏。

林芹满脸微笑着把朱颐介绍给每一位朋友，笑容里洋溢着恩爱、甜蜜、忸怩、幸福。朱颐也是满脸微笑，笑容可掬。朱颐的形象英俊，只要不和他深入交谈，他的仪态绝对配得上林芹，可以说是天生一对。同学们心里多少有点"硌碜"，许多人都知道林芹和王毅的故事，还赠送过祝福礼物给他们。

凯瑟琳来了，捧着一簇鲜花，恭敬地献给林芹，还说了一些祝福的话。林芩接过鲜花后，用余光搜索着门外，想发现王毅。韩贵立即明白了林芩的意思，用大拇指悄悄地指点了一下空中走廊，林芩微微点了一下头，放下心来。

王毅孤零零地待在空中走廊里，掩隐在葡萄藤丛中，悲戚地注视着下面。王毅来到这酒店时，韩贵在葡萄园大门外的车道边拦住了他，告诉他，是林芩吩咐自己专门来此等候的。王毅立即就明白了韩贵的意思，知道林芩不放心他，激动起来，却很克制，他想到，如果进去的话，林芩一定会感到尴尬，而且自己也会很难受、很屈辱，无法把握分寸，可是，他又想看到林芩，想亲眼目睹林芩的真实情感和感受，想见证林芩是否忘记了给过他的承诺——在自己的中心留出一个大大的空间给他。他希望林芩的幸福是假的，微笑也是假的，他能清晰地辨认出林芩微笑后面的痛苦，哪怕很淡。韩贵见王毅犹豫不决，就给王毅出了个主意，去空中走廊，在那里俯瞰。韩贵又请酒店服务生给他送上去了酒、点心、肉食、水果。

客人们没有察觉出林芩内心的波动，依旧欢闹。西方的婚宴气氛是庄重的，中国的婚宴文化饱含着"作弄"，林芩若无其事地任由他们嬉闹。

晚宴是个冷餐会，摆着朱颐特别点的Santo Assyrtiko白色和红色的葡萄酒。葡萄酒在灯光下显出珍贵的晶莹色和庄重的琥珀色，窗外光线呈暗紫色，清洁地如洗过一般。

王毅目不转睛地盯着林芩，看着她在人群里嬉笑，可每当她的余光扫过来时，他都能捕捉到一缕哀伤，他很难受。"一个坚强的王毅永远让我敬重、思念。"林芩的话音又在他的耳边响起，他追忆起来，尽管很痛苦：

林芩从洛杉矶来到苏黎世，告诉王毅，她已经答应爸爸了，要和朱颐结婚。林芩的语气很简短，却很干脆，王毅顿时觉得天旋地转，天要塌下来了。

"你不爱他，他也不爱你，你和他不配啊。"王毅歇斯底里地叫喊起来。

林芩很痛苦，却很坚定，不拖泥带水，也没有回旋余地。

"难道我们之间就结束了？"王毅又喊道。

林芩开始抽搐，痛苦地发抖，没有丝毫缠绵和不舍，半晌，说："我不想说任何缠绵的话，也不想说后悔，我这样的人原本就不该自由恋爱，我们之间原本就不该相爱。"

"我听得出来，这不是你的真心话，我也看得出，你内心很痛苦。"

"让一切都过去吧，"林芩平静地说，"不要怪我没有人性，我不会忘记你的，还是那句话，会在我心里为你留下一个大大的空间的。"

林芩要返回中国了，临走前特意买了一盆火色的三角梅送给王毅。王毅知道她的意思，深情地把三角梅抱在怀里，就像拥抱住林芩，眼泪滴落在花瓣上。

"一个坚强的王毅永远让我敬重、思念。"林芩吻了一下王毅。

凯瑟琳的眼睛很尖，一下子看到了王毅，因为她研读过王毅的信息，见过王毅的照片。打心眼里说，凯瑟琳也不希望林芩和王毅走得太近，她在给自己老板的一份报告中分析说，林芩和朱颐的婚姻稳定对他们最有利，因为，这种稳定能使荣光集团未来的管理层比较稳定、清晰，可以有共同语言谈论合作投资ZL系列新材料的事；如果是林芩和王毅、朱颐和齐燕结婚，荣光集团未来的管理层就会不稳定，林芩很可能会离开荣光集团、会出局，合作投资就会变得不确定，至少不能和林芩商谈此事了，因此，眼前的景象让凯瑟琳多少有点宽心。

凯瑟琳趁着别人围住林芩、朱颐做游戏时，用一个托盘装了半瓶葡萄酒、两个酒杯和一些点心，悄悄地移到大门外，走上空中走廊。

王毅察觉到有人走过来，扭头一看，是个陌生的混血女人——凯瑟琳，而且，凯瑟琳的神态告诉他，是冲着他来的，他疑惑地看着凯瑟琳。

"你好，林芩的朋友？"凯瑟琳呈上托盘，"也是从瑞士来的？"

"是的，谢谢，"王毅只拿了一片面包，"你是……"

"我叫凯瑟琳，也是林芩的朋友。"凯瑟琳把托盘方到栏柱上，斟好酒，递上，"为什么不下去？"

王毅不说话，接过凯瑟琳的酒杯。

"林芩是个很好，很少见的女人，我和她相识不久，却已经很投缘了，被她吸引了。"

王毅点点头，脸上掠过一丝痛苦，下面传上来一阵欢闹，王毅的脸揪得紧紧的。

"从相书上说，林芩是帮夫相，旺夫命。"

"是的，"王毅注视着下面，喃喃地说，"哪个男人错过了这次机会，哪个男人一定会终身悔恨的！绝对没有下一次。"

"让男人终身后悔的女人不多，不过，像你这样优秀的人，错过了，也会让女人后悔一辈子的。"

"你怎么知道我？"

"我会相面，呵呵。"

"那里很热闹，"王毅没有接着凯瑟琳的话题继续下去，而是委婉地说，"我想一个人待在这里，安静一会。"

"我也是一个人，和其他人不熟，夹在里面也有点尴尬。"

"不过，你随时都可以下去热闹一下。"王毅的语气冷漠，却平和。

"你也一样，"凯瑟琳微笑着说，"最好也下去一下，否则，一个人待在这里被大家看到了反而不好。"

"没事的，他们会理解的。"

"我相信。"

王毅不由点了一下头。

"你的为人让我敬佩。"凯瑟琳的语气真诚。

"我和她是朋友，希望她幸福。"

"我也是。"

王毅默默无语，注视着下面。

"女人有你这样的朋友是一生的幸福，"凯瑟琳感慨地说，"不要多，一个足以，我是一直想有这样的机会，就是没有。"

"这类事，可遇而不可求，刻意追求就会变味。"

凯瑟琳沉默了。

一阵喧闹传上来，是许多人在起哄，要林芩和朱颐"接吻"，林芩羞涩、忸怩地推辞着……王毅把脸扭向一边……忽然，喧闹声平静下来，王毅奇怪地转回脸，看见司仪走进来，步履庄重，手里拿着一份印制精巧的《誓言》，要进行最神圣的仪式——宣读《誓言》了。

王毅的脸绷得紧紧的，他看着林芩和朱颐并肩走到司仪面前，停住，他想看到林芩扫过来的目光，或者余光，可是，没有，林芩专注着司仪，神色庄重、认真。

司仪稳稳地打开《誓言》，用英语，用缓慢的语速念了一句，林芩、朱颐复述一句：

We understand:
Love should be constant and patient.
From now on,
We vow to be loyal and dependable to each other.
For better, for worse,
For richer, for poorer,
In sickness and in health,
Till death do we part.

每一句话都像钢针在刺戳王毅的心，王毅痛苦地用手捂住自己的面孔，浑身发抖，这本来是他的机会，应该是他站在那里对林芩宣读誓言，听林芩对他宣读誓言。

凯瑟琳静静地陪伴着，看到王毅浑身抽搐，眼泪从他的手指缝隙里渗出来，知道他此时痛苦万分，犹如心在被人凌迟。

宣读《誓言》后，服务生呈上酒杯，示意林芩、朱颐喝交杯酒，掌声四起……

"走吧，"王毅悲痛地说，"我不想再看了。"

凯瑟琳陪着王毅走下空中走廊，来到大门外很远的地方，王毅望着远处，眼睛里噙满了泪水。

"听说，"凯瑟琳想转移王毅的思绪，小心翼翼地说，"你们瑞士基地的试验很成功？"

"是的。"王毅机械地应答着，无法释怀心中的悲伤。

"荣光集团又会迎来一个飞跃。"

"嗯。"

"已经进行到什么程度了。"

"试验已经在昨天晚上顺利收尾了。"

"这意味着能够在常态下生产了？"

"对。"

"稳定吗？"

"质量很稳定、各种生产参数都很稳定，以后只要输进电脑程序，电脑就能自动控制。"

"工艺流程也就等于设计好了？"

"是的，不过，为了可靠起见，我们还想再模拟一次，测试几个数据。"

"如此精益求精，你们的ZL系列新材料的质量一定很有竞争力。"

"从分子结构和原材料特性来说，比ZQ材料强得多。"

"我听说，它的优势就在于分子结构……"凯瑟琳流畅地述说起来。

"这个女人到底是谁，"王毅吃惊地看着凯瑟琳，心里嘀咕着，"为什么用词这么专业，对新材料的分子结构那么精通？"

凯瑟琳不断地向王毅请教一些问题，不过，她的提问很有分寸，只谈基础理论，不打听核心工艺，因为基础理论在国外杂志上多有介绍，而核心工艺将涉及到专利秘密。

王毅像遇到了知音，一下子激奋起来，不再拘谨，话也多了，可是，他对技术问题也是点到为止。

林芩发现王毅和凯瑟琳已经离开了空中走廊，猜想凯瑟琳一定会陪在王毅身边，她马上想到，凭着凯瑟琳的性格和能力，王毅一定不会"冷场"，能和王毅攀谈，而且又是在王毅心情很糟、情绪波动的时候，能谈些什么呢？林芩心里一亮，跃出了一个念头——只有ZL系列新材料，眼下，只有那串枯燥的化学名称才能引起王毅的兴趣。除了王毅，如果还有人对那串化学名称感兴趣的话，那一定是和ZL系列新材料有利益关系的人，这说明凯瑟琳是个"有心人"，一开始就是冲着ZL系列新材料来的，而且训练有素，研读过许多资料，包括自己的行为举止、社会关系。如果这个推断是正确的，那么，接下来需要弄清楚的问题就是：凯瑟琳是谁？是在为谁工作？幕后的人又是谁？他们想干什么？

窗外一片漆黑，大地上密密麻麻地亮着灯星，一直撒到"尾巴"末梢。葡萄园内灯火明亮，客人们露出醉态，东倒西歪，摇摇晃晃，朱颐也有些醉意，林芩却格外清醒。

林芩回到酒店，安顿好朱颐，就接到王毅的短讯，希望她能够出来，他已经在楼下等候了。林芩换了一身宽松的运动衫走下楼，走到马马拉小街上。

王毅迎面走来，激动地说不出话，两眼闪烁着光芒。

"你还是来了，我刚才看见你了。"林芩温柔地说。

"没有惹你生气吧。"

"没有，"林芩平静地说，"我很感激，能参加前女友的婚礼，又祝福她幸福的人很少，只有在小说里才有。"

"不，我是人，你又是个能让人思念一辈子的女人，世界上没有一个女人能和你比，因此，我不可能很高尚。"

"走吧，别说了，"林芩挽起王毅的胳膊往前走，"就顺着马马拉小街一直走下去。"

"我没有其他祈求，只希望你不要忘记我。"

"我会的，可是，我听得出来，你还是没有原谅我。"

"为什么要原谅，"王毅止住脚步，凝视着林芩，"我爱你，因为我知道，你也爱我。"

"你知道吗，说这样的话只能让我们更很痛苦。"

"我愿意，这种痛苦是我生命的一部分，一天也不能缺失，我也不愿意让它消失，我要保留一辈子。"

林芩猛地一颤，眼睛里盈满了泪水。

"只要你一天不是真的爱他,就意味着你心里的那片空间是留给我的,我就一天不会放弃,真的,一天不会放弃。"

林芩避开王毅的目光,转向漆黑的海面,迈开脚步,王毅紧紧跟上,默默地走了一段路。小街变窄了,钟楼矗立在眼前,指针依旧停在11点半上。林芩停住脚步,持久地凝视着钟,心中的故事又像电影一样一幕幕地涌现出来,掐也掐不断。

"钟停了?"王毅扫了一眼,有些忧伤。

"现实和故事一样残酷。"

"什么是现实?钟停了,生命就结束了!难道现实就是要我和你生离死别?!只有来世再相逢?!人有来世吗?!"

"好好对待你的妻子吧,这就是命。"林芩悲戚地说。

"我不会亏待她,可就是不能给她爱。"

"听说你打过她?"

"轻轻一下,因为她飞扬跋扈,还把那棵三角梅摔了。"

"你……"林芩激动地说,"我没想到你会那么粗鲁。"

"那三角梅是你的化身,我天天看她,要看很久,要和她说话,还要吻她,就像看着你,和你说话,吻你。"

"如果是这样,我就更不安了。"

王毅双手搭在林芩肩头,凝视着林芩,说:"你记得拜伦在《唐璜》里的一段吗?第四章37—42节。"

"让我想想。"林芩思索着,回忆着。

王毅一边回忆,一边吟咏:

唐璜从墙上摘下宝剑,对着海蒂的父亲兰勃洛,热血沸腾,准备决斗。兰勃洛镇静地拔出手枪,查看了打火石是否可以点燃,而后推上扳机,对准唐璜。

海蒂扑到唐璜身上,喊道,让死亡来找我吧,是我的错,我许给了他……

王毅哽咽了,林芩也是泪流满面,两人相视而泣……王毅停止了哭泣，轻轻捧起林芩的脸，深情地吻了一下，微笑了，不想再用忧愁、思念、眼泪、责怪来折磨心爱的女人。

"不要这么说我爸爸，"林芩打破了沉默，"他也很无奈，他的责任重大。"

"我知道，可就是无法原谅。"

"你们研究小组新招来的博士工作好吗？"林芩突然提出了一个新问题。

"不错。"王毅愣愣地看着林芩。

"多带带他，给他机会，他很年轻。"

王毅点点头，脸色阴沉，复杂。

"你好像很委屈？"

"是的。"

"安排他来，你没有充分和我沟通。"

"我知道你担忧什么？"林芩严肃地说，"这不完全是我的意思。"

"也有你的意思？"

"是的，"林芩很干脆，"你是在怀疑我，怀疑荣光集团不信任你了？"

"不，"王毅激动地说，"只要是你的意思，我都认可，我只想知道，为什么。"

"听着，"林芩沉吟了片刻，稳稳地说，"没有一家公司会把关系公司生死存亡的事务系在一个人身上，只通过个人友情去维系，"她的语气变得坚决起来，"涉及公司利益的事，得按公司规矩来，我要对公司负责，就得这样做，规矩面前人人平等。"

"我明白了，我会带好他的。"王毅仰天而叹，"谁让我对你那么痴情的，对你，永远不知道什么叫恨，什么叫悔。"

"你原谅我了？"

"我理解你，"王毅婉转地说，"你是在瑞士待了很长时间的人，知道什么是法律，什么是规矩，什么是互相制约，只有制约才不容易发生越制，才有公平，才能保持持久的稳定。"

"别忘了我。"林芹激动地展开双臂想拥抱王毅,可突然又停住了,慢慢垂下手臂,轻声说,"什么时候都不要忘记我。"

"一定的,"王毅直勾勾地看着林芹,"我想提一个要求。"

"你说吧。"

"请你再对我说一遍,'我爱你'。"

"我心里说可以吗?"

"不可以。"

"哪有新娘在蜜月里对丈夫以外的男人说这样的话的!"

"按照上帝的意愿,你的丈夫应该是我!而且,既然你心里已经说了,为什么不能让我的耳朵听到呢?我要用耳朵听到,这样,我会更幸福的。"

"难道还有什么比心声更真切的吗?"

"没有,可是……"

"你不要逼我。"林芹打断王毅的话,心像被刀在剜割。

"这一辈子,请允许我逼你这一次。"

林芹凝视着王毅,片刻,深情地说:"我爱你。"

"我听到了,'我爱你',"王毅兴奋地抱起林芹,发疯似的转起圈来,"我也爱你。"

"看你高兴的,就像你在结婚。"

"对的,我就是这样认为的,因为我相信我一定有这个机会,哪怕永远只存在于心里、精神世界里。"王毅放下林芹。

林芹被转晕了,摇晃着倒在王毅的胸怀里。

"有一件事想提醒你。"王毅认真地说。

"说吧。"林芹站稳了。

"凯瑟琳不简单,对ZL系列新材料的了解超过常人,对你、我、其他人的关系很关注,而且很熟悉。"

"我也注意到了。"

"那就好。她到底是谁?想干什么?"

"现在还不清楚,至少看不出恶意。"

"她和我谈了很多,我也想更多地了解她,不过,我始终回避谈核心工艺问题，她似乎也不在乎。"

"这说明，她的背后可能是个投资人。"林芩推测着。

"还有，她特别关心你的婚姻。"

"在过来的渡轮上，她已经和朱颐交谈过了，现在，该知道的她都知道了，我想，她应该有了自己的判断。"

"不可思议。"王毅摇摇头。

"不管她，我们还是谈ZL系列新材料的试验吧。"林芩转过身，有意识地引着王毅往回走。

"好的……"王毅向林芩详细地汇报了ZL系列新材料的试验情况。

林芩听完王毅的汇报，又闲聊了几句，就来到了酒店门口，于是停住脚步，说："天色不早了，早点回去休息吧，明天还要赶回瑞士。"

王毅紧紧地拥抱住林芩，疯狂地吻着，依依不舍。"我不想让你回到他的房间，他的身边……"他在林芩的耳边反复念叨着，持续了很久，忽然，他松开了林芩，一扭头，毅然离开了。

林芩目送着王毅远去，消失在黑夜里，接着拿出手机，向朱荣光报告了试验情况，并且谈到了凯瑟琳。

"不出所料，呵呵，"朱荣光轻松一笑，"一定要弄清凯瑟琳的底细，如果是善意的，不妨和凯瑟琳谈，只要能投资生产ZL系列新材料，都欢迎，还有，除了大股东的位置以外，什么都可以谈。"

朱颐一觉醒来，发现还是半夜，房间里一片漆黑，他张望了一会，觉得房间里只有自己，椅子上是林芩换下来的旗袍，于是跃身坐起，愣愣地坐在黑色里。他坐了很长时间，不见林芩回来，猛地想起来了，韩贵对他说过，王毅要来。

"对，一定是去会王毅了。"朱颐狠狠地迸出一句，烦躁起来。以前，即使在这次出发前，林芩要去会见王毅，他都能理解，都能容忍，可这次却不知道为什么，神经质似的无法忍受，他有一种恐惧，觉得林芩的心正在离开他——女人要离开她的男人，首先就是从心开始……此时，在他的潜意识里，最担心的就是失去林芩，而且这种担心比以往任何时候都强烈。

朱颐焦躁起来，又觉得羞辱，抓起电话，想叫林芩快点回来，就在要拨号的一刹那，却一咬牙，拨通了凯瑟琳的电话，当电话里传来一声柔媚的问候时，朱颐控制不住了，马上送过去了一个甜甜的问候，声音柔软得可以和一颗融化的巧克力媲美。

凯瑟琳的回应声里，糖分更浓。

林芩收起手机，独自站在酒店门口，沉浸在夜色里，望着王毅远去的方向，思绪又回到了决定她如今一切的那一刻：

美国之旅结束了，在洛杉矶机场，朱荣光等候飞机直接回国，林芩准备去瑞士，朱荣光要她和王毅好好谈谈。

"你放心，我会的，我知道该做什么。"林芩的声音坚定，却有些凄婉。

朱荣光闭上眼睛，突然，眼角里渗出了泪水。

"爸爸，你怎么啦？不舒服吗？"林芩关切地问。

"你不会恨我吧？！"

"为什么要恨爸爸？"

"爸爸剥夺了你的幸福，很难过，不仅是为自己难过，也是为你，为你父亲。"

"为什么要为我难过，"林芩微笑着说，"你看，现在，我自己都不难过了。"

"我知道，可是，你心里并不好受，你越是表现出乐意，我就越难过。"

"说实话，我现在已经很平静了。"

"你不要骗我，我是看着你长大的，你的每一个表情代表着心里的什么活动都瞒不过我。"

林芩的眼睛里盈满了泪水。

"我真的很不忍心，我……我真的是一点办法也没有，但凡我有一点办法，绝对不会干涉你的婚姻。"

"为了爸爸，女儿这样选择是应该的，是幸福的。"

"你这么年轻就知道忍耐，"朱荣光流下了眼泪，"担当、牺牲，很难得，我过意不去啊。你早早地卷进了荣光集团的是非漩涡，忍受责难，经受攻击，还要和一个配不上你的男人结婚……"他哽咽了。

"朱颐是我的哥哥，我和他有感情，而且都是爸爸的孩子，怎么能说配得上配不上呢？我会适应的。"林芩擦干眼泪。

"你真的能原谅我吗？"朱荣光像在乞求，"我真的是没有别的选择，才让你受委屈的呀。"

林芩极力制止住眼泪，不让它再涌出来。

"外面还有许多人在中伤你，妒忌你，说你交了好运，坐享现成的江山，富有，可是，又有谁知道，你的心在流血。"

"我个人的得失是小事，随便他人怎么说，我都扛得住，愿意扛。"

"我回去以后就开个董事会，任命你一个重要职务——荣光集团执行董事。"

林芩没有接话，不知道如何说好，甚至不知道是否应该表态。

"对这个安排有意见吗？"

"爸爸怎么安排我都接受，而且会尽力做好，只是，不知道舅舅他们会怎么看。"

"你要相信我的能量，"朱荣光坚定地说，"我会和董事会讲清楚的，我要让他们知道，面对荣光集团里里外外的各种利益势力的互相挤对、理不清切不断的亲情世故，只有你才能应对，让人信赖，因为你忠诚、能干、智慧，而且已经为此付出了巨大的代价。"

朱颐觉得热，额头上渗出汗水，斜靠在床头上，紧紧抓着手机，刻意按照他读过的一本"经典"的指点，不时地调节说话的节奏、语气、内容，想稳稳地抓着凯瑟琳。

那本"经典"的名字叫《如何追心仪的女孩》，是国内一位著名的青春派作家的杰作，连续三年排列在"年度十大畅销书"内。书中罗列了几十种男人最能打动女孩子心的行为、举止、谈吐、仪态、环境。朱颐清晰地记得，书中提到过，女孩最容易被撞击出爱情火花的环境是，和男人单独相处在一个幽静的与世隔绝的空间里，在这种空间里，女孩

会觉得孤立、弱小、害怕，想寻找依靠，男人就成了她生命的支柱。因此，男人要做的就是，如何把女孩子哄进那样的空间，只要能哄进去，就是一个好的开头，接下来，就应该陪着女孩子静静而缓慢地往前走，矜持而深情地看着她，用体贴的语言说些能打动她的故事，如果她表现出了羞涩，就轻轻地吻她，如果她不拒绝，就拥抱她。

朱颐接听着电话，把脑子里的两个活动区域决然分开，一个保持着和凯瑟琳聊天，一个则琢磨着在明天的行程里，哪里有这样的空间，这样的机会，怎么才能把约凯瑟琳约进这样的空间，他终于想出了一个办法，约凯瑟琳明天一起外出游览，再伺机寻找机会。朱颐果断地向凯瑟琳发出邀请，凯瑟琳沉默了，朱颐急中生智，补充了一句，"林苓也有这个意思。"凯瑟琳欣然答应。

朱颐挂上电话，舒展了一下胳膊，躺下，重新闭上眼睛，不一会儿，思绪就飞向了另外一个混沌的世间：

齐燕毅然和朱颐断绝了一切往来，切断了所有的通讯联系，就像"人间蒸发"。朱颐万念俱灰，没有反抗就和林苓领取了结婚证书，可心里有恨，有怨。朱颐不敢把怨恨记在父亲身上，却记在了林苓头上。

林苓和朱颐领取结婚证书时，林苓微笑着向民政局办证人员表示谢意，这微笑就像一朵火花，迸到了朱颐心头，点燃了心中的怒火，很快就熊熊燃烧起来。朱颐决意报复，要伤林苓的心，要让她知道痛苦、后悔；还要伤朱荣光的心，要让他记住，这全是他逼迫的结果，是他应该尝受的报应。

朱颐想了许多方案，在网上查阅了许多资料，知道在外面"滥情"、"堕落"是最能打痛女人、最能戳伤父亲的，他还得知了那本热销书——《如何追心仪的女孩》，便通过网络买了下来，闭门研读了好几天，深得其中要领，每一个章节都能记住，许多警句都能背诵。这本书是朱颐这辈子读得最认真、收获最大的一本。

朱颐还找来一帮朋友，要他们牵线搭桥，去物色、认识姿色、风情、床上功夫了得的女孩，多多益善，还要求他们为他采办春药、伟哥、壮阳补肾的滋补品。他对那帮朋友说，"我爸是朱荣光，钱不是问题，出了事也不要你们负责，我自能搞定警察、摆平，关键是货色要好、要绝。"此外，朱颐还上网猎艳。

朱颐凭着自己的财气、相貌，勾搭上了十几个女孩，忙得他四面应酬，八方奔波，日夜颠倒，还玩失踪，一会儿千里迢迢地飞去上海与一个网上认识的女孩幽会，厮混几天后痛哭流涕地话别，一会儿又飞去重庆信誓旦旦，接着又去广州……

幽会时，朱颐总能出神入化地模仿"经典"中的技巧，惟妙惟肖地上演感人的故事，反复倾吐着"只爱你一个"的真情，感动得那些女孩如痴如迷，纷纷以身相许，有的还为他怀孕。

女孩们很快就发现朱颐是有家室的人，他的一切作为是在玩弄女人、玩弄感情、发泄心中的怨愤，是病态，有些女孩愤然离他而去，有些女孩却纠缠和威胁他，"如果不赔偿，就闹到你家里去，闹得你臭名远扬，闹得你父亲脸面全无，闹得你老婆不得安宁，闹得天翻地覆。"

朱荣光得知消息后发急了，想狠狠管束朱颐，可朱颐避而不见，依旧我行我素。朱荣光对朱颐的自暴自弃无可奈何，既恨又怜，也知道自己是始作俑者，有推卸不了的责任，他唯一害怕的是惊扰林苓，于是挺身出钱，为朱颐"擦屁股"，钱国强也悄悄替朱颐安抚了几个。朱颐和大部分女孩都断了，可有一个女孩让他揪心，藕断丝连，缠绵不绝，那个女孩叫小云，脸盘、鼻子、眼睛、嘴巴很像齐燕。

朱荣光恳请朱颐照顾一点林苓的感受，说："林苓是个纯洁、高尚的女人，男人的堕落是她最大的羞辱，她知道后一定不会原谅你。就你这德性，三辈子也不可能娶到林苓这样的女人，你要珍惜她，珍惜这一段婚姻。"

林苓对朱颐的行径早有察觉，非常痛恨和厌恶，许多时候只是埋在心里，默默地忍受，不想让朱荣光难堪，由此，也更增添了她对王毅的思念。林苓对朱颐很冷淡，几乎不和他行房事，有时候朱颐很冲动，林苓却表现出极度的恶心，坚决抵制。

朱颐在外纵欲过度，瞎混了一段时间后，气血掏空，失眠早泄，日夜疲惫，终于病倒了，在床上躺了很久。开始，朱荣光以为朱颐得的是性病、艾滋病，急得到处托朋友找医生，想尽快治愈，唯恐林苓受不了，坚决离婚。朱颐也怕得这样的病，活不长久，成天萎靡不振。

医生检查下来的结果还好，不是坏毛病。经过一段时间治疗，朱颐渐渐恢复了健康，不得不收敛许多。

林芩回到房间，打开落地灯，朱颐也不问她去了哪里，而是若无其事地哼起小曲，有一种报复成功的得意。林芩走进卫生间，对着镜子擦拭泪痕。

"他走了？"朱颐移动了一下身子，窝靠在床头上。

"走了。"林芩头也不抬地应答着。

"既然来了，"朱颐流露出轻蔑的微笑，"为什么不露面，不出席宴会？我不会介意的。"

"他们的试验相当成功，"林芩不搭理朱颐的话题，"证明工艺设计的思路是正确的、可靠的。"

"但愿他们一切顺利。"

"和凯瑟琳有联系吗？"林芩走出卫生间，擦着头发。

"没有。"朱颐回应迅速。

"你觉得这个人怎么样？"

"没什么，很热情。"

"但愿如此，只是……"

"只是什么？"

"我们一厢情愿。"

"你觉得她和我们相遇不是巧合？"朱颐把脸转向林芩。

"可能性很大。"

"她又能怎么样？你即不清楚核心技术，也没有权，她图什么？不会是同性恋吧，呵呵。"

"这好笑吗？"林芩不满地瞥了朱颐一眼。

朱颐一怔，不说话了。

"明天去哪里？"林芩换了个话题。

"韩贵说，红沙滩、酒厂，听说那里的风景特别美。"

"好的。"

"请凯瑟琳一起去。"

"你决定吧。"

2. 亲　情

林芩没有睡意，独自走到晒台上，扶着矮墙，依恋着眼前的一片黑暗，舍不去王毅的影子。

林芩的思绪又波动起来：

朱荣光催着林芩尽快结束在瑞士的学业和工作，回国履职。林芩回来后，在基层轮岗锻炼了几个月，经过考核，被特意安排到ZQ材料公司当部门经理，"掺沙子"。

ZQ材料公司是从ZQ材料事业部发展而来（和泛太平洋PE基金合资组成的中外合资企业），因此，继承了ZQ材料事业部的经营班底，钱国强是董事长兼CEO，骨干几乎全是他的铁杆子弟，尤其是韩贵。

对林芩的安排，钱国强知道朱荣光的用心，就是要把朱荣光自己的人安排进他的"王国"。钱国强对这个"用心"不满，可对林芩这个人选不排斥、不反对，因为林芩一向尊重钱国强，钱国强和林芩的关系一直不错，也支持她和王毅往来，从某种意义上说，钱国强还想找机会进一步"笼络"林芩。钱国强看得很远，林芩有过人的才智，讲原则、守规矩、有信仰、能自律，跨入中年后能量绝非一般，如果能把她发展成自己的人，他的势力就如虎添翼。不过，他也知道林芩的"弱项"，在处理、平衡、协调原则、规矩、信仰和人情世故的关系时，不够老到，有些生硬，过于教条，一句话，不够圆滑和娴熟，书生意气。然而，他也相信，只要假以时日，经过他的耐心调教，林芩一定能成熟起来，游刃有余。

林芩上任第一天，钱国强就领她参观新布置的"荣光集团历史展览馆"。展览馆占据了整整一个大厅，有1000多平方米。大厅进门正面，有个高出地面20厘米的大理石基座，基座上陈列着一口陈旧的大陶缸，陶缸里插着大半截露在外面的木头搅棍，陶缸背后的墙面上是一张巨幅黑白照片，简陋的一层瓦房跃然其上。钱国强告诉林芩，ZQ材料起步时，就是在这个房子里，在这口缸里试验的，这口缸就是火箭的发射平台，ZQ材料事业部、ZQ材料公司就是火箭，荣光集团是装在火箭头上的太空舱，是被火箭送上宇宙轨道的。

林芩听得有些刺耳，因为钱国强的话在集权制度下的荣光集团里是严重"犯忌"的，在"历朝历代"都可以被戴上"谋朝篡位"的帽子，格杀勿论，可钱国强却表现得很随意、无所顾忌、满不在乎。林芩强烈地感觉到，钱国强有"功高震主"、"功高无赏"之嫌，难怪朱荣光会处处提防他，如此这般，距离分裂就不远了。

"呵呵，"钱国强一笑，摇动了一下搅棍，半开玩笑地说，"有一次，你爸爸对我说，你的功劳太大了，都不知道该怎么奖赏你。"

林芩一阵战栗，直勾勾地盯着钱国强，用目光提醒他："难道你不知道这是刘邦对韩信说过的话吗，意思是，除了奖给皇帝的位子外，什么奖励都不够分量了，皇帝的位子也想要吗？"

朱颐看着林芩孤单的身影走向晒台，心底泛起一层爱怜，无法入睡，有点后悔自己刚才打电话的事，责怪自己不够冷静，可他又想找些理由为自己开脱，思绪十分紊乱，不由回想起过去：

朱颐告别齐燕回国后也在ZQ材料公司工作，朱荣光责令他，有事除了向钱国强报告外，还要多向林芩汇报、请教。朱荣光挑得很明确，一是要让他在钱国强的"王国"里长本事，尽快熟悉业务和销售渠道；二是要他和林芩多接触，增加感情。至于以后怎么样安排，就看他的表现了，看他到底是"贴得上墙的瓷砖"还是"糊不上墙的烂泥"。

朱颐很烦父亲的这一安排，特别反感林芩的强势作风——一道命令下来六亲不认，让他自尊尽失。他横生出了辞职创业的念头，想搞一家自己的公司、自己的事业，有一块自己说了算的地盘，可是，自从离开齐燕后，他就失去了唾手可得的影视事业这一基地，必须另找方向，从头来，完全依赖自己，一想到这，他就陷入迷茫，感觉到创业艰难，书到用时方恨少，浑浑噩噩的日子没有给自己积淀经验、知识、勇气、智慧、人脉，因此，只能窝气。

林芩继续她的回忆，而且还想起了朱荣光的提醒：

林芩上任后发现，ZQ材料公司的日常经营和管理很有规矩、章法——产品、技术、客户、生产工艺、管理流程、计划安排，等等，都很成熟、有章可循、运转自如，无可挑剔，舅舅的威望也很高。林芩给自己制定了规矩，萧规曹随，虚心请教，只听命做事，不发表议论。林芩悟性极高，勤奋好学，严以律己，深得钱国强赞赏，公司里也没有人敢在她面前调皮捣蛋，韩贵这个钱国强的死忠分子也礼让她三分。

林芩负责公司发展战略，看似虚无，却做得有板有眼。她发现，国外正在全力以赴地推进ZL系列新材料的研究，在此以前很长一段时间里，人们对这种新材料并不热心，那时还处在建立理论模型阶段，如今一下子狂热起来，林芩敏锐地意识到，这说明许多人已经找到了从理论模型转换为实际样品的路径，正在跨越最后一步之遥。于是，她立即安排手下人和王毅通过各种渠道收集有关信息。等大量的信息和王毅的分析传到她手上时，她吓出了一身冷汗，觉得时不我待，急忙写成报告送给朱荣光、钱国强，提出警示和建议。

钱国强的第一反应是，林芩有些好大喜功、过度紧张和夸张，蛊惑"圣听"，客观上想动摇ZQ材料的特殊功效和历史地位。不过，他也不是一个很狭隘的人，他也冷静地思考了林芩的警示和建议，觉得其中确实有合理的部分，可是，ZQ材料的发展历程让他心有余悸，他不敢冒险。他开始提出疑问，"林芩的警告是否言过其实，是否像'世界末日大预言'那样杞人忧天。"

钱国强冷处理林芩的警示和建议，想看看再说。可是，不久他就发现，林芩在这个问题上和朱荣光越走越进，几乎完全一致，而且正在策划进一步的活动，把他冷落在一边。

钱国强开始怀疑，这不是简单的意见分歧，很可能是林芩受了朱荣光挑唆，图谋不轨，是朱荣光想借故排斥异己、根除他钱国强势力的一个阴谋。此外，他对林芩表现出来的工作魄力、决断能力深感忧虑，觉得无法沟通，难以驾驭，于是，改变了对林苓的看法。

钱国强经过一番思考，决意反击，绝不束手待毙。他秘密招集韩贵等一帮铁杆骨干开会，商讨对策，韩贵跳得最厉害，说，"不把林苓赶走，我们就滚。"

钱国强又找到钱淑芬，指责林苓推荐的新材料风险太大，林苓对风险视而不见，一意孤行，什么意见都听不见；荣光集团发展ZQ材料的经验教训不能忘，林苓那时候刚刚换掉开裆裤，知道个什么。

"那么，"钱淑芬感到为难，"荣光是什么意见。"

"他不表态，听任林苓闹。"

"我了解苓苓，不会没有一点道理。你想，我们不自主创新，人家会给你最先进的核心技术吗？！"

"她是冲着我的，冲着我们娘家人的。"钱国强不服。

"她图什么？"钱淑芬将信将疑。

"你看，朱颐那个身体……"

钱淑芬微微一颤，知道钱国强想说什么，面色阴沉、难看、痛苦。

"对不起，惹你生气了。"

"没有。"钱淑芬振作了一下，"我问你，ZQ材料真的没有希望了？"

"哪里啊，形势没有那么危险，ZQ材料还有很强的生命力，至少，国内市场还有很大的发展空间。"

钱淑芬一言不发，认为，林苓和钱国强都是自家人，没有根本的利益冲突，可能是性格都过于坚硬，不容易沟通，她想两边做工作，缓和一下矛盾。她的脸色略微松弛了一下。

"我们也可以两手抓，"钱国强转动着眼珠，"而不是谁否定谁，谁消灭谁。可林苓不是这样想的，走得很极端，想全盘否定……"他又说了许多林苓的不是、坏话。

钱淑芬的表情又揪紧了，越听越觉得不是滋味，越觉得事情没有那么单纯，脸色越来越阴沉。

钱国强见钱淑芬脸色又变了回来，而且没有阻止他说话，说明她很愿听他说下去，而且已经听进去了，扎到心里了，如果这时再添加点

"佐料"，一定会发酵。钱国强似乎受到了鼓励，干脆一不做二不休，滔滔不绝地发起难来。

"唉，当初我要是再坚持一下，就好了。"钱淑芬抬起头，两眼紧锁。

"是啊，就让朱颐娶齐燕，也不会有今天的事，朱颐也不至于自暴自弃，可如今，他哪里还像个人啊。"

钱淑芬气得直哆嗦。

"如今，我们可是人财两失，"钱国强激动地说，"不知道老头子哪根筋搭错了。"

"事情我知道了，过一段时间我自有说法。"钱淑芬突然想起了什么，"齐燕那边怎么样？"

"按照你的吩咐，我通过韩贵一直亲自照应着她，现在，她的情绪稳定多了。"

"那就好，好好地照应她，透露给她，以后有用得着她的地方。"钱淑芬意味深长。

林芩折回房间，上床躺下了。朱颐有点冲动，不由得把手伸到林芩身上，抚摸起来。林芩没有任何激情，相反觉得恐惧、厌烦，有一种被猥亵的感觉，她翻转身子，躲避开来，异常冷漠。

朱颐看着林芩乌黑的后脑勺，感觉到林芩的冷漠，有些失望和泄气。他迟疑了片刻，开始抚摸林芩的背脊。

林芩背对着朱颐，微微颤抖。

"你怎么起鸡皮疙瘩了，到处都是一粒粒小疙瘩，是不是外面很冷？"朱颐吃惊地说。

"今天很累，很不舒服。"

"过一会就会好的。"朱颐趴伏到林芩身上，吻了起来。

"对不起，我没有兴趣。"林芩挣扎起来。

"唉。"朱颐叹了口气，仰面躺下。

林芩没有理会朱颐，而是把思绪转到ZQ材料的发展轨迹上，这对ZL系列新材料的发展也是很有教益的：

ZQ材料事业部熬过了平稳发展阶段，迎来了黄金时期，国内外的订单如潮似水蜂拥而至，全部是现钱交易，绝不赊账。

钱国强说，"这么好的机会，傻瓜都知道该做什么。"他立即着手策划：增加投资、增添设备、新建厂房、扩大生产。他算过一笔账，就目前形势而言，投资在7个亿以上，3年就能收回全部投资，可他发愁的是，这7个亿以上的资金从哪里募集。钱国强知道，荣光集团没有，荣光集团虽然大，可所有的现金都被占用到现有的日常经营中去了，还背负着60%的银行债务（资产负债率）。他试着找了几家银行商谈，可银行都说项目不错，就是金额太大，需要有足值的抵押物或者有实力的担保人作保。钱国强一下子没了辙，不是没人有愿意担保，而是怕日后人家要借款时请他担保，他不好推却。

钱国强的儿子钱程建议，找外国的投资基金试试，据说许多投资基金不要求做大股东、不管日常经营，属于财务投资人。钱国强顿时云开雾散，笑开了花，当即答应。不久，钱程就领来了一位黄头发、蓝眼睛、高鼻梁的外国人，叫迈克，常驻香港，经营着一家股权投资基金——泛太平洋PE基金。

迈克笑容可掬，非常熟悉ZQ材料的市场，看好ZQ材料的前景，对增加投资、扩大产能力有着浓厚的兴趣。迈克也认同钱国强的观点，认为3年多时间就能收回总投资。

钱国强心花怒放，知道遇到了一个懂行的知音，接下来什么都好谈了，于是诚心诚意地邀请迈克参与投资。

朱荣光不想让迈克参与荣光集团的投资，把荣光集团变成一家中外合资企业，一句话，不想在家族的饭桌上多一副洋刀叉。

迈克得知后，又给钱国强提出了一个方案，把ZQ材料事业部从荣光集团里剥离出来，与泛太平洋PE基金合资，组建独立的ZQ材料公司。荣光集团用ZQ材料事业部的有形和无形资产作价投资，他的基金出资7亿以上现金，占股20%。

钱国强听了很高兴，如果这套方案得以实施，等于有了自己说了算的山头，不过，他有些迟疑，没有马上答应，说是要考虑一下。他的顾虑是，这个方案会让朱荣光生疑、误解，会被否决，没有朱荣光这个荣光集团法人代表的同意、签字，这件事办不成。钱程不理解，不断地朝他递眼色，希望他能够表现得积极一点，不要错过这次机会。

"我们不参与经营，"迈克微笑着说，"等公司再做大后，争取到香港上市，我们退出股权。"

"我们没有理由不接受这个条件，"钱国强故作平静，"可是，我得和我的老板商量。"

"你要让朱荣光先生知道，"迈克彬彬有礼地说，"这条件已经很优惠了，企业发展到一定规模，再图发展，势必要引进社会或者国外股东，这样做的企业很多，而且都上了发展的快车道。"

钱国强送走迈克后，琢磨起来，怎么和朱荣光谈，他知道，朱荣光一定会怀疑他想闹独立、拆散荣光集团。前不久，他问鼎过荣光集团总裁的位置，已经让朱荣光疑虑重重，如今那场角逐的硝烟未冷，伤口未平，他又要开口谈ZQ材料事业部的分离问题，朱荣光岂能等闲视之？！

钱国强和钱程商议了一个通宵，想不出能绕过朱荣光的好的办法，决定硬着头皮找朱荣光理论。钱程说得很干脆，"与其躲躲闪闪，授人以'心怀鬼胎'的话柄，不如理直气壮，给人以'襟怀坦白'的感觉，本来嘛，发展遇到了瓶颈，就该有突破。"

……

朱荣光听完了钱国强的介绍后，迟迟没有开口，只是直勾勾地盯着钱国强，心里翻腾起一连串的疑问。

"当然，最理想的办法是，让迈克投资荣光集团，保持集团的完整性。"钱国强试探着，策略是，取上则中，取中则下。

"你也知道这不现实，我已经否定了。"

"那怎么办？"

"我知道你的真实想法，就是想按照迈克提出的新方案做，这样，荣光集团就变相肢解了。"

"不，大股东是荣光集团，能掌控住ZQ材料的发展。"

"可是，毕竟是有了缝隙，让外人伸进来了一只脚。"

"舍此还有别的路吗？！"

"除了迈克，"朱荣光反问，"就没有别的选择了？"

"当然还有杰克、马克、路克，等等，外国投资基金有的是，可是，提出的方案大同小异。"

"如果不找这些投资人呢？"

"还有什么路？"

"比如，银行、信托、国内的投资公司，最好是借款，听清楚了，不是投资，利率可以高一点。"

"企业财务负担会很重。"

"总比把狼请进来好。"朱荣光冲了一句。

"家族外的投资人都是狼吗？"

"我承认我的表达不够准确，我的意思是……"

"我知道，"钱国强插话，"这样做的又不是你一家，又有谁吃亏了？！"钱国强不想再谈下来了，旧怨新恨一起涌上心头，憋得心口疼，干脆拂袖而去。

钱国强生了一夜闷气，干脆躺倒养病，撒手不管了。钱淑芬听到消息后，急忙跑去探望，不住地抱怨朱荣光，老是听不得别人的意见，她也劝钱国强想开一点，理解一点，老头子也不是没有一点道理。

钱国强的回答很简单，只要朱荣光有个明确的说法，同意他的意见，他的病马上就好。

钱淑芬又去找朱荣光，先劝告朱荣光要注意内部团结，接着又转告了钱国强的态度。朱荣光不以为然，心里早有了盘算，因此反讥钱淑芬，"头发长，见识短，不懂得里面隐含的厉害和陷阱。"

朱荣光一意孤行，决心按照自己的想法做——借钱，给钱国强看看，这个世界上是否只有"肢解"荣光集团这一条路。可是，事与愿违，朱荣光花去了许多时间、精力、费用，到头来还是一无所获。

钱国强手下的铁杆兄弟三天两头找朱荣光说事，要求请钱国强出山，韩贵做得最绝，一会组织写联名信请愿，一会怂恿人上访，眼见着荣光集团的骨干队伍就要分裂，朱荣光急了，迈克也急了，迈克不想放弃这单业务，于是亲自找朱荣光游说。朱荣光被逼得走投无路，只得同意，又在钱淑芬的再三要求下，不得已亲自登门探望钱国强，邀请钱国强出山。钱国强担心朱荣光会出现反复，没有立即答应。

朱荣光请钱淑芬再去劝说，钱淑芬很不请愿，说："你把我娘家人搞成这个样子，让一起打天下的人心寒。你既然认为自己做得不对，或者说，有不周到的地方，你就得诚心诚意、仁至义尽地去请，古时候就有三顾茅庐一说，你才顾了一次，人家怎么相信你有诚意，以后还要长期合作，有什么放不下的。"

朱荣光知道钱淑芬的心事，如果朱颐真得担当不起来，就留给他一块下辈子也吃喝不愁的财富，随他去了，而把荣光集团转由娘家人掌控，也算是肥水不流他人田。

朱荣光进退维谷，如果真是三顾茅庐，就意味着向分裂隐患低头；如果坚持不去，就意味着马上分裂。朱荣光左思右想，一筹莫展，不得以，先顾及眼前，于是，决定再去登门拜访。

钱淑芬马上用电话告知钱国强，要他无论如何给足朱荣光面子，她说："你真的准备让朱荣光三顾茅庐？荣光是个肯轻易低头的人吗？有两次就该收场了。荣光为了谁呀，还不是为了荣光集团？！他也不容易啊，自家人都不帮助他，不理解他，不原谅他，他还能指望谁。"

钱国强的态度和缓多了，早早地站在自己家门口等候，一见到朱荣光就迎上去，向朱荣光认错，批评自己做事欠考虑，不够冷静，请朱荣光原谅，并发誓，今后一定鞍前马后紧跟朱荣光，绝不生二心。

朱荣光虽然了却了这桩心事，可心里却留下了一道深深的阴影——钱国强是个隐患，迟早会闹出更大的事情，如果没有人制衡他，后果不堪设想。可是谁又能制衡他呢？这个人必须有能力、意志坚强，而且是族内人。可是，族内有这样的人吗？他脑海里闪现出了林芩，林芩其他条件都够，唯一不足的就是不能算严格意义上的族内人，如果林芩变成了儿媳妇，还产下了孙子，那就是百分之百的族内人了，而且可以肯定的是，孙子在钱淑芬心里的地位是最高的，甚至超过朱颐。

ZQ材料公司成立后，业务突飞猛进。迈克提出了一个具体的发展规划——若干年后到香港上市。钱国强心里的算盘又"滴答"响起来了，如果这个目标能够实现，他实际掌控的资产将超过荣光集团其他资产的总和；自己名下的金银堆山添海。

朱荣光发现林芩有滞留瑞士不归的念头，而这个念头起源于一段恋情，急得像热锅上的蚂蚁，下了死命令，一定要林芩尽快归来。

朱荣光也用"经济制裁"手段逼迫朱颐尽早回归，不让他和齐燕缠绵太深，以至于切割不断，毁坏了荣光集团的前程，更准确的说，毁了他的百年大计。

林芩归国那天，朱荣光在飞机场接到林芩时的第一句话就是："你回来就好了，这一段时间来，我是孤掌难鸣啊。"

朱颐听到林芩轻微的辗转反侧声、叹息声，想起了小时候的事，过去的事：

朱荣光对朱颐的成长倾注了大量的心血，从小到大，即严格，又关爱，尤其当荣光集团风生水起以后，培养好朱颐就成了整个家族的第一要务，而且责任重大、时间紧迫。可是，朱颐从小就一个不让朱荣光省心的人，玩世不恭的习气让朱荣光伤透脑筋，他恨不得天天守在朱颐身边教诲、叮嘱，然而，荣光集团那摊子事务又逼使他不得不经常出远门，有时一去就是十多天，接二连三。

朱荣光每次出远门时，总要叮嘱朱颐一番，千篇一律地要他努力学习，遵守纪律，回来后要检查他的作业，还特意告诫钱淑芬、老奶奶不要护短，也希望林芩多生个眼睛，及时提醒朱颐。

朱荣光每次远行回家，总是先把林芩叫去，说童言无欺，要林芩如实汇报，接下来才是检查朱颐的作业、老师的评价，最后才去拜会钱淑芬、老奶奶，了解朱颐、家人、荣光集团的近况。

朱颐开始不明白其中的道理，只知道哄着母亲和老奶奶开心，吃了几次亏以后才发现，林芩是个至关重要的角色，于是，总在朱荣光快要回家的时候，提前讨好林芩，溜须拍马，有时还拿出私房钱买糖塞满林芩的口袋。林芩很狡猾，如果朱颐这段时间表现得还可以，就笑纳；如果表现得不怎么样，就会把糖连同朱颐的劣迹一起交给朱荣光。接下来发生的事情，连林芩都不忍心看了。

"不是东西，两面三刀，还害得我饿了几顿饭。"朱颐趴在床上，毛巾毯盖着屁股，不敢仰面，咬牙切齿。

"怎么啦？饭钱没有给你吗？"林苓送上点心，关切地问。

"给你买糖的钱是从我的饭钱里省下来的。"朱颐抓过点心咬了一口，身子一扭动，"啊……唏……"他一阵呻吟，"你好意思吗？！"

"活该，爸爸要我讲真话，我就不能说假话，如果同流合污，你的胆子会更大，吃的苦头会更多，我是为你好。"

"你……"朱颐扬起手想吓唬林苓，由于用力过猛，"啊……"他疼得直皱眉头。

林苓敏捷地跳开了，压低嗓子叫："爸爸、妈妈，朱颐要打我。"

"别叫，别叫，我求你了，对不起你了。"

钱淑芬责怪朱荣光，"你关心过朱颐多少？不要只会责怪别人，责打小孩。"朱荣光觉得有道理，开始改变自己的方式，表现出异常的耐心，还在百忙中挤出时间来陪伴朱颐，和他聊天，沟通感情，灌输生意经和做人的道理。朱荣光是个受儒家精神影响很深的人，家庭和财富的观念是他心中的高山，无比厚重，而且，他做事情执着，认准的道理会坚持下去，一条道走到底，他发誓要扭转朱颐的面貌。

朱颐总是眨巴着眼睛似听非听，他喜欢玩耍，不喜欢听深奥的道理，对枯涩的说教有着天生的逆反心。

钱淑芬对朱颐的未来也很担忧，她是一个老实憨厚的农妇，恪守妇道，朱荣光怎么想，她就怎么做，只不过流露情感的方式不一样，有时候是眼泪，有时候是盈笑。

朱颐长大了才渐渐明白，父亲之所以对他那样严厉，原来是想要他承担起这么一大家子的事业。他耳闻目濡了朱荣光的艰辛，知道这个大摊子是怎么拼打出来的，是在怎么样的复杂环境里成就的，而且，今后不是简单的守成，是更多的图谋和发展，重任就像泰山压顶，及其恐怖、阴暗；他还知道，要承担这样的重任，首先必须苦其心志，劳起筋骨，而要过的第一关就是，把数不尽的清规戒律、规章制度架在自己身上，约束自己的一举一动、一分一秒。这种束缚意味着失去自由、泯灭人性，想着都觉怵。

朱颐偶尔听到了朱荣光和钱淑芬的一次深夜长谈，这样的内容也是他第一次听到。那晚，朱荣光情绪激动，一个劲地说着，多次提到朱颐，说他不争气，不像朱家的子孙，钱淑芬只是叹息，朱荣光又多次提到林芩，说林芩的天分和性格像他，假以时日培养，能够担当大任，最理想的是，让林芩做自家的媳妇，传宗接代。钱淑芬则担心林芩和朱颐的差距太大，不容易培养感情。朱荣光很明确，如果一旦定下来这样做，就要让他们在兄妹感情的基础上进一步互相帮助、互相关心、多接触、多交流。

朱颐脸上一阵发热，身子一阵萌动，觉得很新鲜，自己从此有了女朋友，而且是个即聪明又漂亮的女朋友，可是，他的兴奋转眼即逝，代之而来的是一种压抑——自己头上又多了一个名正言顺管教自己的人。

3. 重要公务

林芩认真梳妆，清洗掉了昨夜的悲伤，来到餐厅，静静地坐下享用。朱颐一声不吭地坐在对面，吃着喝着。

韩贵匆匆走进来，把一叠打印件放在林芩面前。"这是我刚在酒店商务中心打印出来的，是家里昨天半夜传过来的。"他的神色凝重。

"什么事？"林芩放下刀叉，淡淡地瞄了一眼文件，抬起头。

"是迈克发给朱董事长的Email，他们决定不再对ZQ材料公司追加投资了，不打算在中国扩大ZQ材料的生产了。"

"他们想干什么？"林芩看了一眼朱颐，示意他一起听。

"他们准备去东南亚和别人合作投资ZQ材料，那里的工资、费用比我们的低。"

"预料中的事，"林芩从容地看着韩贵，"遇到我，也会这样决策的，资本嘛，哪里会讲人情，只认得利润。"她微笑着，"没吃过早饭吧，快坐下。"

韩贵没有动，仿佛在等待什么。

"你怎么不坐啊？"

"我在等你的意见。"

"我的意见？"林芩觉得奇怪。

"是的。"

"你知道我已经卸掉了ZQ材料公司的一切职务，而且，朱董事长也明确说过，在蜜月期间，不要管任何事。"

"可是，朱董事长明确要我把这文件打印给你。"

"他为什么不直接打电话给我？"

"昨天夜里怕打扰你。"

"我这里是夜里，他那里是什么时候？是凌晨！"

"朱董事长一夜没睡。"

"他不要命了，脑溢血就怕休息不好。"林芩有些急了。

"他现在可能还在等。"

"为什么？"林芩思索着。

"没说。"

"有没有这种可能，朱董事长只想让我知道一下？"

"我不能乱猜。"

"你一定有难言之隐。"

韩贵欲言又止，犹豫起来。

"说吧，还发生了什么事？"林芩不再推诿，"尽可能地让我知道全面情况。"

"朱董事长也征求过钱国强的意见。"

"是吗？到底是什么事？舅舅是怎么说的？"

"钱国强不置可否。"

"ZQ材料公司一定遇到了更多的麻烦，"林芩的目光犀利，"是吗？"

"国外有好几家公司正式提出反倾销调查申诉了。"

"哦？"林芩微微一怔，"你觉得他们政府的有关部门会立案吗？会启动调查吗？会赢吗？是否又会像以前发生过的一次那样，结果是一场虚惊。"

"这次不好说，因为全球经济形势和上次不同，比上次糟。"

"和律师商量过了吗？"

"商量过了。"

"律师的初步意见呢？"

"律师说，从理论上讲，他们立案、调查的可能性很大，赢的可能性也很大，可实际情况如何，变数很多，现在无法判断。"

"原来是这样。"林芩轻声嘀咕。

韩贵依旧站着不动。

"还有别的事吗？"

"上海市场发生了商业贿赂调查。"韩贵严肃地说，"说我们的销售人员对客户高管行贿，是那个高管在里面交代的，证据确凿。"

"祸不单行。"林芩皱起了眉头。

"这绝对不是巧合。"

"你也这么认为？"

"要说这是三个方面共谋，都选在这一时刻发难，显然是天方夜谭。"

"你想说什么？"林芩有意引导韩贵说下去。

"准确的说，是一切矛盾积累到这个时间点的总爆发。"

"是的，ZQ材料遇到了强有力的挑战。"

"这是好听的官方术语，其实是性命攸关的打击，说明ZQ材料已经过了成熟期，开始走下坡路了。"

"你真是这么认为的？"林芩眼睛一动，惊异地看着韩贵。她是第一次听到他如此评说。

"对不起，我失言了。"

"没什么，无所谓失言，"林芩略有所思，"我现在也明白了，父亲为什么要让我知道这些。"

"你看怎么回复家里？"

"就说我知道了。"

"没有别的了？"

"没有了，就这些。"

"唉……"韩贵叹息一声，沉下脸，摇摇头。

"你是不是希望我能站出来说话？"

"是的。"

"你怎么还站着，"林芩不接话，慢慢拿起面包，剖开，涂抹黄油，"去拿些早点吧，坐下吃，这里的早餐味道很不错。"

韩贵求救似的把目光转向朱颐，朱颐则挥手要他离开，意思是，林芩不愿意接手，就不要再打扰她了。韩贵左右为难。

"韩贵，"林芩微笑着说，"吃完早饭，你把所有的客人送走后就可以自由活动了，爱上哪里就去哪里，和我们在一起也行，我会通知你在哪里碰头的。"

"这个我知道，"韩贵嘟噜着，"ZQ材料公司、荣光集团都处在关键时刻，你不站出来帮助一把，朱董事长还能指望谁。"

"你怎么能这样说话！"朱颐不满地盯着韩贵。

"别责怪他，他也是好意。"林芩瞥了一眼朱颐，心中涌起一阵喜悦。

韩贵猛然扭身，离开了。

"难得的忠义之士，是荣光集团的幸事。"林芩看着朱颐。

"这一回，"朱颐埋怨说，"人家是诚心诚意来找你商量的呀。"

"我知道，我怎么会怠慢他。"

"我不明白你的意思。"

"你还不明白吗？要我回复是韩贵的意思，爸爸没有这个要求，只是想让我知道而已，要我静观事变，抓紧ZL系列新材料的试验。这就是说，还不到要我站出来的时候。"

"韩贵哪有你这样的城府啊。"

"也不能这么说，每个人角度不同，他向我表达了一部分人的诉求。"

"这么说，一定还会有其他人惦记着你。"

"在这个节骨眼上，许多关键的人都想到了我，可我准备好了吗？我有这个能量吗？"林芩喝了口咖啡，用餐巾吮吸了一下嘴唇。

"你觉得现在应该怎么做？"

"你知道吗，韩贵刚才说的情况表明，ZQ材料在国内、国外市场都饱和了，产能过剩，技术红利已经没有了，必须产业升级。"

"加快ZL系列新材料项目上马就是了。"

"是的，同时也应该处理好眼前的经营、官司、麻烦。"

"我等一会就把你的意思回复家里。"

"我刚才说的有些话你不要说，爸爸心里比你我都清楚，你只要告诉他，叫他放心，王毅那边我会抓紧的，进度比预想的要快，而且，王毅很忠诚。"

"ZQ材料公司会衰败吗？"朱颐焦虑地抓起一个白煮蛋，捏碎。

"你怎么也有这样的想法？"

"事情不是明摆着吗？"

"远不到这个时候，其间，我们还有时间可以做许多事，最重要的就是，加快上ZL系列新材料项目。"

"看来，真理在你一边，你是笑到最后的人。"

"笑话！"林琴沉下脸，"我是局外人吗？倾巢之下岂有完卵，我能那么狭隘吗！"

"对不起。"朱颐羞愧地一笑，"可是，上ZL系列新材料需要一笔大投资。"

"呵呵，"林琴笑着说，"你放心，有人已经盯上了。"

"谁？"

"如果我猜得不错的话，他们的人已经在这里了。"

"是吗？"

"跟着我们几天了，你我都见过了。"

"凯瑟琳？"

"我想是的。"

"是她！"朱颐惊叫起来。

"现在，我还不完全清楚她的真实目的和身份，不过，过几天就会明朗的，没准今天就会摊牌。"

"真没想到。"朱颐暗暗责怪自己，"昨天晚上怎么就会鬼使神差地打电话给凯瑟琳。"

"春江水暖鸭先知，他们早就有预感。"

"他们是指谁？凯瑟琳的背后是谁？"

"还能是谁，应该是迈克，准确的说，应该是泛太平洋PE基金。"

"你就这么有把握？"

"他们是ZQ材料公司的大股东，ZQ材料遇到挑战，他们能不急吗？

而且，他们和我们是现成的合作伙伴，和我们谈ZL系列新材料投资，是近水楼台。"

"他们终于感到危机了。"

"他们是资本，有资本的灵敏，也有资本的赌性，呵呵。"林芩笑了，充满自信。

"爸爸一直说你厉害，今天，又让我领教了一次。"

"你需要什么水果？"林芩站起来，"我替你去拿。"

"不，还是我自己去。"

"在外面，你就做一回大爷吧，在家里，我也顾不了那么多。"

"看来，韩贵这样的人也有很大的转变。"

"他们都是好人，我相信，事实会引导越来越多的人转变的。"林芩离开座位去拿水果。

朱颐点点头，开始给朱荣光发短信。

第五章 葡萄园、红沙滩、制高点

1. 葡萄园

林芩、朱颐、韩贵、摄影师来到客人下榻的酒店，和客人们一一作别，韩贵和旅行社的人负责送他们去码头和飞机场。

林芩、朱颐、摄影师离开客人下榻的酒店后，顺着小道从悬崖背面下山，穿过宽阔的大路，走上一条小路，路的一侧是隆起一人多高的小坡的垂直截面，截面清晰地展现出堆积起来的黑褐色火山灰烬。路的另一侧是一片葡萄园，葡萄贴着地面蔓延，一直延伸到远处的山脚下，绿油油的一片，就像中国南方遍地的菜瓜秧，土壤是黑褐色的粗糙的火山灰。

早晨的空气凉爽、干燥，天空洁净碧蓝，海面平静，远处的白色镇落在阳光下闪耀着金色。

林芩走到葡萄园边止步，出神地望着趴在地上的葡萄藤，肥硕的藤叶清新鲜绿，饱含着甜蜜。她不由得蹲下身子抚摸起叶片，心里觉得好奇，看似干燥不储水的土壤怎么就能生长出植物。

路边上有一个小村落，散散乱乱地撒落着许多简易的农舍，还有一些窑洞。农舍的前园里生长着仙人掌、仙人球，如同干旱的沙漠地带。爱琴海少雨、小风，即没有湿润的土地，也没有漫天的沙尘。骡子、驴子安静地甩着尾巴吃着草料，一只狗窜上墙头，冲着林芩、朱颐、摄影师狂吠，不一会就传来园子里主人的吆喝声，狗乖乖地离开了。

林芩回身仰望远处的OIA小镇，小镇闪着明亮的金色，像在燃烧，光芒四射。"这景色真美，"林芩被景色迷住了，自言自语，"就像希腊神话里说的，阿波罗驾着由四匹神马拉动的金色太阳车出游了，他每天都如此，都是这个时候。"她转向朱颐、摄影师，"你们听，风声有多委婉，是竖琴的声音。"

"是很美，"摄影师轻声说，"没想到，你也有一副柔媚的心肠。"

"传说，阿波罗出生时，提洛斯的天空光芒万丈，他的眉宇间镶嵌着一个太阳,他主管光明、音乐、诗篇、青春、医药,是人们的保护神。"

"怪不得人们喜欢光明,一见到光明就兴奋、就有安全感。"摄影师眺望着景色。

朱颐默默地站着,望着,心里苍白而冷漠,觉得眼前的世界空旷、虚无,林芩、凯瑟琳似乎都是一些影子,看似很近,却很缥缈,难以触摸。

林芩引着朱颐、摄影师顺着小路继续往前走,享受着静谧、清新。前面也是一片海滩,一座小教堂迎着太阳,背阴的暗淡身躯上有一圈闪亮的金色轮廓,顶上的十字架、吊着一个铜钟的钟架就像一团金色的烈焰在燃烧。

"这逆光背景不错。"林芩指着小教堂,"背后是大海,没有喧宾夺主的景物。"

"真是这样,"摄影师附和着,"你就站在小教堂的侧前面,不要被小教堂挡住了阳光,我为你构思一副'金光环抱的圣女'图。"

"世界上没有圣女。"林芩移向教堂前的一侧。

"你就是圣女。"摄影师举起照相机对着焦距。

"我不喜欢听这样的话。"林芩站到教堂前的一侧,摆好了姿势。

"Cheese。"

林芩抿嘴微笑,端庄而温和。

"你这么一笑,"摄影师按下快门,"我就知道蒙娜莉莎微笑的全部内涵了。"他冲着孤单站在一边的朱颐,"你说是吗?"

"是的,是的。"朱颐机械地回应着。

"我的表现有这么神奇?"林芩微笑着说。

"蒙娜莉莎的微笑算什么呀。"

"人家这一笑,笑了500年,惊动了500年,牵动了几十亿人的魂灵。"

"应该说,是达·芬奇的微笑,是达·芬奇的刻划。"

"呵呵,那我这一微笑就是摄影师的微笑,不过,只能惊动几分钟。"

"你的反应真快,"摄影师移动了一个角度,又按下快门,"恕我直言,你是投错行了,如果去拍电影,什么范冰冰、李冰冰的,都不在你的话下。"

"为什么?"

"你能很好地理解摄影师和导演的意图、背景的含义,而且,还能恰如其分地表现出来。"

"一清早就听到赞扬,让人心悦。"林芩微笑着说。

"其实,照片比电影更难,电影还可以用对白表达人物的内心世界、背景的内涵,可照片,全凭角色的一个表情,比如,一个微笑,一个紧眉,等等。"

"照相艺术的这种局限性也是它的艺术特点,它能让人们增添无限的想像,活在想像中,比如,蒙娜莉莎笑了500年,人们也想像了500年,争了500年、研究了500年,甚至还要挖地三尺寻找原形的遗骸。你说,这遗骸还能美吗?一定会无情地搅乱人们心中的那个美丽的微笑。"

"是的,这种痴迷已经到了残忍的地步。"摄影师用镜头搜索着景色。

林芩、朱颐、摄影师走上沙滩,踏着粗糙的沙砾走到海边,金色的太阳已经很高了,海面闪烁着鳞片般的耀斑,一排白色的小游艇静静地排列在岸边。

"如果说,"林芩迎着太阳走了几步,"日落是人的世界被神话的世界湮没,让人充满敬畏和遐想,那么,日出就是神话的世界转化为人的世界,让人充满自信和明澈。"她的心情就像太阳照耀下的海面,舒展而明亮。她庆幸自己未雨绸缪,早走了几步,抓住了创新先机,才有这"不管风吹浪打,胜似闲庭信步"的舒坦。

"你刚才的神态充满了自信,"摄影师又对好了焦距,"就像收服了整片大海,你看,大海只能俯卧在你的脚下,想吻你的脚,还吻不到,服了!"

"任何事情一夸张就变成神话了。"

"摄影师嘛,"摄影师得意地说,"一半功夫就在于窥探人物的心灵活动。"

"你真富有想像力,其实,我没有那么神,只是不想把鞋子弄湿了。"

"如果连这点基本功都没有，怎么能为你拍照？！"

"呵呵，"林芩微微一笑，一招手，"回去吧，今天要走的路还多着呢，赞美的话放在后面说，有的是时间。"

林芩走在头里，心里浮现出一个奇怪的疑问，不知道朱颐把自己的意见回复给家里后，母亲会有什么样想法。前一阵子，朱荣光劝她避开锋芒去度蜜月时，特意拖了一句话，"妈妈也是这个意思。"

林芩平时和朱荣光交流非常坦率，有敬爱，没有敬畏，充满信任，怎么想就怎么说，很轻松，可是，和钱淑芬交谈就不一样，尤其是最近一段时间来，原本不善言词的钱淑芬显得更加沉闷，眼睛里仿佛翻滚着无数的疑虑，疑虑是转向猜疑还是转向信任，令人难以琢磨。林芩还发现，朱颐有事就找钱淑芬商量，基本不和朱荣光沟通，只有回避不了的事，才会再去找朱荣光。因此，林芩想到，朱颐多半会把自己先前的意见同时回复给母亲。林芩对钱淑芬充满了敬畏，有时一看到她的眼神就会发怵，所以举止言谈格外谨慎。

林芩回想起朱荣光劝她去度蜜月时的另外一段对话：

"妈妈也是为你好，看你被折腾成这副样子，心疼啊。"朱荣光和蔼地说。

"我知道，妈妈把我从小带大，视同己出，我只有把她的利益维护好，才是我应尽的孝心。"

"你真懂事。"

"我没有个人野心、私利，所做的一切，一定会被大家理解和接受的。"

"我相信。"

"爸爸也不要过意不去，这段时间来，我经历了许多事，积累了不少经验，已经慢慢适应、熟悉了如何把握、协调亲情、集团、社会、个人、家族的关系了，机会很难得。唯一要请爸爸原谅的是，我有处置不当的地方和时候。"

"你把握得相当不错，有些事本来就是难解的题，我真舍不得你离开啊。"

林芩低下头,不想再说让朱荣光感伤的话。

"林大哥……"朱荣光看着前方,哽咽了,"又让芩芩为我受磨难了,我欠你们家的债,什么时候才能还清啊。"

2. 红沙滩

林芩、朱颐、摄影师回到大路上就看见酒店安排的车子已经等候在那里了。他们坐上车,顺着大路行驶,不一会就来到了一个山坡脚下的空地上。

空地的一侧是大海,另一侧是巨大的暗红色的岩石山坡,山上布满了嶙峋的暗红色岩块以及斑驳浅薄的表土和灌木,一条崎岖的上坡小径通向坡顶。整座山都是由火山熔岩构成的。

林芩、朱颐、摄影师踏着崎岖的小径登上坡顶,正面是大海,右侧前方是一堵高大暗红的月牙形"山墙",熊熊"燃烧"着,顶端是金色的"火苗",和阳光的能量汇集在一起,生生不息。"山墙"怀抱着一个海湾,沙滩是红色的,一直延伸到水面下很远的地方,清澈的水面映射出水下沙砾、卵石的红色,不过,怀抱外的大海却和天空混为一体,蓝得迷人。

林芩站在坡顶,黑色的头发垂落冲着摄影师的镜头,又是一副色彩明亮、清晰的图片。摄影师不和林芩打招呼,一个劲地按动快门,抓住每一个自如神态的瞬间。

"红色的'山墙'安静地卧在海边,"摄影师对着"山墙"拍摄着,"像一个力量无限的怪兽故意在隐没狂暴的性情、巨大的脾气,正是这种决然相反的安静,才让人更加感到恐惧。"

"是的,有一种发怒前的静谧。"林芩注视着。

"圣托里尼不全是蓝色、白色的,还有褐色、红色。"摄影师选着角度,对着焦距,"蓝色,纯洁而神圣,可是过于冷厉;红色,威严而恐怖,却很温暖。"

"柏拉图的记载里就讲过,"林芩眺望了一会,"亚特兰蒂斯帝国的城市是用红、黄、黑三种颜色的石头建成的。所以,有人认定这里,圣托里尼,就是那个神秘帝国统治下的一块土地。"

"这真是一块神秘的土地。"摄影师按下了快门。

"有一点应该要更正，"林芩神态认真，"米诺斯王国，或者说，亚特兰蒂斯帝国最终不是毁于地震和火山，而是被迈锡尼人灭掉的。"

"今天我又长知识了。"摄影师嬉笑着说。

林芩缓缓而述：

据我所知，古希腊文明、爱琴海文明是伯罗奔尼撒半岛上的迈锡尼人和克里特岛上的米诺斯人共同创建的。历史就是那么无情，文明的融合在许多时候会选择战争作为催化剂，也就是说，文明的构建往往通过战争来实现。公元前三千年，荷马时代，迈锡尼王国和米诺斯王国因为海上贸易争端引发了多次战争，米诺斯王国在遭受火山地震沉重打击后开始衰败，大约在公元前1400年，迈锡尼军队乘势攻上克里特岛，征服了米诺斯王国，从此，迈锡尼文明取代了米诺斯文明，准确地说，是迈锡尼文明融合了米诺斯文明。

"米诺斯的地下迷宫据说还在。"摄影师一阵惋惜。

"是的，1899年，英国考古学家埃文斯发掘出了米诺斯的宫殿、迷宫，并且部分的修复了。有机会可以去克里特岛，看看那个克诺索斯遗址。"

"如果亚特兰蒂斯帝国真是米诺斯王国就好了，就可以在历史的海洋里找出它，拨开它的面纱。"

"你别说，拨开面纱的过程一定很激动。"林芩微笑着。

"这次恐怕没有机会去克里特岛了。"摄影师充满了遗憾。

"不，去那里很方便，坐渡轮，很近，花不了两三天时间，我请韩贵安排一下就是了。"

"那样最好。"摄影师摩拳擦掌。

"讲到迈锡尼人，"林芩故作神秘，"许多人可能很陌生，可是讲到'木马计'，就家喻户晓了。公元1300年前，古希腊斯巴达国王的年轻美丽的妻子海伦和特洛伊王子偷情、私奔，逃回特洛伊。特洛伊城在现在的土耳其境内，与希腊隔海相望。斯巴达国王向自己的哥哥——迈锡尼国王求援。迈锡尼国王率领10万希腊联军和1000多艘战舰去攻打特洛伊，打了9年没有打下来，第10年用了'木马计'才攻进城。迈锡尼人复仇屠城，杀死了所有的男人，掠走了所有的女人和儿童，还有无数金银财宝，海伦也被带了回来。"

"真是发疯了，为一个女人打10年仗，死了那么多人，不值得。"摄影师皱皱眉头。

"可是，斯巴达王国的许多大臣看到海伦后，都说，为了她，再打10年仗也值得。"

"如果真能这样轰轰烈烈的爱上一次，死也值了。"摄影师说着，瞄了一眼朱颐。

朱颐张望着走过来的路，搜寻着凯瑟琳的影子。他对红色"山墙"、眼前的景色，只掠过一阵好奇、新鲜，没有更多的惊叹、联想，也没有心事聆听林芩说故事。

"你觉得怎么样？"摄影师冲着朱颐，"我也给你照几张？"

"这里的景色，"朱颐摇摇头，"我没兴趣。"

"为什么？"

"红色'山墙'的色调有些暗，不像蓝色、白色有着强烈的反光、强烈的色彩反差，而且红色'山墙'的线条和轮廓比较简单，山体形状比较古板，不复杂。这样的景色看不了一会儿就会产生视觉疲劳，失去赞美的激情。"

"不，"摄影师摇摇头，"我看，是你心里没有激情，今天一早，一路过来，你就很少说话，老是一个人单独走。"他比划着"山墙"的轮廓，"其实，线条简单、朴素并不等于照片上的构图会显得古板，缺乏活力。"

"待会再说吧，"朱颐看着林芩向前移动，寻找着下坡的路，"她想下坡去红沙滩，可是，连个好端端的路都没有啊，不累吗。"

"来了总是要下去的，一旦你走上了这条路，一定能唤起你的激情，很值得，"摄影师换上摄像机，固定在三角架上，对着移动着的林芩，"你们先下去，我一会就来。"

林芩发现了路，兴奋地招呼朱颐过去，准备下坡。朱颐走到山坡边沿，探头往下望去，从坡顶到下面红沙滩的岩石土坡上没有修筑正规的路，只有人们用脚踩踏出来的几条小径，起伏蜿蜒，绕来拐去。

"走吧，"林芩催促着，"已经到这里了，还不下去感受一下？！活跃一下？！你看，摄影师都感觉出来了。"

"走这样的路，下去就不容易，上来更费劲。"

"可是，你没有觉得那堵红色的'山墙'很有气势，很震撼吗？就好像火山正在爆发。"

"我不觉得。"

"那'山墙'像火一样，很温暖，"林芩拉着朱颐，踏上了崎岖的小径，"有我在，不要担心，回来时，就是背也能把你背上来。"

"快去吧，"摄影师守在摄像机旁喊着，"这里的路还是比较好走的，我扛着这么重的设备都能走，而且，下面的景色一定很特别。"他挥动着撑满汗衫袖口的粗壮的胳膊。

朱颐摆脱了林芩的搀扶，踏上一条小径，靠着引力往下走。很快，朱颐就发现，小径实际的起伏要比看到的好得多，不大也不多，只是有些坎坷，朱颐尽力保持平稳，在岩块中慢慢移动。小径两边的岩块古怪、丑陋，像一只只小怪兽趴伏在那个巨大的怪兽胸前。

到了海滩上，朱颐再仰头看"山墙"，感觉果然不一样，巨大的"山墙"深深地扎在大地里，胸前捧着一湾清水。

林芩一踏上沙滩就踢掉鞋子，冲向海潮，粗糙的沙砾并没有让她感觉到不适。朱颐却觉得沙砾硌得脚底板作疼，像被戳破了一样，脚下红色的沙砾如同被血染红了一般。

林芩走进大海，走到海水没到膝盖的地方，回头对朱颐大声说："我不想对神不恭，不能被人说，充满神灵的大海在我脚下俯卧，吻我的脚。"

"人不能太张扬了，谦虚一点好，能够避免许多麻烦。"

"不是我张扬，是编故事的人张扬，我只要保持清醒就是了。"林芩仰望着三面环绕的'山墙'，觉得就像一个张开着的巨大无比的血盆嘴巴，自己就落在其中，海水在身边起伏。

"看到这景色，我想起了一个神，叫安泰。"

"噢，是像安泰，波塞冬和大地女神的儿子，身子埋在大地里，吸取大地的力量。"

"安泰作恶多端，被大英雄赫拉克勒斯抱起来勒死了。"

"为什么作恶的事老是要和波塞冬联系在一起。"林芩仰望着"安泰"，顺着"山墙"往上眺望，蓝天也被映红了。

林芩眼前浮现出远古的大陆、海面……在神话的故乡，神话的元素会从每一个毛细孔里钻进人们的心扉，使人产生幻觉，分辨不清脚下的土地是在神话的世界里还是在真实的世界里。"我看到了古老的大地和海洋，"林芩的目光缥缈，"大地是那么安宁，海洋是那么平静，忽然，天摇地动、海潮呼啸，燃烧着的岩浆滚滚而来，空气中充满了炽热的硫磺气和灰烬，地面挤满了四处奔窜逃命的人群，滚烫的灰烬洒落在人群中，许多人被击倒、被窒息。在硝烟中，波塞冬巨大的身影浮现出海面，站在红色的海水中，手举钢叉愤怒地猛叉大海，每叉一次，火山就迸出一股浓烟和熔岩，大地就颤抖一次，他要用地震、海啸、洪水去摧毁亚特兰蒂斯，惩罚亚特兰蒂斯对他的背叛。当初，宙斯、波塞冬、哈得斯抽签瓜分天下时，波塞冬还被封为亚特兰蒂斯的保护神。开始，亚特兰蒂斯还比较顺从，后来，强大了，腐败、糜烂、堕落了，忘恩负义地背叛了波塞冬和众神，波塞冬发怒了。"

"圣托里尼后来又发生过好几次火山地震，最近一次严重的地震发生在1956年，毁坏了岛上许多小镇。"朱颐一边说，一边张望着刚才走下来的坡顶和小径，等待着那个熟悉的身影，"我昨天刚看过介绍。"

"你怎么不到水里来走走？"林芩看见朱颐在张望。

"弄脏了以后还要擦洗。"

"不洗也没关系，等干了，一掸就干净了。"

"兴趣不高。"

"你感觉怎么样？"

"一般。"朱颐心不在焉。

"一般？"林芩反问。

"是的，你呢？"

"很不错，"林芩用腿搅动着海水，"昨天的景色美丽，可给人的感觉有点冷峻、尖利，今天的景色单调，给人的感觉却是强悍、热烈。"她弯身挑拣起几块红色的卵石，"你看，是红色的，上面全是气泡，可能是天上降落的火山灰烬被海水冲刷后形成的。"她扔了一块给朱颐。

朱颐伸手接住石头，看着。

"像被血浸泡过的一样。"林芩兴奋地说。

"你怎么一见到血色的东西就激动。"

"是吗？"林芩不以为然，又弯下腰去拣，黑色的长发披垂下来，舔到海面。

"别动，"摄影师已经站到了沙滩上，扛着摄像机，看着镜头，对着林芩，一会推出镜头，一会收进镜头，调着画面，"就这姿势好。"他按动了拍摄键，慢慢移动着镜头。

朱颐没有看到凯瑟琳，有些心烦，海水浑然不理会他的心情，依旧柔和而规则地在他的脚边起伏，一会淹上沙滩，一会退下沙滩，没有一丝同情的涟漪。"我有点累，想上去了。"朱颐冲着林芩远去的身影大声喊道。

林芩似乎没有听见，还在往更远的地方移动，捡拾红色的卵石。

海潮又涌上了沙滩，浸透了朱颐的鞋子，朱颐一赌气，不叫喊了，拔腿就往回跑。

林芩看见了，追了过来，顾不上脚湿，蹬进鞋子就走，一会儿就赶上了朱颐。他们踏上小径，向上攀登。摄影师扛着摄像机，背着双肩包紧跟在后面。

林芩回到坡顶，刚想喘一口气，一阵"哗啦啦"的巨响吸引了她，她顺着声响走过去，走到坡顶的边沿。那里是几块平坦突出的岩石，岩石下面几十米的地方是一片黑色的礁石，嶙峋坚硬，海水猛烈地冲撞上来，飞溅而起，碎成无数水珠洒落下去，翻卷起一片白沫，还没有等白沫消失，新的一轮海浪又打上来了，又化成无数水珠落下……海潮永远不停息，白沫永远不消失，上千年过去了，还会有上千年的延续。

"你就坐在岩石上，"摄影师凑近林芩，"你侧过身子，我把白浪和黑礁收进来，白色的浪花、淡蓝色的天空、湛蓝色的大海、油黑色的礁石，色彩反差非常鲜明，我再调大光圈，就能拍出圣托里尼特有的蓝色、白色。"

林芩移向岩石边缘，注视着脚下滚动的白浪，一股比较大的海浪打来，浪花冲得很高，又急速落下，"哗啦啦"的如云似瀑。"我坐在边上，效果可能更好。"她说着，稍微往外移动了一点。

"注意看我。"摄影师往相反的方向退去，与林芩拉开距离，照相机对准林芩。

"我知道。"林芩在距离岩石边沿还有1米多的地方，找到一个平整的石面坐下，朝向摄影师，"怎么样？"

"最好手支撑着下巴，像个思想者，脸一半冲着大海，用海潮象征你的思潮，用海面象征你的宽阔。"

林芩半边脸对着大海、白浪，却没有支撑下巴。

"绝了，呵呵，荣光集团未来的蓝图就在此时，就在这里产生，照片将见证奇迹。"摄影师按下快门。

"你也来几张吧。"林芩对朱颐说。

"我有恐高症。"

"这里还不到边沿。"

"别勉强他了，否则站立不稳，反而要出事。"摄影师笑着，翻转照相机，打开显示屏幕。

"应该不错？"林芩走过来。

"哪还有错的？！你看，"摄影师把照相机交给林芩，"站在岩石边缘上，突出了蓝白间的人物，而且，我还特意调整了光圈，把海水拍得更蓝。"

"不错。"林芩翻阅着，称赞着。

"你和林芩一起照几张吧。"摄影师对朱颐说。

林芩默默地选了一个位置，站好，用目光招呼朱颐过去。朱颐微笑着走到林芩身边，微微地靠拢了一下。

"靠在一起，昨天还那么浪漫，今天怎么害羞了？"摄影师笑着说。

"呵呵。"朱颐一笑。

林芩靠向朱颐，朱颐也微微倾向林芩，心里却在想凯瑟琳什么时候能冒出来。

"动作有些僵硬，应该浪漫一点，亲热一点。"摄影师对着镜头。

林芩用目光示意朱颐，男的应该主动。朱颐稍稍犹豫了一下，搂住林芩，吻着她的脸。

"好，再深情一点，要有从内心发出'甜蜜蜜'的感觉。"摄影师半蹲着，按下快门，"好，非常好。你们再想一些动作，再拍几张。"

"可以了，够了。"朱颐摇摇手。

"其实，"摄影师笑着对林芩说，"刚才在岩石边拍摄时，再出去一点更好，白色的浪花会表现得更大，不过，在那里要站稳了。"

"站在这里我已经犯晕了。"朱颐离开林芩往里面走。

"我去。"林芩走到岩石边沿，注意着脚下，朝外一点点地移动。

"好，这样的话，我收进的浪花会更多，最好再移动一下。"

林芩又往外移动了一点。

"不错，比刚才好多了。"摄影师拍了一张，"只是下面的浪花和整个画面不成比例，画面中的地表岩石部分太多。"

"那好，怎么才能把浪花多照一点。"

"我调整一下角度试试，"摄影师对着镜头，"不过，最好再移动一下。"

"好的，我还能再出去一点。"

"那就更好了。"

林芩又往外移动了一点，凝住脚步，回过头来，看着摄影师："这样可以吗？还要再往外吗？"

"当然。"

林芩又移动了一点，冲着摄影师微笑。

"不能再移动了？"

"还有近20公分。"林芩扫了一眼脚下。

"好了，别再动了。"摄影师对了一下镜头，走到林芩身边，贴得很近，用双手的食指、拇指搭出一个长方形，一会贴近林芩的脸，试着特写；一会后仰，像在拉远镜头；一会又侧向一边……吸引着林芩的注

意力。

林芩身子重心有些向外倾斜。

"别动，"凯瑟琳疾步走到岩石边，和林芩似乎站在一条平行线上，距离林芩几米远，"重心往里，不要往外，不要再仰来仰去了。"

林芩心领神会，马上稳住身子，往里面移动了一点。

摄影师的表情一下子阴沉下来，僵滞了，思虑像被一个黑洞死死地拽吸住，混乱、凝滞。

"刚才的姿势已经够美丽的了，"凯瑟琳微笑着走到林芩身边，把林芩拉进来，"女人柔软的曲线映衬在明亮的蓝色背景上，那就是维纳斯。"。

"呵呵，"林芩笑着说，"你好，终于等到你了。"

摄影师清醒过来，松弛了一下表情，对着凯瑟琳微微一笑，退后了几米，又陷入了深思，似乎又被拽进了那个"黑洞"。

"从我这里看出去，有恐高症的人已经要晕倒了。"凯瑟琳眨了一下眼睛，"身子只要再斜一点，或者再仰一下，就会失去重心的。"

朱颐也跑到凯瑟琳附近，看了看林芩刚才的位置，浑身的汗毛都竖立起，埋怨道："还是进来一点好，别冒充好汉了。"

"我是山里长大的孩子，悬崖峭壁见多了。"林芩看了一眼摄影师，朝凯瑟琳微微一笑，若无其事。

"难得有人能像你，气静若神。"凯瑟琳心有余悸。

"我和你一起照一张，"林芩拉住凯瑟琳，"咱们是有缘千里来相会。"她向摄影师做了拍照的手势。

摄影师呆呆地站着，还深陷在"黑洞"里，没有反应过来。

"Hi，怎么回事？"凯瑟琳冲着摄影师喊道。

摄影师醒悟过来，一脸内疚，接着露出了微笑，拿起照相机拍摄。

"我今天能和维纳斯一起照相，真是三生有幸。"凯瑟琳赞美着。

"维纳斯的婚姻是不幸的，她一见倾心的丈夫阿多尼斯不听劝阻，出去打猎，被箭猪咬死了。"摄影师凑上来，想释缓一下刚才的尴尬。

"阿多尼斯可是西方女人的偶像，"凯瑟琳看着摄影师，"大众情人、美男子，朱颐的形象就像阿多尼斯，不过，他比阿多尼斯幸运。"

"呵呵，他有那么神奇？！"林芩挽着凯瑟琳，对着摄影师，"我们换个角度，再帮我们照几张，比如，背对着红色的'山墙'。"她们的背转向红色"山墙"。

摄影师从透视镜里仔细观察着面前的两个女人，她们有一个共同点，微笑着的眼睛深邃、疑惑、不可捉摸。他担忧她们会联想得很多、很宽，心头一阵阵发怵，又忘记了按快门。

"你又在等什么？怎么不按了？"林芩微笑着说。

"哦，"摄影师急忙说，"我在等大一点的海潮涌上红沙滩，"他按下快门，"好了，终于等到了。"

"有很大差别吗？"林芩随便问了一句。

"当然，"摄影师收好照相机镜头，"站在这个位子上看，如果全是沙滩，就会很单调，只有等海水上来许多，才能拍到成比例的红色的海、红色的沙滩、红色的'山墙'，构图才和谐、美丽。"

"哦。"林芩轻轻一声，似乎理解了。

摄影师愣住了，又开始思索起刚才的举止、刚才的解释——是否异常？是否画蛇添足？是否越描越黑？

"怎么样，还有什么打算？"林芩转向凯瑟琳，"如果没有的话，就去下一个风景点。"

"对，对。"摄影师收拾着摄影器材。

"你一来就热闹了很多，林芩也有了一个说话的伴。"朱颐笑着对凯瑟琳说。

"我来的时候，林芩正在那边拍照，"凯瑟琳微微指了一下突出的岩石，"我就喊了。"

"你还没有下去过，"林芩看着凯瑟琳，转移话题，"没有踩过红色的沙滩，怎么样？我们等你一会，你下去看看。"

"踩上去有什么特别好的感觉吗？"

"没有，"朱颐抢上话头，"或者说很难受，只是色彩不一样，红色的，很少见。"

"如果只是色彩特别，我站在这里已经看到了，足够了，不要耽搁你们的时间了。"

"那也好，"林芩微微点了一下头，"红色的沙滩你过去见到过吗？"

"从来没有，"凯瑟琳笑着说，"尽管我有一半爱琴海血统。"

"我刚才下去体验了一下，"林芩微笑着说，"一到那里，就像进入了神话世界，红色的沙滩、红色的卵石、红色的海水，就像一池子血、一个血盆大嘴，就会联想到安泰和波塞冬。"

"你怎么会有这样的感觉？"凯瑟琳笑着说，"可怕的感觉！其实，波塞冬平时还是很温和的，自从惩罚了亚特兰蒂斯以后，很少发怒，你看，爱琴海在绝大多数时间里，是广袤而柔媚的，呵呵。"

"就像你一样。"林芩打量着凯瑟琳。

"我没有这样的魅力，呵呵。"凯瑟琳微微一笑。

"景色和心境有关。"朱颐又插上话，"当心境阴暗时，无论景色多么明亮，都像蒙上了一层灰纱。"

"不至于吧。"凯瑟琳瞥了一眼林芩，"天空那么明亮，心境那么宽阔，哪里会有阴暗。"她转向朱颐，"再说，你太太还那么阳光，像维纳斯。"

"呵呵，"朱颐露出了笑容，"真的吗？"

"不好吗？"凯瑟琳微笑着说，"维纳斯是爱神丘比特的母亲，如果你的儿子也能为人间带来爱，你不高兴吗？！"

"可是，维纳斯的爱情却很磨难，她最初的丈夫是个瘸子，后来是阿多尼斯，再后来才是战神马尔斯——丘比特的父亲。"朱颐争辩着。

"可是，在人们的心里，她始终是善良和美丽的化身。"

"这个世界本来就没有十全十美的事，包括神仙的世界……"朱颐和凯瑟琳攀谈起来，谈到神话、天空、海洋、红色山岩、红色沙滩、小径。

林芩干脆走到一边，让朱颐和凯瑟琳轻松交谈。

凯瑟琳发现林芩故意在回避，急忙终止了谈话，走到林芩身边，说："对不起，一谈起神话就忘了人间，耽搁你们时间了，走吧，去下一个景点。"

"去全岛制高点怎么样？"

"OK。"凯瑟琳痛快地答应了。

林芩从车头上的后视镜里扫了一眼摄影师，见他窝在后排靠椅上闭目养神，一派安宁，于是把目光转向正前方，透过挡风玻璃，看着车子爬上山顶。公路一侧的悬崖下，村落变得越来越小。

林芩知道摄影师是钱国强推荐的，当初挑选的时候就费了一番周折，换了几次都不怎么满意，朱颐还对她说过，"如果觉得不合适，可以再换，或者自己去选。"

林芩不想再换了，她的理由很简单，"舅舅也是好心，如果他推荐一个，我们就否定一个，不太尊重，不太好吧？！"

3. 制高点

车子慢慢驶向山顶，接近顶端时，拐进一条狭窄的单车道，走了一会，越过停车坪的门口，而后倒退进停车坪。停车坪的一边有一堵两尺来高的矮墙，矮墙外是悬崖，悬崖下面深远处的田野像方块拼版，一块接一块地排列着，绿油油的一片。田野外侧靠近海边的地方有一条飞机跑道，一架飞机带着轰鸣声冲落下来，飞驰向前。

从停车坪到顶端还要走一段比较平缓的斜坡，斜坡一边是山体，另一边是两尺来高的矮墙。靠近顶端的地方有一个小教堂，教堂钟架上的钟在风中摇曳。再往上就是顶端，顶端上有一座铁塔，铁塔上的天线直刺蓝天。

林芩喜欢登山，尤其喜欢登高远眺的气势，见了制高点就兴奋。她一路走在头里，到了铁塔前停下，踩上一堵矮墙，慢慢转过身来，回头眺望着大地、海洋、天空。朱颐、凯瑟琳、摄影师慢慢向她围拢过去。

海鸟在天空中盘旋，似乎离得很近，大地像一条巨大的鳄鱼，静卧在海里，三面是蔚蓝色的海水，制高点在"鳄鱼"的头上。"鳄鱼"宽阔的身躯弯曲着，渐渐地收窄伸向远方，最后收成一条尖细的"尾巴"甩进海里。"鳄鱼"的背脊上有一层白色的鳞片，到了"尾巴"处就模糊成了一片白绒，闪闪发亮，那白色就是小镇和村落的房屋。纳亚·卡美尼火山岛陪卧在它的侧畔，小希拉岛挑逗着"尾巴尖"。

"你看，"凯瑟琳指着"尾巴尖"的方向对林芩说，"那里，'尾巴尖'上密集的白色区域就是OIA小镇,我们前天晚上看日落的地方。"

"再过来一点,"朱颐好奇地问,"靠近'月牙湾'中端的地方也有一片密集的白色,那里是什么地方?"

"应该是Fira小镇,圣托里尼的商业、政治中心。"凯瑟琳解说着。

林芩眺望着远处的"尾巴尖"和两边湛蓝的海水,没有惊叹也没有喜悦,只是静静地观赏着。

"看到这片海水,"凯瑟琳微笑着说,"我想起了美杜莎,就是那个头发都是蛇的女人。"

"据说,她的眼睛很诱人,连波塞冬都抵挡不住。"林芩笑着说。

"没有人愿意把她的面容和善良联系在一起,"凯瑟琳充满了同情,"可是,我更愿意相信她的另外一个传说。美杜莎是一个美丽善良的少女,有一次和丈夫一起出海,遇到海盗抢劫,丈夫为了保全自己,把她卖给了海盗,她受尽欺凌、侮辱,她诅咒大海、诅咒造成她痛苦的人、诅咒她的丈夫,发誓要报仇,仇恨使得她的头发渐渐变粗,长出牙齿,变成蛇形。"

"丑恶可以把善良变得丑恶,而善良永远无法让丑恶变得善良。"林芩感慨地说。

摄影师举着照相机在附近转悠,对着远处、对着天空、对着众人抓拍。

"你觉得这里的景色怎么拍比较好?"林芩招呼着摄影师。

"你想把这里的气势拍出来?"摄影师走到林芩身边,"就像从你的眼睛里看出去的感觉,而且,还要拍出你的神韵——心灵和天地交流。"

"能做到吗?这可是高难度的意境。"

"制高点只有身临其境的人才有'会当临绝顶'的感觉,"摄影师有些为难,"在眼睛里,你的感觉深远、开阔,气势蓬勃,可是,一收到照片里,就全然没有了这样的感觉,相反,你还会觉得照片里的景色的线条和色调过于简单、枯燥,这是因为,天地是宽阔的,照片是狭窄的。"

"技术处理一下也不行吗?"

"试试吧,还要把你的人拍进去,参比出高度,当然,人在画面中的比例要适中,不能太大,也不能太小。"

林芩跳下矮墙,选了一个地方站住,背对着"尾巴尖",摄影师反复调节着焦距,反复进退选择着最佳比例,最后按下快门,一连拍了几张。

"总的感觉还不错,"摄影师翻阅着照相机后面的显示幕,"我会从中挑出一张最能表示意境的照片的。"

林芩踏着斜坡往回走,凯瑟琳默默地陪伴着,朱颐紧紧地跟在后面。摄影师换上了摄像机,扫摄着。韩贵从停车场里出来,走上斜坡,老远就向林芩挥手示意。

林芩看见路边有一棵近一米高的野花,笔直细长的花茎从低矮的叶丛中伸出,孤零零地在空中摇曳,浆红色的花瓣尽情伸展。野花孤独地扎在矮墙外的岩石缝隙间,背后是百丈悬崖,直突突地贯穿到山底。林芩芩跨出矮墙,半蹲在野花边,头依着花瓣,就像两个孤独的生命相依为命。

摄影师赶紧端起照相机,对准拍摄。

"当心脚下。"凯瑟琳提醒着。

"我知道,"林芩点点头,"还有很多余地。"

"你尽量往后退,就不会觉得景物距离镜头太近了。"凯瑟琳对着摄影师一边说一边走到林芩的一侧,站在矮墙内,贴着矮墙,几乎平行地盯着林芩。

摄影师后退到小路的另外一边蹲下,对着焦距,说:"宽度不够,间距太短,只能照出特写。"

"就要这个特写。"林芩微笑着说。

"那就好办多了。"摄影师重新走到路的中间,举起照相机,弓腰拍了一张,接着直起身子,想靠近过去,韩贵伸出一只手臂拦在他的前面。

摄影师瞄了一眼韩贵,停住脚步,若无其事地按下了连拍。

林芩站起来,迈进矮墙,要过照相机,翻阅起显示屏。画面中的人和物孤独而平静,写实出了她的心境、性情——孤独、坚韧、美丽,就像那朵花,独自站在悬崖边,坚持着生命。她满意地点点头。

"你怎么喜欢这样的画面?"凯瑟琳平静地说。

"不美吗?"

"不，很有个性。"

"是赞美还是批评？"林芩扭头看着凯瑟琳。

"当然是赞美，高处不胜寒，任何东西一旦站到了高处，就会显得孤独，尤其是美丽的花，她本来在地面上就已经很出众了。"

"谁的评说也不会比你的更出众了。"

"呵呵，在希腊，花是爱情的信物，拜伦的诗歌《雅典女郎》里就是这么说的，不过，拜伦首先是一个战士、勇士，他诗歌里的花是永远不会凋谢的。"

"你也喜欢拜伦？"

"当然，希腊人都敬仰拜伦，来圣托里尼的人都应该翻阅拜伦的诗歌。"

"我喜欢你讲真话。刚才的照片到底怎么样？"

"很坚毅，只有闪烁着坚毅的孤独才高贵，"凯瑟琳看着林芩，"不过，我有个疑问，你为什么要选择体现孤独的画面？"

"呵呵。"林芩笑了笑，"是人都会有孤独的时刻。"

"孤独不应该属于你。"

"为什么？"

"在这个世界上，有许多人拥护你，簇拥着你。"

"你知道吗，有时候，孤独的人会感觉到孤独地只剩下躯体里的那点血气了。"

"她就更需要坚毅，"凯瑟琳认真地说，"在一群人里，总是有人走在头里，看上去很孤独，其实，走在头里的人都很坚强、很坚定，照片里的你给我的印象就是走在头里的人。"

"我没有你想像的那么坚毅。"

"不，你有，我看得出。你的心境、你的构思，只有设身处地的人才会有。"

"你很富有想像力。"

"我佩服你的坚毅，你这个朋友我交定了。"

"不怕让你失望？"林芩微笑着说。

"我的眼睛从来就没欺骗过我。"

"你很自信，我很喜欢和你这样的人打交道。"林芩朝停车坪走去。

凯瑟琳紧跟上去，一直走到停车坪里的车子边。驾驶员打开车门，请她们上车。

"能不能等一下上车，"凯瑟琳叫住林芩，"我和我们老板说了，我去圣托里尼最大的收获就是交上了你这个朋友。"

"你的老板是干什么的？"

"我们敞开谈，怎么样？"凯瑟琳目光诚恳。

"好哇，"林芩指了一下矮墙，"去哪里怎么样？"

"可以。"

林芩和凯瑟琳走到矮墙边，林芩看了看表，觉得时间还早，就挥手示意朱颐、韩贵、摄影师再去转悠一会，拍一些照片，过一会再回来。

"那个摄影师是你的朋友吗？"凯瑟琳看着远处的摄影师。

"是家里人推荐的。"

"你们以前是朋友？"

"我不熟悉，家里其他人可能熟悉，怎么啦？"

"这个人做事前瞻后顾，总是想做有百分之百把握的事，这样的人，有长处，也有短处，有些活不适合托付。"

"呵呵，"林芩一笑，"不说他了，或者说，以后有空再说，不就是个摄影的吗？"

"你很沉得住气。"

"你为什么对他有兴趣？"

"无所谓兴趣，碰到了就说几句，"凯瑟琳突然冒出一句，"你们的韩贵很会办事。"

"我知道，现在还是让我们谈谈你的老板。"

"我喜欢你的坦率，"凯瑟琳的目光坦诚，"说白了，是我们老板特意安排我来找你的。"

"你们老板是谁？"

"也是你的一个朋友。"

"是迈克？"

"是的，你大概早就猜到了。"

"我又不是神仙。"林芩微微一笑。

"请你相信，我们没有恶意。"

"我想应该是，说吧，你们准备谈什么？"

"和你们合作投资生产ZL系列新材料，也就是说，把新材料的专利转给ZQ材料公司。迈克提了两个方法，只要你们认为有利，都可以，一种是现金买断；另一种是折合成ZQ材料公司的股份，也就是说，增加荣光集团在ZQ材料公司的股份，我们宁愿做小股东。"

"他不看好ZQ材料？"林芩故意问。

"你很聪明，知道我们现在是大股东，有些被动，但是，绝对不是无路可退，比如，我们还可以转到成本低廉的东南亚去投资生产，现在正在谈。"

"ZQ材料已经饱和了，技术陈旧，在中国，在全世界，产能过剩，反倾销、打击商业贿赂，价格下滑，等等，使得销售收入越来越难以覆盖日益增长的成本，明眼人都看得出来。"

"如果你们同意，"凯瑟琳迎着林芩的目光，"我们将在中国生产ZL系列新材料，把ZQ材料生产线、技术全部搬到东南亚去。"

"对你们来说，这是个最理想的办法。"

"你认同迈克的方案了？"凯瑟琳露出一丝欣喜。

"我认同没有用，我在度蜜月，不管公司里的事。"

"我们分析过你的处境，你是在以退为进，因为，有关你的基本面没有变化，很稳定，找你谈是找对人了。"

"你们就这么相信我？相信自己的眼睛？"

"迈克说了，"凯瑟琳眺望着远处的大海，"和你合作很愉快，他一直希望能和你继续合作，盼望你能回ZQ材料公司，一起发展ZL系列新材料。"

"我再说一遍，这事我做不了主，你们得和朱董事长谈。"

"迈克的意思是，先和你谈，和你谈好了，再找朱董事长谈，事情就会顺利得多。"

林芩笑笑，没有马上回答凯瑟琳，她很清楚，如今荣光集团在岸上，迈克在水里，想和荣光集团合作的人有的是。

"迈克说，价格可以谈。"凯瑟琳补充了一句。

"迈克是个精明的投资人，有钱。"

"我知道你想说，如今稀罕的是技术，不是钱。"

"我这样说过吗？"

"迈克是诚心诚意的。"凯瑟琳有些尴尬。

"我舅舅不是又被你们请回去了吗？！他有办法把ZQ材料的销售做上去，我讲的是真的，我不是个想看好戏的人。"

"迈克之所以同意朱董事长的建议，重新聘用钱国强，除了稳定ZQ材料的生产和销售以外，更重要的是，表示愿意和你们继续合作的诚意。当然，你舅舅也答应放弃不妥当的做法，朱董事长也承诺加强约束。"

"是啊，没有一个企业可以把自己的可持续发展建立在不正当方法上，我相信舅舅调整过来以后，还会有发展空间。"

"迈克感谢你在一些是非问题上支持他，说实在的，你舅舅过去的一些做法让迈克害怕，而且，那时他们国家的有关机构正在清查跨境商业贿赂的事，一旦追查起来，谁都受不了，他是在法制化的市场环境里长大的，知道贿赂罪的厉害。现在好了，你舅舅改变很多。"

"我很理解，所以，我没有一味袒护我们家里的人。"

"迈克对你的评价一向很高，说你做事认规矩，不讲情面，和你有许多共同语言，他说了，他的一些做法——没有坚守最初的约定，变成了大股东，给你带来了麻烦，要我代表他向你表示歉意，请你原谅。"

"一声'抱歉'就能解决问题？！我只怪自己，我本应该想到，我是在和资本打交道。"

"迈克也是身不由己，基金不是他一个人的，不是他一个人说了算的，他必须兼顾其他人的利益和意见，那些合伙人把他当鸭子赶，用中国人的话讲，就是'赶鸭子上架'。"

"事情都过去了，不谈好吗？"

"迈克还提出一个条件，希望你出山，当ZQ材料公司的董事长，他虚位以待，你舅舅依旧是总经理。"

"这件事，"林芩微微一笑，"我无法答应你。"她看了看在远处转悠的朱颐、韩贵、摄影师，又转向凯瑟琳，"我叫他们过来，一起上车，下面还有好几个景点。"她欲起步。

"我还有一句话，"凯瑟琳急忙拦住，语气平稳，"前不久，你们的市长去ZQ材料公司做过调研了，政府很关心公司的前景，迈克和他谈得很坦率，如果市场萎缩，利润下降，就可能裁员，首当其冲的是那些老人、老伙计，如果还不行，最后可能不得不请政府救助。"

林芩微微皱了一下眉头，望着远处的"尾巴尖"沉思起来，她不否认迈克的方案，她理解市长的担忧，承认把ZL系列新材料装进ZQ材料公司是一条捷径——有现成的投资人、现成的管理体系、现成的营销网络——当初发展ZQ材料之所以遇到困难，主要的原因之一就是缺少这个网络。

"没关系，"凯瑟琳无奈地说，"我可以耐心等待你的回复。"

"准确地说，你我都有时间，也都没有时间。"

"你很难缠，"凯瑟琳笑着说，"所有和你接触过的人都对我这么说。"

"看来，你是把我研究透了再来的？"

"呵呵。"凯瑟琳欲言又止。

"我喜欢和精明的人打交道，"林芩离开矮墙，"上车吧，去酒厂，听说那里的景色更美，酒的味道甘甜。"

凯瑟琳意犹未尽，没有移动。

"走吧，到酒厂后我们还可以再谈，你我还有时间。"林芩转身挥手招呼朱颐、韩贵、摄影师上车。

凯瑟琳长出了一口气，步履轻松地走向车子。

从制高点下来后，道路变得平坦起来，车子走得很稳。林芩注视着窗外向后掠过的景色和远处旋转的大海，回想起ZQ材料公司的纷争：

ZQ材料公司为了谋求进一步发展，讨论过到东南亚开辟生产基地的事，也派人去那里考察过，同时，还向海外发行了为期一年的可转换债券。当时，公司上下喜气洋洋，人人心头笼罩着祥云，对未来的成长充满信心，钱国强更是踌躇满志。

钱国强万万没有想到，就在这当口，迈克突然向朱荣光提出，要解除钱国强在ZQ材料公司的一切职务。钱国强被裁撤后，迈克当上了董事长、总经理由迈克从国外高薪聘请而来，亲自抓市场营销。据迈克介绍，这位总经理曾经有过辉煌的营销业绩，是美国常青藤大学的工商管理硕士。

总经理来的第一天，把销售经理们找去培训，在会议室的小白板上用黑色的水笔画了许多曲线、三角形，先普及人的需求理论，接着从客户、潜在客户、适合客户讲起，一直讲到目标客户，把所有的人都侃晕，总经理及时推出了新的营销计划、策略。

新的营销计划、策略推行了一段时间以后，ZQ材料公司的销售业绩没有给他长脸，销售量持续波动，图板上的销售曲线没有呈上翘势头，而且成本不断推高，ZQ材料公司的效益不断下降。为此，总经理又出台了更为严格的奖惩措施，大幅压缩开支，把所有员工的收入都拉下来，许多优惠待遇被撤销，蒙受损失最大的是所谓的各个时期的"老伙计"，优越感遭受严重挫伤。林苓觉得这样做有些过分，起来劝阻，总经理不听，他无论如何也想不通，为什么那些人的工作效率不高却可以凭借十几年前的功劳享受优厚待遇，甚至还有人可以干拿钱不干活。更令他们不可思议的是，员工们对此竟然没有多少意见，而且还很羡慕，觉得天经地义——打江山的人坐江山，千古传承。

朱荣光也力劝迈克适可而止，"我不否认你和总经理的出发点是好的，是为了ZQ材料公司的发展着想，可是，不管动机有多好，出台的措施都要兼顾稳定、平衡、历史、文化，不要太激烈，因为这涉及到两种文化的冲突，不可能一朝一夕争出个胜负，要有个过程，慢慢适应。"可是，迈克听不进去，坚持认为，那些个功劳都是些陈汤烂谷子的事，不值得一提，要与时俱进。

迈克和总经理不接受文化差异一说，反而更坚信那是一种阻碍，必须坚决破除，他们不愿意耐心沟通、适当妥协，而是一意孤行，坚持自己的做法，结果矛盾越演越激烈，终于走到了白热化。

在几个"井冈山时期的老伙计"的怂恿、策划下，ZQ材料公司的职工罢工了，停止了生产。他们的罢工口号是："增加工资"、"不得裁减工人"。他们把口号写在红色的横幅上，撑在厂门口，还把迈克和总经理的照片放大，贴在沙袋上，挂在厂门口大道边的树上，鼓动路过的人上去揍几拳、抽几掌、踢几脚。

迈克和总经理这时才觉得事态严重，于是尝试着和员工们沟通，缓和矛盾，可是，总经理不通中文，迈克夹生的中国话气急时就变调、就结巴，他讲得很累，对方听起来也很吃力，双方误解更深，谈一次崩一次。迈克只得请林芩出面，林芩婉言谢拒，她明白，那些老人对她同样抱有成见——责怪她倒向迈克一边，眼下没有交谈的互信，需要等待时机。

迈克请朱荣光出面调停，朱荣光反复掂量后，觉得自己出面调停也未必有完胜的把握，因为，如今的大部分员工已经不是十年、二十年前的那些人了，那时的人头脑简单，传统观念重，把朱荣光当做圣人，顶礼膜拜，一言即下，就是绝对真理，现在的大部分人是怀着诸多不满的"愤青"一族，把尊严、平等、自由、权利看得高于生命，蔑视权威，挑战偶像，而且这种倾向正势不可当地扩展、蔓延，迷信式专权显得老套、陈旧、苍白，朱荣光担心，一旦自己顶在前面揽下这事，恐怕最后连退路都没有。朱荣光建议还是由林芩先出面调停，她年轻，思想新、活跃，是唯一合适人选，尽管他知道林芩也有诸多不方便，那些老伙计对她也有许多误解。

迈克和总经理看到了希望，像抓住了救命稻草一样紧紧不放，几乎是用哀求的口气、目光请朱荣光一定要做通林芩的工作。朱荣光提出的条件是，让林芩任ZQ材料公司总经理助理，协助销售，因为她更懂市场上的民族和文化元素。迈克也提出了一个条件，不能再明目张胆地搞商业贿赂了。朱荣光要他放心，林芩本来就很烦那种做法。

朱荣光当即回家召开了一个家庭会议，请林芩、钱国强、朱颐坐在一起商量。朱荣光做了开场白，希望大家能够畅所欲言，各抒己见，可是，令他意外的是，会议很冷清——钱国强的眼睛望着窗外，一副不服气的样子；林芩面朝前方，眼睛略微低倾，想回避冲突；朱颐低头玩弄水笔，等待别人拿主意。

"你先说吧，"朱荣光憋不住了，冲着钱国强说，"别闷在肚子里。"

"我已经出局了，让我参加这个会议就是不合适的。"钱国强一肚子牢骚，只顾看着窗外。

"朱颐，别老是低头玩笔了。"朱荣光口气严厉。

"我……"朱颐抬起头，张望了一会，又低下头，"我等一会说。"

"林芩呢？"朱荣光语气温和，"你不会也要求等一会吧。"

"那我就先说，"林芩选择着措辞，"舅舅的做法、现任总经理的做法虽然不同，可都反映了一个问题，ZQ材料已经过了巅峰期，应该早做图谋。"

钱国强依旧看着窗外，一副不愿意听的样子。

"这个我知道，可眼前怎么办呢？"朱荣光瞥了一眼钱国强。

"尽可能满足职工和老伙计的要求，"林芩果断地说，"改变营销策略，尽快复工，把效益提上去，同时，加快ZL系列新材料的研发进度。"

"你看呢？"朱荣光扫过钱国强，看着朱颐。

朱颐想发言，想表现一番，却跳不出点子。

"唉……"朱荣光一声叹息，摇摇头。

"不管ZQ材料今后怎么样，"钱国强憋不住了，"眼前，我们还得指望它过日子，现在如果否定它，不符合实际，而且还会搞乱人们的思想，会引起'否定历史'、'否定一批人'的争议，只会造成更大的混乱、更激烈的冲突。"

"是这样。"朱荣光认同地点点头。

"就目前形势而论，"钱国强正色道，"ZQ材料的市场总量还在扩展，我在位子上的时候，订单量、销售量都比同期增长20%，而且，ZL系列新材料还在试验容器里，能指望吗？"

朱荣光看着林芩，想听她的。

林芩点点头，表示认同钱国强的说法，况且，钱国强又是她的长辈，娘家的兄弟，她不想直截了当地"冲撞"。

"可是，"朱荣光盯着钱国强，"迈克不愿意和你坐在一起说事呀。"

"我也没有反对林芩出面呀。"钱国强有些勉强。他担心，林芩一旦协调成功，平息了罢工，其威望一定会如日中天。他很不愿意看到这种局面。他突然悟出了一些味道，这原本是朱荣光自己就能定的事，为什么偏偏要开这么个会议来讨论。

"那好，就由林芩出面吧。"朱荣光拍板了。

林芩领命而去，她还没有开始动作、找人谈话，有关她的一些议论和消息就在ZQ材料公司里传开了，具有代表性的议论是，"林芩是极力主张尽快放弃ZQ材料，发展ZL系列新材料的；在林芩眼睛里，那些技术上转不过去的人都要被淘汰。"

林芩听到这些议论后觉得很奇怪，因为这种议论不准确，尤其是后一部分的话，她从来没有说过，也没有想过；至于前一部分的话，她也没有说过要尽快放弃ZQ材料。她确实说过要发展ZL系列新材料，直到现在也还是这样说，不过只是局限在比较小的范围内，即在公司管理层会议上、在家里、在朱荣光面前。林芩很气愤，觉得会议层面上讨论的意见流传到职工中去是一种不正常的现象，是有人故意在设置障碍，不希望她协调成功。

林芩很清楚是谁在设置障碍，应该是那班"老伙计"，不过，她马上就冷静下来，提醒自己，不能意气用事，意气用事只能坏事，她坚信，如果想要把事情调停妥帖，需要遵循的原则只能是，不能以某一方受挫败而另一方获利益为出发点，偏向狭隘的利益诉求只会把事情弄得更糟，万万要不得。她决心以最大的诚意、善意保证各方的利益，让方方面面都有利可图，同时，还要用最大的容忍心、坚韧性换取各方的理解，认同她的处置。

如何才能打动那些闹事的人呢？尤其是那些"井冈山时期的老伙计"？林芩想了很久，把方方面面的细节都想到了，最后，归纳出一个原则，那就是，即要讲眼前，也要讲今后，两者要结合起来，让所有的人都有危机意识，认清形势，也看到希望，同时，她再推出ZL系列新材料的技术、工艺培训计划，让所有的人都相信，她的计划是要让大家共享发展成果。

用什么方式和领头闹事的老伙计们谈，向他们宣传自己的想法呢？林芩想，如果直接把领头闹事的人找来谈话，像劳资对话一样，恐怕不行，自己的嘴巴再厉害，也斗不过一群嘴，诸葛亮舌战群儒的前提是，对方必须是儒。

林芩想到了一个办法，决定先私下拜会了几个脾气温和一点的老伙计，和他们坦诚交谈。林芩尝试着和那些人联系，可那些人除了敷衍、拒绝深谈以外，还把她的行踪报告给了钱国强。钱国强装糊涂，不表态，一副听之任之的样子，却在静观变化。

林芩出师不利，又琢磨起来，必须寻找到突破口，一旦找到了突破口，就全力突进，撕裂他们的阵线，可是，选谁做突破口呢？这个突破口必须是即能够沟通，又有威望的老伙计……林芩在脑子里一张张地过滤照片，最终，她锁定了韩贵。她认为，韩贵虽然顽固、愚忠，可韩贵是个识大体、讲大义的人，一旦明白了哪些事情从根本上来说对大家、对老伙计、对钱国强有利，就会义无反顾地去做、去劝说钱国强，而且，他又是老伙计中的头，和钱国强有着生死之交，更重要的是，眼下的韩贵是整个阵线上最薄弱的一个环节，因为，韩贵正处在检察院说的协助调查期间，只要检察院一天没有给出明确的结束调查的时间表，韩贵的心头就有一天的阴影和负担，担心事态会"恶化"。接着，林芩斟酌起了如何与韩贵交谈的方式，她认为，一旦和韩贵开始交谈，就不要回避ZL系列新材料的问题，而且要勇敢面对、直言澄清、赤心坦诚，否则，就会适得其反，搞乱韩贵的思想，让谣传有市场。

林芩找到韩贵时，韩贵果然不像其他老伙计那样气盛，至少能够坐下来心平气和地交谈、聆听。不过，韩贵对林芩并不友好，充满成见、猜疑。林芩开口没说几句，韩贵就开始反驳，说，"我压根就不相信ZQ材料没有市场，钱国强当政的时候，国际、国内的销售量每年都在以20%的速度增长，你的说法有些夸大其词。"

林芩不气不恼，不断提醒自己要有耐心，要抓住韩贵的处境突击，她告诉韩贵，她承认ZQ材料还有生命力，她绝对不会抛弃和否定它，可是，也要看到ZQ材料正在由成熟转向下坡，全球产能过剩，其标志性征兆就是竞争白日化，公司不可能再依靠它持续增长，必须转向生产效益更高的新产品，由此推动产业升级，这就需尽早图谋，尽早着手准备。

韩贵沉思了，他无法否定林芩的预言，实际上，他也经常在为ZQ材料的前景考虑，尤其是，近年来用于"招待"的销售费用连年增长，如上海等地的商业"贿赂"正在增加；国际市场的销价连年下降；人民币升值；反倾销开始出现，等等，他担忧总有一天市场会作出惩罚性反应——强行调整。

林芩见他不再固执己见，便乘势向他介绍起ZL系列新材料、ZL系列新材料的前景、技术和工艺流程概况、开发现状。韩贵听得很认真，理解能力很强，而且已经阅读过许多相关资料，有相当程度的了解。林芩认定韩贵早有图变之心，早就在悄悄关注ZL系列新材料了，说明他不是一颗花岗岩脑袋。林芩心底不由得漾起一层喜悦。

"我从来都认为，"韩贵诚恳地说，"唯有科技创新才能一个浪潮接着一个浪潮地推动企业前进，科技浪潮席卷而来时，不管人们是否愿意承认、既得利益是否会遭受损害，它都只会按照自己的逻辑不顾一切地前进，摧枯拉朽，势不可挡，因此，每一个人只能从改变自己着手，而不是责怪浪潮。可是，"他也流露出了担心，"新产品从理论模型到试验、到样品、到生产、到投向市场、到盈利，有许多环节，每个环节上都有许多难题要解决，任何一个环节出了大问题，都意味着可能前功尽弃，这样的例子在工业史上不少。"

"我同意你的说法。所以，想听你的，想请你当顾问，接下来，ZQ材料怎么定位，ZL系列新材料应该注意什么。"

"眼前，ZQ材料的销售要上去；员工的利益要保证；老伙计们要保护，帮助他们技术升级。"韩贵的眼睛发亮，闪着激动的光泽。

"好的，我保证老伙计们的利益，还是那句话，他们是财富，不过，财富需要保值、增殖，关键是充值，就是活到老，学到老、奋斗到老。"

"我想，只要你诚心以待，出台的措施能让大家看到希望，摸到利益，相信你是真诚的，大家就会反过来支持你。"

"你放心，我将制定详细的针对性很强的培训计划，不放弃一个人。"

"商业贿赂不能再搞了，钱总也说了。"韩贵心有余悸。

"我很高兴你和钱总有这个认识。"

"好，"韩贵一拍桌子，"老伙计的工作我去做，叫他们复工，尤其是销售人员。"

"我代表朱董事长感谢你了。"

"对钱总，"韩贵沉吟了片刻，"有些事不要太较真。"

"他是我的长辈，ZQ材料起步时，我们逃难时他背过我，我很尊重他，不是因为涉及到公司的前程和公司治理的规范问题，我宁愿让他负我一千次。"

"我的意思是……"韩贵欲言又止。

"你想提醒我什么？"

"你毕竟只能算半个朱家人，他们是血缘之亲，事态发展到最后，一定是血浓于水，无所谓'是非'，而且，你正处在关键时刻，老太太的态度也很重要。"

"谢谢，我明白你说的'关键时刻'是指什么，我会记住的。"

"你最好再熬一下，等做了他们家的媳妇后，有你说话的时候。"

"我感谢你的坦率，"林芩收敛住了笑容，沉默了片刻，郑重其事地说，"在外人眼里，做他家的媳妇是一件无上荣耀的事，是吗？"

"不是吗？"韩贵疑惑不解地看着林芩。

"是吗？"林芩又重复了一句。

"很多人连想都不敢想。"

"告诉你，当不当他家的媳妇是次要的，我只是想，作为一个职业经理人，对公司负责是起码的良心；发现问题就坦诚相告是最基本的道德。"

"现在看来，在这点上，很多老伙计都误解你了。"

"日久见人心，关键看我们今后怎么做。"林芩充满了自信。

韩贵私下里做了许多工作，林芩和领头罢工的老伙计们坐在了一起，敞开心扉交谈，畅所欲言，达成了若干条共识，共识的基本精神就是她和韩贵谈好的原则。

老伙计们一招手，罢工结束了，ZQ材料公司恢复了生产。林芩竭尽全力协助总经理推进销售，没过多久，销售量和销售收入启稳，渐渐恢复了增长。迈克和总经理悬挂着的心落到了地上。

朱荣光把找韩贵叫去，要他详细介绍林芩的表现，他想全面地评价林芩应对危机的能力，这种能力对一个将要被赋予重任的人来说，至关重要。韩贵如实禀报，尤其介绍到林芩对钱国强的态度时，动了感情，几乎是一句不漏地描述。朱荣光非常感动，大加赞赏，说，"难得忠诚，这个媳妇我认定了，只怕是我们家的朱颐对不起她、配不上她。"

林芩的声望如日中天，光彩照人，荣光集团内外都把未来的希望寄托在她身上。可是，天无百日晴，月无百日圆，就在所有的人怀着敬仰的心情抬头仰望这颗冉冉升起的新星时，忽然，阴云遮天——就在前一段时间，迈克经过一番深思，认定ZQ材料还有前景，有困难的只是后来入行的小公司，自己手中的规模经济优势、境内外生产基地布局优势无以复制，市场经过洗牌后会释放出更大的空间，于是，在基金投资的"赌徒"心理的驱使下，决定利用可转化债券到期的机会，把自己变成ZQ材料公司的大股东，把荣光集团的半壁江山活生生地割裂出去。

迈克经过一番密集活动，终于如愿以偿。荣光集团里顿时掀起惊涛骇浪，铺天盖地的斥责和咒骂直扑林芩而来，遮天蔽日。林芩遭受了巨大的冲击，身上的光环黯然失色，她承认自己做事欠考虑、缺乏经验，让迈克钻了空子，对不起荣光集团，于是请求辞去一切职务。迈克百般挽留，求她理解，可林芩坚持不受。

林芩去公司各个部门告辞，请求原谅，一些"井冈山时期的老伙计"把守住办公室的门，不让她进，眼睛里充满怨恨。

韩贵过来了，劝老伙计们宽容，也劝林芩不要争"一口气"。"走吧，今天就算你和他们告别过了，接下来的工作我会去做的。"他的声音真挚。

"我不甘心啊。"林芩依依不舍地走过一个个办公室，情绪激动。

"来日方长，有些事要慢慢来，"韩贵安慰说，"人又不是神仙，料事如神只是说说而已。"他把林芩送出办公楼,停住脚步,"还有,这些老伙计都是好人,应该给他们一个认识过程。比如我,说实在的,当初我对你也很反感,可是,事态发展到现在,我也看出来了,你是对的,而且,现在的形势只能更加说明你是对的。"

"谢谢你的安慰,"林芩感到温暖,如同在冰天雪地里感受到了一阵暖风,"可是,我现在又怎么能说'是对的'呢?"

"你要有信心,只要你开发成了ZL系列新材料,ZQ材料就会成为迈克身上的负担,他会来求你的。"

"你给了我这样的信心,我还怕什么!"

"我们就耐心等待吧,"韩贵微笑着说,"你没有撒手、没有放弃、没有气馁,这就是荣光集团的福音。"

"关键时刻你也让我看到了你们这些老伙计的胸襟,我会记住爸爸、妈妈说过的话,不论到什么时候,都不要忘记这批老伙计。我绝不和他们计较,绝对不会歧视和弃下他们的。"

"我会转告他们的,"韩贵兴奋地说,"那些老伙计们经常挂在嘴边的一句话是,'ZQ材料公司自从摆脱了起步时被围剿的险境后,是一天一地的变化,我们的贡献能抹杀吗!'你猜,我对他们怎么说?"

"怎么说?"林芩期待着。

"我拿我儿子的例子说他们,"韩贵笑着说,"我对我儿子说,你现在的日子比改革开放初期我们的日子好过多了,为什么还要数落许多不足。我儿子不要听,他说,他记得,他很小的时候,听爷爷对我说,你的日子比解放以前他的日子好过多了,怎么还不满足?你不是也不要听吗?!"

"呵呵,"林芩情不自禁地笑了起来,"是啊,如果只是一味地和过去比,就会固步自封,我们现在大概还停留在大禹治水的年代。"

"大禹治水的年代也比北京猿人时强多了。"

"呵呵……"林芩又是一阵笑,"只有一直往前看,才对得起祖宗、对得起子孙后代。"

"我现在也在挤出时间收集、研究ZL系列新材料生产工艺方面的资料。"

"需要我给你什么帮助吗？"

"当然需要，"韩贵推心置腹地说，"我想通过自己先走一步，再带动这些人，不让他们落伍。不过，我也有一个担忧，对这种新技术，有一部分人可能真的转不过来，这部分人怎么办？也得安排好哇。"

"转不过来也得转，我会很有耐心、全力以赴的。"

"我很了解你舅舅，他是个很敬业的人。"

"我从来都是这样认为，"林芩认真地说，"我从他那里学到了很多，更重要的是，舅舅建立了一个营销网络，这个无形资产的价值无法估量，也是我有信心做好ZL系列新材料的基础之一，所以，你刚才的观点并不全面，那些老伙计不只是我们需要带动的人，准确地说，是我们需要紧紧依靠的力量，还有，我妈妈和他们一家对我有养育之恩，我愿意为他们放弃我的一切利益。"

"这个年月，为了财富和利益，许多人抢都来不及，难得你有这样的想法，让我感动。"韩贵很激动。

车子略微颠簸了一下，凯瑟琳伸手越过车内走道，轻轻戳了一下林芩。"我看你一直瞪着眼睛朝前看，也不注意两边的景色。"凯瑟琳微笑着说。

"没什么，前面的景色也不错。"

"我觉得你应该学会休息。"

"听你的，这会儿你有什么故事吗？比如，宗教？神话？"

"马上就要到酒厂了，你知道狄奥尼索斯吗？"

"希腊的酒神，宙斯的儿子，可是，他的母亲是谁，传说很多。"

"他使葡萄酒醉人，给人间带来欢乐和善良，还教会人们种植葡萄，酿制带甜味的葡萄酒。他还有许多追随者，最痴迷的是那些女人和酒神祭司。有个国家的国王想害死他，结果反而被一个追随他的人杀死，那个追随的人恰恰是那个国王的母亲。"

"希腊神话里充满了哲理，正义是人们的普世价值。"

"宙斯、哈得斯、波塞冬三兄弟用抓阄的方式三分天下，波塞冬不甘心做宙斯治下的海洋大吏，几次想颠覆这种格局，和宙斯一争高低，结果都失败了，只能用地震、海啸发泄不满。他的失败是准则的胜利，抓阄一旦作为体现机会平等的程序被确定下来，就是天赋而神圣的，不能被随意颠覆，其结果就得被严格遵守。"

"否则就没有秩序，世界就会变得残暴、野蛮、充满阴谋。"林芩的口气坚决。

"在道德滑坡、善良缺失、金钱满目的时代，善良和道德显得更加珍贵，如果每个人在出现每一个念头时都经过善良过滤一下，每个人在行为时都被规则约束一下，人间就会胜过天堂。"

"呵呵，"林芩笑着说，"这也会过滤掉逐利的冲动、创业的激情，约束住自由的想像，有多少人愿意像苦行僧那样守着贫困，坚持善良？13到15世纪，宗教上层不也是这样吗？禁欲只是一层虚伪的画皮。"

"毕竟宗教有自省革新的机能，任何制度只要有自我调节和完善功能，都会新生和进化。"

"这是最重要的。"林芩把头转向窗外，把注意力从内心转向外界，窗外的景色还是那样单纯——蓝、白，只是永远看不腻。

林芩的思绪又被牵回到刚才的线脉：

林芩离开了，没过多久，ZQ材料的销售又呈现出了疲态，总经理在一片暗淡的业绩中辞去职务。迫于各种压力，迈克不得不重新请回钱国强当总经理。

钱国强做事比过去规矩多了，胆子也小多了，更像是迈克控制的董事会下的高级打工仔、婆家的小媳妇。为了提振销售，他又恢复了一些传统做法，不过，收敛了许多，比如，大幅度压缩"铺路"支出，用"购货卡"代替现金，等等，此外，还把公司的绩效奖励进一步向销售人员倾斜。

ZQ材料的销售又恢复了增长，若干地区失去的市场份额被重新夺了回来，挂在办公室里的全国销售版图——用红、蓝彩笔涂抹的中国地图，又被涂上了大片红色。红色表示销售份额在目标线之上，蓝色表示在目标线之下，钱国强戏称为："阴转晴了。"

日子一转晴，迈克对钱国强的一些策略又有了微词，对居高不下的销售费用、销售人员的重金奖励深为担忧，觉得长此以往，公司难以承受，后继乏力。钱国强不和迈克理论，却把"辞职"挂在了嘴上。迈克无奈，只得忍气吞声，不过，他悄悄地把目光转向林苓，关注起ZL系列新材料的动态。

钱国强突然接到通知，说国外对ZQ材料启动反倾销调查程序了，指控的理由是销售价格太低，低于国际同类产品（他们依据某项WTO条款，拿南亚一些国家的产品价格比对），损害进口国的同类产业的正常经营，要增收反倾销税，一开始先收取等额的保证金，等调查和最终裁定结束后，改征反倾销税。

钱国强计算了一下，如果自己输了这场反倾销官司，ZQ材料在国际市场上的销售量一下子要跌去50%，连固定成本都难以覆盖，加上与日俱增的销售费用，就会出现巨额亏损。钱国强马上去找市政府，希望市政府能把情况反映上去，通过官方层面协商，让外国人停止反倾销。市政府很重视，因为这里面涉及到当地的税收、就业、产业链条，等等。

经过政府努力，事情得到了妥善解决。市政府商务委员会的专家转来了好消息，说："你们很幸运，这次申请反倾销调查的面不大，考虑到双方经贸关系的依赖程度、他们对中国市场的重视，对方同意不立案，坐下来调解。"

钱国强长出了一口气。

"你不要太天真了，"商务委员会的专家认真地说，"这种事情过得了初一，过不了十五，不要以为政府出面协调是包治百病的良药，中国是贸易顺差国，依赖国际市场的地方更多，人家没有义务为你的崛起敞开市场，所以，如果你不想办法改变经营方式，不实现产业升级，不提升产品在国际产业链中的地位，恐怕今后会有更大的反倾销危机，会有更多的国家和地区打反倾销官司，波及的面会更广，归纳起来就是一句话，你要保护我们国家的产业和利益，人家也要保护人家国家的产业和利益，你要崛起，人家也要崛起，市场就那么大，饱和了，谁愿意让步？！唯有不断创新才是互利共赢的！"

林苓获悉此消息后，也请朱荣光转告钱国强，"这仅仅是个开始，危机还在后面，市场一定会按照自身的规律强行调整、挤压泡沫。破产就是市场强行调整过度繁荣的极端手段，没有什么不可能的。"

凯瑟琳见林芩又陷入了沉思，不由得也思考起了自己的事——迈克的打算：

迈克得知林芩、王毅的研发胜利在望，急了，怕失去最佳的谈判时机，决定出手。

迈克盘算了一下，改产ZL系列新材料，首期需要10个亿投资，荣光集团只能拿出一部分钱，而且，朱荣光又不愿意放弃ZQ材料公司这份家业和在其中的投资，所以，应该能够坐下来心平气和地谈合作投资的事。

迈克很清楚，要做成这件事，和钱国强谈没有用，因为ZL系列新材料的知识产权属于荣光集团，是朱荣光说了算，而能够影响朱荣光的只有林芩，林芩又是ZL系列新材料的研发总负责，林芩是关键，更何况，林芩很可能还是荣光集团未来的核心。

迈克特别关注林芩的婚姻，他认为，林芩的婚姻状态和ZL系列新材料的研发决定了她今后在荣光集团的地位，缺一不可。他完全同意凯瑟琳的分析，林朱婚姻稳定对他们最有利。不过，他也承认，林芩和朱颐的婚姻中存在着许多不稳定的因素，有不确定性，今后的走向难以把握和预测。

迈克很了解林芩，知道她能力超强，不好对付，如果和她谈，关键是ZL系列新材料的"无形资产"价值、ZQ材料公司的控制权，林芩一定会用足ZL系列新材料技术专利这张牌，并经过她精明的脑袋充分发酵，开出一张价格不低的清单。

迈克多了一个心结，为了取得良好的开端，在什么时机，找什么样的人出面谈，就成了出师成败的关键因素，迈克又想到了凯瑟琳——以前在他的基金里工作过，是他属下的金牌公关小姐，有很强的公关、协调、斡旋能力，为迈克破解过许多难题。

迈克力邀凯瑟琳出山，请她收集信息、接近林芩、密切关系、参与谈判，并许以丰厚的报酬。

4. 去酒厂的路上——婆婆妈妈的事

车子平稳地行驶着,朱颐接到了一个电话,听了一会,不安地用余光环顾了一下左右,压低声音,不耐烦地说:"你挂掉好吗,现在说这样的话不方便,所有的人都在车上,下车后再联系。"

"好,不和你多说了,我就想再问一句,你们出发前,林苓去检查过没有?结果怎么样?哪家医院。"钱淑芬的声音很低,很温和。

"你烦不烦啊?!"朱颐欲挂电话。

"你别嫌我烦,我再说一句,不要忘记出发前和你讲过的话,再努力一下,争取有。"

"知道了,知道了。"朱颐不耐烦地挂断了电话。他完全理解钱淑芬讲的是什么,是他和林苓正常的夫妻生活。

朱颐闭上眼睛,盘算了一下时间,家乡那头比这里早六个小时,已经是傍晚了,朱颐猜测,朱荣光大概又在外面应酬,把钱淑芬一个人撂在家里,这种应酬几乎天天都有,钱淑芬一个人的晚饭好对付,可一个人的孤单、一个人的无聊却很难应付,和朱颐打电话就成了她一天中最大的乐事。

朱颐陷入了沉思:

出发前,钱淑芬乘林苓不在家,把朱颐叫到自己房间。"你们结婚这么长时间了,你到底喜欢不喜欢苓苓?"钱淑芬一本正经地说。

"你为什么要问这个问题?"

"你和她采取措施了?"

"你可以直接问她,她是你女儿,你们女人之间谈不是更方便一些?"

"她不是我亲生的。"

"你想知道细节?"

"傻孩子,不许和妈开玩笑。"钱淑芬板起脸。

"呵呵,就是嘛。"

"我和你说正经事,苓苓怎么没有动静?"

"什么动静？"

"你别装糊涂，我说的是她的肚子。"

"你怎么像皇宫里的太后一样，就知道盯着媳妇的肚子。"

"荣光集团不就是一个小小的王国吗？"

"好了，这都是哪辈子的老皇历了。"

"你怎么不懂妈妈的话？！"

"我知道你想说什么？"

"你知道什么？既然知道，还在外面做傻事！"钱淑芬严肃地说。

"什么傻事？"

"你以为我不知道？"

"是舅舅说的？"

"别在外面乱混了，和芩芩好好过日子，芩芩这样的姑娘哪里去找啊。"

朱颐沉下脸，很生气。

"我们毕竟不是普通百姓家，你的婚姻和后代关系到整个集团的前途和稳定，别在外面瞎混了"

"你瞎说什么呀！"朱颐狡辩着。

"没有接班的人，许多人就会有想法，就会惦记这块财富。"

"你没有看出来？"朱颐厌烦地说，"我不愿意回答你这个问题吗？"

"你别嫌我啰嗦，是芩芩的原因还是你的原因？是不是去检查一下？"

"你烦不烦呀，老是说这些个话。"朱颐"腾"地一下站起来，赌气走了出去。

朱颐不敢去做检查，虽然不能排除林芩可能有问题，不过，他更多地相信问题出在自己身上，责任在自己。因为荒唐，他掏虚了身子，出现了早泄、阳痿，对林芩比较冷淡，林芩也烦他，他们很少做爱，即使做，很多也是失败，还有，他每次贴近林芩时，发现林芩都憋着气，闭着眼睛，流露出恶心，像在忍受巨大的羞辱，事后，他总能感觉到，林芩就像是被奸污了一样，会痛苦很长时间，偶尔还会轻声抽泣。

朱颐又想到，一旦确定自己有问题，母亲一定会全力支持她娘家人出来执掌荣光集团；如果是林苓的问题，家族里所有的势力就会乘机逼迫父亲和母亲帮助他另外物色媳妇。不管是那一个原因，结果都是一样的，林苓的地位马上就会发生动摇，父亲的意愿顷刻间就会被削弱一半。林苓会因遗弃而孤独，由孤独而悲愤，在铺天盖地的流言蜚语中受尽折磨直至人尽灯枯；父亲会因失算而无措，由无措而绝望，在无休无止的混乱无序中承受磨难直至寿终正寝。

朱颐心头一酸，深深地愧疚，觉得自己对不起林苓和父亲。不过，朱颐转而一想，父亲和林苓绝非等闲之辈，会坚强地面对现实，会智慧地应付局面，或许，他们现在已经有预谋、已经在做准备了，只是需要时间，在这段时间里，对什么事情都忍隐不发……忽然，他脑子里掠过一道闪亮，一下子明白过来，林苓为什么执意要抓ZL系列新材料的研发；她什么都可以让，什么都可以装聋作哑，唯独这项工作不让，而且还用心培养了几个铁杆粉丝。他不得不敬佩林苓的深谋远虑、抓问题的精准度。

朱颐还想起来了，父亲悄悄地找过许多医生和专家，这些人都是治疗不孕症、性功能障碍症、从事试管婴儿实验的一流高手，如今科技发达，高科技治疗、试管婴儿、借腹生子，等等，方法多的是，什么奇迹都会发生，父亲不会吝惜金钱，只要有一丝希望，就会不屈不挠地去尝试，绝不会束手待缚……朱颐的心情好了起来，轻松起来。

那天晚上，林苓陪朱荣光应酬回来，走进卧室，随意问了一句："家里有没有事。"

"没，没有什么事。"朱颐不想把钱淑芬找他的事告诉林苓。

林苓死死地盯着朱颐，察觉出他的异样。

"是这样……"朱颐有些犹豫，不想说，可是，他又怕钱淑芬会去找林苓，并且透露出也找过了自己，这样一来，反而会使林苓猜疑他心虚，更加被动，"妈妈找过我了……"他定了定神，把钱淑芬的意思转告了林苓，最后说，"你看怎么办？"

林苓沉默了，很冷静，却很沉重。她原本就不愿意多谈这桩婚姻，更不愿意谈论与这桩婚姻相关的结晶，而且，她心里很清楚，问题多半出在哪里。

"你说呀，到底怎么办？"朱颐催促着。

"这事绕不过去，回避不了，也拖不得。"

"你的意思是先去做检查？不管怎么样，先把症结搞清楚？"

"是的。"

"你对检查的结果、后果有什么推测？"

"当然有，可是，又有多大意义呢？"

"那好，我就去联系医生，到时候一起去。"

"不，"林芩芩摇摇头，"我的检查我自己去联系。"

"为什么？"

"我只是想，结果出来后，让我一个人先知道。"

"那好，"朱颐的脑筋一转，觉得这样更好，自己可以暂时先不去检查，万一是林芩那边有问题，自己的"罪过"就可以减轻一半，"结果出来后告诉我一下，不管发生什么事，我都会和你一起承担的。"

"我没有那么脆弱，"林芩淡定地说，"我能承担一切，只怕是要辜负爸爸的心愿了。"

"他也是个见过风浪的人。"

"那就这样说定了。"林芩流露出了女人的柔媚。她也觉得需要检查一下，这不是性的需要，而是一个生命的需要，这个久违的生命联系着太多的利益和期盼，就像自己，甚至比自己还要可怜——还没有出生，或者说还处在一个卵子形态，就被压上了如山的财富、如海的期盼，陷进了比黑洞还牵扯的漩涡。她为这个生命可怜、惋惜，怕过重的压力使得这个生命畸形或者夭折。

朱颐由生育联想到了性，林芩的柔媚鼓起了他的勇气，他冲动地抱住林芩，吻着，说："不管发生什么事，我们都要共同面对。"

林芩见朱颐迟迟没有进一步的动作，便主动移向床铺……朱颐的表现又一次让林芩失望。

……

林芩芩从医院里取回检查报告，紧绷着脸，一言不发，甚至看都不看朱颐一眼。朱颐紧张地不敢问，几次想开口，都被她阴沉的面容止住了。朱颐已经猜出了八九分。

钱淑芬出现了，发现林芩的面色不好，转向朱颐，想从朱颐那里知道发生了什么事。

朱颐避开钱淑芬的目光，不知如何是好。

"你脸色很不好，"钱淑芬关切地问林芩，"哪里不舒服？"

"没有，只是很累，开了一天会。"

"你下午去哪里了？许多人都在找你。"

"去医院了。"

"去医院了？"钱淑芬惊诧地重复着。

"一点小病。"林芩搪塞着，上楼去了。

钱淑芬愣了一下，示意朱颐快跟上去。

朱颐紧跟上去，追进卧室。

林芩把包扔在梳妆台上，从冰箱里取出矿泉水，坐下后慢慢地喝了起来。朱颐屏住呼吸，静静地等着。

"是你的问题。"林芩很平静，拿出报告递给朱颐。

"你一切正常？"朱颐接过报告，仔细读起来，许多医学术语让他困惑，不过结论中第一条刺到了他的眼睛，归纳起来就是：林芩一切正常、健康。朱颐的头皮开始发麻，因为，接下来的推论就像在做"二减一等于几"的题目，简单地连小学生也算得出来。

"你什么时候去检查？"

"过几天去，"朱颐低下头，"其实，检查和不检查都一样。"

"不，还是检查一下好，确定一下病因。"

"好的。"朱颐的声音有些颤抖。他对今天的结论早有准备，可事实一旦摆在面前，还是像晴天霹雳，炸得脑袋一片空白，他马上想到，家族的血脉将无以延续，家族的精神大厦将会坍塌，父亲处心积虑的谋划将会破灭，飓风将会掀起，而且一定很猛烈，猛烈地能摧毁一切。

林芩不再理会朱颐了，而是默默地坐到梳妆台前卸妆，随后又去处理自己的公务和文件。

"我明天就去检查。"朱颐嘟哝着，装出一副不惧怕检查的样子，他唯一的希望是，自己能被确诊为"先天不足"，而不是后天荒唐惹出

的祸。

"暂时不要告诉爸爸、妈妈，"林苓头也不回，"连我去医院检查的事情也不要让他们知道，等你的检查结果出来后再说。"

"好的。"

"现在，"林苓头也不回地说，"你应该明白了，爸爸为什么从来不提要你我去做检查的事吗？他是个心里很明白的人。"

"我能理解。"朱颐欲言又止。

"现在不要多想了，也不要过于担忧，等检查出了原因、毛病，再想办法治疗，找好一点的医院、好一点的医生。"

朱颐很感动，没想到林苓会如此宽容、善良。他不由得想起了韩贵的话，"别看林苓性格很硬，有时候很固执，其实很善良。"

林苓独自上床了，没有声息，却一夜没有合眼，她想到很多，她恨朱颐不争气，让她受尽屈辱，可是她不后悔，结婚前她就明白，父亲也谈得很坦率，这桩婚姻无所谓爱、无所谓幸福、无所谓喜悦，只有奉献，为了这个家族，为了这个集团，为了这个社会，为了父亲从老辈那里继承下来的条条框框……她一声轻叹，如今，她唯一的烦恼的，朱颐不顾她的脸面，做出那些事……她不敢往下想，只是深深地为父亲、母亲惋惜。

朱颐也没有睡着，也想到很多，想得最多的是，这项检查将会剥去遮盖在自己不洁行径上的那层薄薄的装饰，迫使自己把丑陋展现在林苓面前，今后，自己将如何面对林苓、面对父亲、面对母亲、面对社会，他有些后悔，后悔当初自己的糊涂，怎么就会一根筋地只想报复，而被报复的人竟然都是些与自己有血脉关系、最关爱自己、最善良的人。

……

朱颐检查的过程很受折磨，医生有职业道德，没有一点歧视，可打制报告的小护士脸上却闪过了轻蔑的冷嘲。

"原因肯定在你这里，"医生对朱颐说，"如果你太太没有问题，你就需要抓紧医治。"

"能治好吗？"

"应该能够治好。"

"'应该'是什么意思?"

"世界上有100%的事情吗?"

林芩看着朱颐的报告,极其镇静,沉思了片刻,决定先告诉朱荣光。朱荣光听了以后,震惊地说不出话。"告诉朱颐,"朱荣光从错愕中清醒过来,"暂时不要让你妈妈知道,包括去医院的事,省得她疑神疑鬼,老搁在心里。"

朱荣光通过各种关系在上海中医药大学找到了一位老专家,他专程去上海拜访了他,还送上了厚厚的礼金。老专家只说尽力而为,没有打保票。

朱颐定期去上海治疗,对钱淑芬就说是去出差。可是,世上没有不透风的墙,时间一久,朱颐去上海求医的行踪还是被钱淑芬获悉了,朱家可能绝后的消息也开始在集团内、在街头巷尾流传,很快就衍生出了许多版本,比较集中的是,朱颐荒唐、荒淫,得了不育症。朱家无小事,飞进一只麻雀都可以编出一串故事,争相传听,延续很长时间,何况这类新闻比一只麻雀轰动得多。在世俗观念根深蒂固的家乡,这种负面消息无疑具有很大的杀伤力。

钱淑芬非常生气,这么大的事情为什么唯独瞒着她,她又很痛心,斥责朱颐不懂事。

"你别生气,"朱颐没好气地说,"不告诉你,是不想伤害你,不让你担心。"

"不说这些了,医生怎么说?"

"本来嘛,还没有最后定论,急什么呀。"

"医生的意思是治不好?"钱淑芬急切地问。

"谁说的?"

"那就是说治得好?"

"医生说,这病不是什么疑难杂症,不过,需要治疗几个疗程,眼下,我正在吃药。"

"你不要骗我。"

"我骗你干什么?"

"有希望就好,你是我的儿子,凡是涉及到你的利益,我永远都会维护你。"

"你相信我了？"

"公司正处在转型关头，很艰难，已经够让你父亲和芩芩操心得了……"钱淑芬停住了，突然，目光疑虑，"芩芩还和你父亲经常出差吗？"

朱颐惊诧地瞪大了眼睛，看着钱淑芬，不知道她为什么会问这个问题。钱淑芬的面色凝重，潜隐着担忧，让朱颐震惊不已。

"你也要多关心芩芩，夫妻之间，不要老是怄气。"钱淑芬认真地说。

"我记住了。"

"芩芩是个懂得感恩、知晓忠义的人，你一定要好好对她。"

林芩凭感觉知道电话是钱淑芬打来的，说了些什么，她的心情变得沉重起来，又陷入了沉思：

林芩也听到了一些市井传闻，精神压力很大。她强忍着痛苦，忍而不发，装作没有听到似的，可是，她不得不考虑接下来将会发的事，凭她的经验，她知道，什么意想不到的事都可能发生，什么奇怪的风都可能刮，一个规矩不健全、人治多于法制、凭着传统习惯、争斗技巧决定胜负的环境本来就是阴谋、诡诈孕育、横行的温床。林芩想到了最坏的结果，离开荣光集团，这或许是件好事，自己可以解脱了，自己的人性可以自由了，可以过一种超俗舒坦的日子，可以被心爱的人温暖拥抱。她更加思念王毅，回忆和王毅在一起的欢乐。

林芩又想到了朱荣光，她很久以来一直在思考一个问题：父亲那条传儿传孙的底线、围绕着这条底线死守的观念、制度是否能持久地适应市场竞争？适应法制化的市场环境？如果不能，为什么就不能顺应潮流，创造条件去改变呢，比如，上市，把荣光集团的股权结构变得更加开放，让法制化的市场环境、法制化的文明基因渗透进荣光集团，改造荣光集团内部的治理体制？她认为，这个问题迟早会摆在父亲面前，摆在荣光集团面前，绕不过去，何不早做谋断？她几次想和朱荣光敞开谈，当然是用漫谈而不是正式建议的方式交谈，可是，当她看到朱荣光不遗余力地为朱颐的治疗奔波时，她就说不出口了——在她的心目中，父亲是个不撞南墙不回头的人，很难转过弯子来。

林芩比以前沉默了，可是，朱荣光却能看出她内心充满了悲伤和痛苦，心在流血。他担心林芩不原谅朱颐，婚姻会解体；他也害怕林芩会躺倒，撒手不干，因为当一个人的前程未卜、做什么事情都可能没有结果时，再有责任心的人也会彷徨、迷茫、气馁。荣光集团里人才济济，可是，能在战略层面上谋事，又值得信赖、忠心耿耿的人，唯有林芩。

朱荣光忍不住了，找林芩谈话，要她安心，明确地告诉她，万一朱颐的病医治不好，自己会把一切安排好的，包括留给林芩很大一块股份。

林芩很淡定，明确表示，不管朱颐怎么样，她都会一如既往地生活、工作、创业下去，自暴自弃正好给别人看笑话。自己之所以坚持到现在，并且还会坚持下去，最重要的就是要报答父亲、母亲的养育之恩，除此以外，她早就把个人的荣辱置之度外了。

"这下我就放心了。"朱荣光激动地眼睛湿润。

"爸爸，我不要你分给我很多，我只要你支持我开办出自己的公司，一切由我自己去打拼。"林芩流着眼泪。

"不，这部分股份原本就应该属于你生身父亲的。"

"我的生身父亲没有做多大的事，不要一直放在心上。"

"世间还有什么比生命更有价值的吗？！"

林芩低下头，泪如泉涌。

"我舍不得你离开荣光集团，你一旦离开，荣光集团的未来就不可想象。"朱荣光的声音带着悲伤。

"个人的力量是有限的，哪有少了一个人地球就不转的！"

"理论上是这么说，实际上至少会出乱子，要付代价。"

"那也是公司治理体制有问题——人治多于法制。"

"既然说到这个问题，"朱荣光真诚地看着林芩，"我也面对现实，就是朱颐这个现实，想听听你的，荣光集团今后的治理体制怎么弄。"

"更多地引进现代法制环境下的公司治理机制，完备、高效、公正的市场经济就是法制经济。"

"我也想过，很多人也对我说过，就是下不了决心。"

"企业做大了，对社会影响和贡献大了，企业家为社会服务的责任就会变得越来越大，最后成为第一责任。杰出的企业家在于，表面上看是在为自己集聚财富，实际上是在为社会管理财富。"

"在市场经济条件下，企业家的财富没有明确界定，企业家会有积极性吗？"

"应该去找平衡点，我想，这个平衡点应该存在，应该能找到。"

"让我想想。"朱荣光沉思起来。

林苓默默地等待着，凡是涉及到朱荣光的核心利益，并且和朱荣光的意愿相左时，她不会过多地坚持己见。

"我是第一次听到你说这个问题，"朱荣光注视着林苓，"难道你一直在考虑吗？"

"是的，我一直想找机会和你敞开谈这个问题，可是很犹豫，有时候甚至会想，自己有这样的想法是否越制，自己的第一责任应该是去想，如何把爸爸交代的事办好，或者说，只埋头做事，不多去议论。"

"可能是我老了，"朱荣光微笑着说，"观念陈旧了，一下子转不过来，可是，我就是不甘心，辛辛苦苦一辈子，一眨眼，江山就是别人的了。"

"我理解，可是，这个问题每天都会引发出许多新问题、矛盾、冲突。"

"我会考虑你的意见的，"朱荣光很敏感林苓所说的"新问题"、"矛盾"、"冲突"是什么——这些"新问题"、"矛盾"、"冲突"是横亘在荣光集团发展途中的障碍，而且自己又是这些"新问题"、"矛盾"、"冲突"的始作俑者，他极力克制住自己的情绪，稳稳地说，"我想再看看，没准我会很快转变的，不过，眼下，还是不要轻易改变现在的治理习惯为好。"

林苓觉得心情愉快多了，因为终于有机会对朱荣光说出了压抑在心里很久的话，尽管朱荣光没有表示出明确的态度，可是，至少愿意听了。

　　林芩从沉思中恢复过来，笑着对凯瑟琳说："我知道，有关酒神狄奥尼索斯的故事很多，可你只讲了一点。"
　　"我看你又在思考什么，没有打扰你。"
　　"我现在很想听。"
　　"那好，你知道吗？狄奥尼索斯最后娶了哪位姑娘？"
　　"哪位？"
　　"阿里阿德涅公主。"
　　"怎么是她？"林芩活跃起来。
　　"文艺复兴时代，威尼斯的提香作过一幅画——《酒神和阿里阿德涅公主》，专门描述了这个故事。米诺斯国王的女儿，阿里阿德涅公主帮助雅典王子忒修斯杀死了怪兽米诺陶后逃了出来，命运女神从中作梗，阿里阿德涅公主被留在了一个荒岛上。她每天都站在海边的岩石上眺望，思念忒修斯，被驾车到处巡游的狄奥尼索斯看见了，其实，这是命运女神的特意安排。狄奥尼索斯的热情重新温暖了阿里阿德涅公主冷寂、悲痛的心，两人一见钟情，很快坠入了情网。"
　　林芩微笑着陷入了遐想，仿佛自己站在荒岛的岩石上眺望，一辆马车飞驶而来，车上的人影越来越清晰，是王毅。王毅停住马车，缓缓而下，她奔跑过去，投入他的怀抱，拥抱了，眼泪融合在一起。王毅把她抱上马车，驱车飞驰，刹那间，大海变成了葡萄园——他们宁静、祥和的归宿。
　　林芩又想起了她的《唐璜》，她不想用悲剧结尾，而是要构思一个美好的结局，不过她也想到，应该描写一段黑暗，再由黑暗转向明亮，这不仅符合逻辑，而且，还能够更好地对比、衬托出明亮的美、珍贵。她开始构思：

　　"海蒂"护着"唐璜"，眼睛里喷出怒火，她的性格和父亲兰勃洛一样刚毅，也是一头狮子，兰勃洛放下手中的枪，劝说"海蒂"放弃这门亲事，"海蒂"勇敢地拒绝了。

林芩感到忧伤，截断了思路，因为她没有这样勇敢过。她停顿了一会，又继续：

　　兰勃洛一声口哨，冲进来许多海盗，强行阻隔在"海蒂"和"唐璜"之间。"唐璜"不顾一切地和海盗们搏斗，搏斗的场面很激烈，终究寡不敌众，他被砍伤，被捆绑起来扔进船舱，驶离海岛。

第六章 酒厂、黑沙滩、Fira小镇

1. 酒 厂

　　酒厂坐落在悬崖顶部，临着大海，依悬崖阶梯般地叠层而建，共三层，通身雪白，披挂着一些绿树、花草。进酒厂必须经过一道拱门，门楣上就是品牌名称。酒厂所处的悬崖差不多是在"月牙湾"的中点，面对海湾中的纳亚·卡美尼火山岛。

　　阳光耀眼，白色的建筑反射出刺眼的光芒，大海却把光线中耀眼的部分全部吸纳，呈现柔和的蓝色。

　　林芩、凯瑟琳、朱颐、韩贵、摄影师穿过拱门，走上宽敞的露台，露台上有一些立柱，立柱上架着横梁，梁上铺着板条，板条间有较宽的缝隙，站在下面，身上就会印出斑马纹一样的光带。露台沿悬崖的一侧竖立着一排齐腰高的白色栏杆，栏杆边放着一溜小方桌和椅子，露台中也有一些桌子和椅子。露台的一头是个葡萄酒展销店。

　　林芩拉着凯瑟琳，找了一张栏杆边的桌子面对面坐下。顶上的板条遮住了大部分阳光，海风送来凉爽。林芩被一路上的心思弄得有点疲倦，眼下四周的洁白、蔚蓝开始纯净她的心灵，她感到惬意，只想静静地坐着，孤独地遐想和陶醉，使自己尽情地融汇在景色里。

　　朱颐不想打扰林芩，没有就近找桌椅坐下，而是拖着摄影师在附近转悠、拍摄，有时候自己也接过照相机拍摄。韩贵去张罗着上酒。

　　林芩静静地面对海面，眺望着纳亚·卡美尼火山岛、慢慢移动远去的渡轮、蓝天中盘旋的海鸥以及层层叠叠白色多姿的框架，框架凸出了建筑物的轮廓、悬崖岩石的形状，背后是静谧、蔚蓝的天幕。

　　"你刚才的故事很感人。"林芩微笑着说。

　　"来圣托里尼前，"凯瑟琳也注视着海面，"我又专门去了一趟雅典卫城，在她的南面，有个纪念酒神的狄奥尼索斯剧场遗址，半圆形的，凋零、破旧，没有被修复，是公元前342年至公元前326年修建的。

那时，每年都要在那里举行祭祀活动，还经常上演古希腊悲剧、喜剧，是雅典城邦国家的重要活动。罗马统治时期大规模扩建过，最多时能容纳17000多人，现存的遗址只是剧场的一部分。据说，罗马的尼禄皇帝也去过。"

"我印象当中看到过一张剧场的照片，半圆形，一层层阶梯式的座位堆砌得很高，不过，好像修复得很完整，现在还在用，不是废墟。"

"你讲的可能是希罗德·阿迪库斯剧场，在狄奥尼索斯剧场旁边，是公元161年的建筑，很多人都搞错过，包括我也是。"

"哦。"林芩微微点了一下头。

酒厂的服务生托着酒杯、红和白两种葡萄酒走过来，林芩朝他微微一笑，表示谢意，服务生为林芩、凯瑟琳各斟了一杯红色的葡萄酒，就像两块红色的琥珀悬在桌面上。

"在公元前7世纪，希腊就有大酒神节，祭拜狄奥尼索斯，祭拜仪式上有歌唱，有表演。"凯瑟琳举起酒杯，对着林芩，"祝你健康。"

"祝你健康。"林芩举起酒杯和凯瑟琳干杯，而后欣赏了一会"琥珀色"，又贴近鼻尖轻轻一嗅，接着抿了一小口，微笑着说，"不错，真的很不错。"

"我很喜欢这酒，"凯瑟琳也抿了一口，"甘甜，圣托里尼的葡萄酒不管是红色的还是白色的，都带点甜，红色的比白色的更甜一点。"

"这里什么酒最好？"

"我想，应该是Assyrtiko。圣托里尼岛上有40多种葡萄，其中就数Assyrtiko最出名。"

"这就是Assyrtiko葡萄酒？"林芩看着桌上的酒瓶。

"是的，"凯瑟琳看了一眼朱颐、韩贵、摄影师，"请他们也过来，别老是拍照呀拍的，错过了好机会。"

"呵呵，"林芩站起来，招呼朱颐、韩贵、摄影师，"都过来一下，这里的酒很美，别只顾拍照。"

朱颐、韩贵、摄影师走过来，林芩为他们每人斟了一杯白色、红色的葡萄酒，请他们先品尝白色的，再品尝红色的。

"相当不错。"摄影师喝了一口又一口，直到喝尽，接着又拿起红葡萄酒，一饮而尽，舔舔嘴唇。

凯瑟琳起身让到一边，请摄影师为林芩拍照。摄影师让林芩把盛着红色葡萄酒的杯子放在面前的桌面上，以白色的桌面、白色的栏杆、林芩浅色的衣衫、蓝色的大海为背景，鲜艳地突出葡萄酒的红色。林芩的美丽、酒色的鲜艳、天色的明亮、大海的柔和让所有的人惊呆了。

"这将是一组最能表现出你个性的照片，"摄影师一连按了几下快门，"特别生动，特别美。"他又转换了角度，从不同的侧面拍摄过去。

"你知道刚才你有多美吗？"凯瑟琳重新坐下。

"真的吗？"

"我呆住了，而且还妒忌了。你要知道，女人看女人天生就喜欢挑剔，可是，就是挑不出缺点。"

"呵呵。"林芩微微一笑。

"你从内到外都很美。"

"你们继续谈吧，"朱颐凑过来，对林芩、凯瑟琳说，"我和韩贵再到别处去转转，去看看。"

"去吧，"林芩芩对朱颐、韩贵挥挥手，"别为了我，扫了你们的兴，这里的景色特别好，可以专门出一本爱琴海风景相册。"

"待会见。"朱颐拉上韩贵离开了。

"你呢？"林芩转向凯瑟琳，"我就只想坐在这里欣赏，你也和他们一起去吧，拍些照，老是让你陪着我，我也显得太自私了。"

"哪里仅仅是陪你呀，我们还有话要说呢。"

"在制高点时，我说过，我们等一会有的是时间，可是，一到这里，我就发现另外一件事在挤兑我的时间，那就是安静。"

"是的，"凯瑟琳瞟了一眼海面，"安静是这里景色的一部分，少了它就损害了美，是我打扰你了。"

"没有，这景色能让我们轻松地交谈，"林芩微笑着说，"可别让它打扰了我们。"

"呵呵，"凯瑟琳轻松一笑，"先前，在制高点上，我说的都是真心话，迈克很诚心，你也很了解迈克，他是个尽职的投资人，如果你们能合作，ZL系列新材料一定能快速发展。"

"你的韧劲让我感动。"

"你答应了？"

"我要向朱董事长报告，"林芩含着笑说，"如果要深入交谈下去，朱董事长一定会提出一些具体问题、条件，就要看迈克是否愿意接受。"

"迈克就是要我把你的条件、要求反馈给他。"

"我想，关键是荣光集团将追加多少投资；ZL系列新材料的'无形资产'怎么估价，转换成多少股份？"

"有你这句话我就很满意了。"

"至少表明我们愿意谈了，是吗？"林芩反问道。

"还能有别的结论吗？"

"你也是个很精明的人，和迈克一样能干。"

"谢谢。"凯瑟琳看着正在下面一层露台上走动的朱颐、韩贵、摄影师，轻声说，"他们到下一层露台去了，那里景色也不错。"

"我想应该是的，不过，我不想去，只想安静。"

"我也难得有清静一会的机会，应该珍惜。"

林芩看到朱颐在下面仰望她，便举手朝他挥动，接着又转向凯瑟琳，说："不管他们，我们谈我们的。"

"好。"凯瑟琳也向朱颐挥手示意。

朱颐一边招手，一边朝悬崖边的围墙走去，围墙只有一米来高。到了围墙边，朱颐转向海面，依墙望出，有一种贴近海面的感觉，可是低头往下看，海面依旧深远，渡轮码头就在那里。渡轮的周身鲜红，镶着白色的顶层，离开码头时，湛蓝平缓的海面被犁出一道白色的波带，远远的拖在后面。由于进出码头的船比较多，海面被划出道道白色的波带。

朱颐要过摄影师手里的照相机，透过透视镜，慢慢移动脚步，微微转换角度，追着景色构图、调光，按动快门，水、天、悬崖、建筑交汇出明亮的色彩、复杂的线条、嶙峋的轮廓。

朱颐感觉到有人走近他的身后，回头一看，是韩贵，只见韩贵死死地盯着他，似乎有话要说。

"有事吗？"朱颐急忙问，希望韩贵能带来有关齐燕的消息。

韩贵瞄了一眼摄影师，摄影师知趣地离开了。

朱颐转身望了一会林芩，看到林芩和凯瑟琳谈得很投机——一会儿松弛地微笑，一会儿注视着对方聆听，没有注意他，他才转向韩贵，微微伸了一下手，做了个"请说"的手势。

"齐燕出事了。"韩贵脸色凝重，声音很低。

"什么事？"

"刚才仇皮蛋来电话了，要你回电话给他。"

"仇皮蛋？"朱颐惊诧地叫了起来。他太了解仇皮蛋了，仇皮蛋姓仇，绰号"皮蛋"，还是朱颐给起的，是朱颐在瑞士的同学、同乡，跟在朱颐后面屁颠的玩伴。仇皮蛋为人憨厚，家势也远不如朱家，因此朱颐不怎么看得起他，"这小子没有回国？怎么和齐燕搞在一起了？"

"他现在是齐燕最得力的帮手。"

"他是助手？"朱颐将信将疑，"这家伙不务正业，一心想猫在瑞士享乐，迷恋瑞士风光，也换过一个学校。"

"不是那么回事，人家现在奋发读书，进了苏黎世大学。"

"啊？苏黎世大学，真他妈的长能耐了。"朱颐一阵羞愧，觉得天底下又少了一个"彼此彼此"的人。

"你回国以后，"韩贵收敛了笑容，"齐燕情绪很不好，身子很虚弱，拍摄《欧洲宗教》的事务又多，缺少一个帮手，我就介绍仇皮蛋去帮忙。"

"原来是这样，"朱颐嘀咕了一句，"现在要我打电话过去，是为齐燕的事吗？齐燕到底怎么啦？"

"你打电话过去不就知道了吗？！"

"事情怎么就这么巧，齐燕偏偏在这个时候出事。"

"哪里呀，齐燕不是这几天才出事的，只是最近才说开的，你和她没有联系，所以不知道。"

朱颐心里七上八下，猜不出可能发生的事，想做些心理铺垫。

"你还愣着干什么，仇皮蛋正等着呢。"

朱颐一边注视着韩贵的表情，一边拿出手机拨打仇皮蛋的电话。"喂，喂，是仇皮蛋吗？"朱颐听到电话那一头有动静，呼喊起来。

　　"朱公子，"仇皮蛋的声音轻松，"你好哇，很长时间没有听到你的电话了，能在爱琴海度蜜月，真羡慕你。"

　　"你也可以来呀。"朱颐觉得气氛没有像韩贵表现出来的那样紧张。

　　"我哪里有你的这样的艳福，说实在的，你不缺女人，同居就是了，何必要结婚，结婚反而成了累赘。呵呵，和你说笑话了，只是不想让你过于紧张。"

　　"别开玩笑，谈正事，齐燕出什么事了？"

　　"车祸。"

　　"严重吗？"

　　"当时比较严重，还做了手术，现在好多了。"

　　"噢，"朱颐松了口气，"什么时候出得事？"

　　"有一阵子了。"

　　"接下来怎么办？"

　　"伤情很稳定，医生说正在恢复，应该没有问题。我一会能见到她，现正在去她那里的火车上，是医生和齐燕的母亲要我赶过去的。"

　　"为什么一定要你去？"朱颐关切地说。

　　"放心，齐燕要做一个手术，修复性的，不大，我到那里后再打电话给你。另外，齐燕的母亲一直在她身边照应，韩贵经理也很关心，已经交代过了，让我们不要为医疗费用操心。"

　　"谢谢。"朱颐挂上电话，心里嘀咕着仇皮蛋说的"我们"两个字，觉得怪异、刺耳，很不舒坦。

　　"医疗费用不成问题，"韩贵似乎听到了仇皮蛋溢出来的声音，说，"一部分靠保险，其余部分都由我们承担，你母亲也发话了。"

　　"事故到底是怎么发生的？"

　　"是这样，前一阵子，齐燕记录片的外景已经拍摄完了，就剩下最后剪辑的事了。"

　　"不是很顺利吗？"

"顺利什么？"韩贵沉下脸，"你一走就没有了音讯，她有多痛苦，你知道吗？"

"我当然知道，其实我也很痛苦呀，她切断了和我的一切联系。"

"可是，这不能说她不痛苦啊。"韩贵流露出不满。

朱颐愧疚地低下头。

"开始的时候，"韩贵放慢语气，"拍摄纪录片是她唯一的精神寄托，她非常专注，近似疯狂，外人以为她勤奋，实际上只有我们知道，是在发泄和倾注，是想把一切忧伤都排遣出去，可是，当纪录片拍摄快要结束时，眼看着寄托精神的载体就要消失，她又烦躁起来，非常痛苦，时常流泪，情绪波动，有时候精神恍惚，有一天，过马路时没有注意红绿灯……"

"为什么要这样折磨自己呀。"朱颐鼻子一酸，眼前模糊起来。

"为什么？对你，她很伤心。"

"你们为什么不早告诉我，我一定会去找她的。"

"她不让我们告诉你？"

"为什么？"

"难道你还不了解她吗？！"

"我……"朱颐不想背"恶名"，想出了个理由，"我听说她已经结婚了。"

"你听谁说的，哪有这样的事。"

"你不要问，肯定的。"

"齐燕知道和你的婚姻不可挽回，"韩贵感慨地说，"可她依旧很想念你，对你抱有希望，所以纪录片做得很认真，发誓要作出成绩。"

"你知道，我是顶不过我父亲的。在我们这个家里，婚姻没有自由，不仅如此，可以说，我的一切都没有自由。"

"你错了？她没有怪你服从你的父亲。"

"她怪我？"

"你和林芩结婚只能让齐燕难过，算不了打击，她有准备，只是你接下来做的那些事，让她伤心欲绝。"

朱颐浑身一颤，知道韩贵指的是什么？他后悔自己的自暴自弃、自己的堕落。"这么说，她一直在关注我？"朱颐痛苦地说。

"当然。"

"她一定很伤心。"朱颐嘟哝着。

"是相当绝望，"韩贵愤愤地说，"我为你还做过许多劝说，可是，只能加重她的悲痛和怨恨。"

朱颐明白了，即使现在他是单身，齐燕也不会接受他、原谅他，更不要说会给他机会。"她怎么会知道的？是你们告诉她的？"朱颐轻声问。

"不知道。"韩贵摇摇头。

"或者说，是她主动打听到的？是谁告诉她的？"

"这重要吗？齐燕很善良，瞒着她，就对得起她了？"

"那好，"朱颐激动地说，"我再问你一遍，为什么现在又要我和仇皮蛋通电话，知道她的情况？"

"你能忘得了她吗？"

"别又把责任推到我身上。"

"是齐燕有话要对你说，你妈妈、你舅舅也知道。"

"齐燕有话要对我说？我怎么越听越糊涂。"朱颐看着韩贵，咄咄逼人，他不相信齐燕还会和他重归于好。

"说实话，"韩贵避开朱颐的目光，"我真希望你能面对现实，好好对待林芩，维持婚姻，我即可怜齐燕，也为林芩伤心，现在谁一不高兴都可以往她身上撒气，有谁能体谅、理解她的心情呀，她是无辜的，为什么要受到这样大的伤害。"

"我会的，"朱颐点点头，"你知道齐燕想和我说什么？"

"我不清楚。"

"你们都在耍我，"朱颐忽然扯高嗓音，"都在骗我，"他闭上眼睛，痛苦地哆嗦起来，"你们都在打自己的算盘，唯独不顾我，一会觉得我和齐燕结婚好，一会儿又阻止我和齐燕结婚，如今大概觉得朱家可能断后，和林芩的婚姻将走到尽头，又想找个人来收容我，可是……"他的泪水顺着脸颊往下淌，"我知道，齐燕不会接受我，不接受了。"

"别激动。"

"什么别激动，"朱颐愤怒地说，"我父亲该后悔了吧，告诉他，我不会原谅他的,他毁灭了好几个人的幸福,他会得到报应的。"

韩贵沉默了,知道朱颐在气头上,失去了理智,说什么也听不进。

朱颐渐渐平静下来,注视着大海,往事历历浮现:

朱颐滞留在瑞士不归,朱荣光又打电话要他即刻回国,口气异常坚决,硬得没有商量,还让钱淑芬劝说。

"你不给我讲清楚什么事,我就不回来。"朱颐的态度也很硬。

"好,你听着,要你和林芩结婚。"朱荣光的态度不容商量。

"我早料到了,"朱颐愤愤地说,"都是说好的事,怎么能说变就变,齐燕她们家里也都做了准备,街坊四邻都传开了,你们想过齐燕的感受吗!对她公道吗!或者说,你们根本就没有把她当作一个平等的人、一个应该受尊重的人看待,好像谁都在死皮赖脸地求着你们似的,只要你们高兴,只要对你们有利,你们想怎么干就怎么干,别人是死是活都无所谓!"

"怎么能这么说话?"朱荣光发火了,"好好劝劝她,可以商量补偿。"

"又是钱,你除了有钱还有什么?直到现在,你都没有一点愧疚,都不认错,好像钱能买到一切,还有,你别忘了,是我追的她。"

"我很忙,没功夫和你瞎扯,我把话说到底,这次是最后决定,不再改变了。"

"不,我只认齐燕。"

"那你就离开这个家,我就当没有你这个儿子。"

"你从来就不懂得尊重人,什么事情都要按照你的意志来,什么事情都那么粗暴、武断。"

朱荣光愤怒地挂上了电话。朱颐抓着电话哭了很久。

几天后就是该汇钱的时候了,朱颐没有收到生活费,悄悄地打电话给林芩,林芩瞒着朱荣光汇给了他一些。

朱颐屈服了,把齐燕约到小酒吧,昏暗的灯光下,朱颐的脸色发紫,齐燕感觉到事情不妙,忐忑不安。朱颐要了圣托里尼的葡萄酒,默默对注视着齐燕,没有心事喝,因为那酒的甘甜就像在嘲讽他苦涩的心情。

"表姑夫坚持要你回去？生活费也不给了？"齐燕打破沉默。

"是的。"

"这次该说明原因了吧？"

"他没说。"朱颐的神色恍惚。

"那么，说了些什么？"

"真的没说什么，三言两语，什么正事也没有说。"朱颐掩饰着，声音很低，不敢正视齐燕，怕她受不了。

"说到我了吗？"

"也没有。"

"没有？"齐燕惊愕地瞪大眼睛，一股怒气冲上心头，"这么大的涉及到我的事，竟然连提都不值得一提？"

朱颐意识到自己说错了，可是，能如实讲吗？朱颐思忖着。

"你在骗我，想安慰我，我知道表姑父一定说到我了，我猜也能猜得出来，女人对这种事很敏感。"

"请你原谅。"朱颐突然把头扭向一边，眼睛里闪出泪花。

齐燕也把头扭向一边，眼睛噙着泪珠。

"他要我……"朱颐吞吞吐吐。

"要你和林芩结婚？"

朱颐点点头。

"我知道了，表姑父、荣光集团离不开林芩。"齐燕的眼泪闪动，心中充满悲戚。

朱颐没有点头，不想承认这个现实，沉吟了片刻，说："我还会像上次那样，坚决抵抗的。"

"这次不一样，不是我想说泄气话。"

"那么，你说我们怎么办？"

"我能说什么？"

"我听你的。"

齐燕沉思了，内心激烈地冲撞起来。

"我不回去，我们私奔。"

"在这里？你能生存吗？你签证到期后怎么办？而且，我不想让你和你父亲、母亲断绝关系，让他们嫉恨我一辈子。"

"可是，你知道我的感受吗？"

"你们家族的事情，不是人的意志能够左右的，即使表姑父，别看他一言九鼎，许多时候也身不由己。"

"不过，这个我能做主，我要做，因为，齐燕，我爱你，。"

"就是这一点，你也做不了主，也由不得你。"

"我的心在这里，即使回去了，我也会抗争的，我会动员一切力量让他们改变主意的，我相信，许多人是同情我的。"

"不用了，这是命中注定的，我本来就不该有这份奢望，幸亏我不信邪，有自己的事业，我一定会做出成绩的。"

"你不要放弃，要相信我，我不会变心。"

"你要我等你？"

"是的。"

"哼，"齐燕轻蔑地一笑，充满凄苦、无奈，"会有结果吗？"

"要拖点时间。"

"只能是浪费时间，你不觉得这样做对我太残忍了吗？"

朱颐感觉到齐燕信不过他，和他之间出现了缝隙，他也没有勇气和能力来弥合缝隙，让齐燕树立起对他的信心，准确地说，他根本无力和朱荣光抗争，如果没有外援，抗争纯粹就是无稽之谈、以卵击石。

齐燕不再流泪，而是让眼泪收干。"今天别再谈这个话题了。"她异常坚定地说，并从包里拿出一封从Email里打印下来的信，递给朱颐，"看看这个吧，不长。"

朱颐仔细看了一遍，明白了，信是一个欧洲的电视台发来的，对齐燕的纪录片资料和构想很有兴趣，希望齐燕做好这一集以后，再拍续集，他们想购买版权，并且答应预付一点钱。

"你为什么不早告诉我，我可以让爸爸和全家知道。"朱颐埋怨道。

"前天刚收到的。这几天你像没了魂似的，哪里会关心别人的事，哪里听得进别人在说什么？"

"我现在就去告诉我爸爸。"

"不用了，我又不是摆着看的，非要去你家不可，还死皮赖脸地要往里面钻，图什么呀！"

"在我看来，你是为我生的，我也是为你才来到这个世界上的，没有你，我不能独立存在。"

"笑话，说这样的话，不觉得害臊吗？"

"我觉得太委屈你了。"

"哼，"齐燕冷笑一声，"委屈？委屈我什么？是没有进豪门，还是被遗弃？"

朱颐低下头。

"告诉你，我是解脱了。"齐燕变得更坚定了。她看清了，朱颐不是一个坚强的人，朱荣光不会让他自主婚姻，他最终也拗不过朱荣光，这样的人，不值得托付终身，可是，一想到马上就要和朱颐分离，万千情丝一起涌上心头，难舍难忍……突然，她猛烈地抽泣起来。

朱颐抓起酒杯，大口喝尽，又斟了一杯，又大口喝尽，还要再斟。

"你冷静一点，"齐燕按住朱颐抓酒杯的手，"我能靠自己的事业和能力养活自己，我相信我能创业成功，因为我在做这个纪录片时很认真，立意很高，不仅是为了竞争什么大学生纪录片奖，更重要的是，我把它当作自己今后事业的起点。我计划等这部纪录片制成后，就独立开办一个工作室。"

朱颐满脸羞愧、激愤，抬不起头来。

齐燕突然松开朱颐的手，抓起酒杯喝了一口葡萄酒，说："它和前几天的味道一样，甘甜。"

"你真的解脱了？"

"是的。"齐燕努力堆砌出微笑。

"可是，我没法解脱。"朱颐的声音悲戚、颤抖。

"没出息，事情都敞开了，应该轻松才是。"齐燕依旧笑着，有些僵滞。

"你有事业，还可以有爱情，我呢？"

"我希望你对得起林芩，她是个好女人。"齐燕举起酒杯一饮而尽。

……

齐燕送朱颐到苏黎世机场，在出境入口处，齐燕原本想微笑话别的，忽然，心头一阵悲哀、凄凉，眼泪差点涌现出来——甜蜜的缠绵要在顷刻间化作云烟随风飘去，谁都笑不出来。

"你等着我，"朱颐拉住齐燕的手，"时间不会很长，我一定会说服父亲的。"

"进去吧，照顾好自己。"齐燕平静地说。

"你一定要相信我。"

"进去吧。"齐燕挣脱朱颐的手，重复着。

朱颐抱住齐燕，贴着她的面颊，感觉到了齐燕轻微地挣扎，他抱得更紧了，齐燕不挣扎了。

齐燕哭了起来，怨气终究遮盖住了她的爱、她的思念。

……

朱颐回国后，不敢当面顶撞朱荣光，便向钱淑芬哭诉，向钱国强求救，却引来朱荣光更加严厉地斥责，朱荣光不惜和钱淑芬冷战，对钱国强翻脸，很难听的话都从嘴巴里吐出来了，堆积着的怨气都从心里发泄出来了，他甚至当着钱淑芬的面指责钱国强，"朱颐年轻、幼稚，没有社会经验，都是被他勾引坏的。他居心叵测，知道齐燕性格温和，不善于和人拼斗，不具备治理一个大集团的能力，而且心境不高，容易满足，容易控制，就想要她和朱颐结婚，自己当摄政王，控制荣光集团，这还仅仅是第一步。"朱荣光说到最后这八个字时加重了语气，使其变得意味深长、诡异、叵测。

"交给他又怎么样？他会卖了还是毁了荣光集团？"钱淑芬气得直哆嗦。

钱国强听到后一气之下几乎和朱荣光决裂，家庭内的冷战持续了很长时间。

韩贵双手搭在围墙上，面向大海，静静地等待着。

朱颐清醒过来，发现韩贵的脸色异常严肃，于是温和地说："说说吧，那次我按照父亲的指令单独回家后，齐燕是怎么生活的。"

韩贵转过身子，仰望了一眼林芩，发现她还在和凯瑟琳交谈，暂时没有想离开的意思，便全盘托出了朱颐离开瑞士后齐燕的生活：

齐燕回到宿舍后痛哭了一天，扯断感情就像从心头揭去一片肉。天亮了，她坚强地爬起来，擦洗干净面孔，调动出蕴藏在每一个细胞里的能量和智慧，毅然扛起摄像机，迈出门，全身心地投入到纪录片的谋划和拍摄中去。沉重的摄像机压在弱小的身躯上，没有显出特别的负重，因为心头的负担已经卸去。

朱颐打电话给齐燕，齐燕不接；发Email给齐燕，齐燕也不回。齐燕不愿意听他解释，他枯燥苍白的安慰、伤心悲痛的倾诉充斥着懦弱，不像个顶天立地的男人，齐燕没有兴趣。

齐燕先后收到了几个男人送来的红玫瑰，这些男人都很年轻、很优秀，她和他们约会了几次，可就是无法敞开心胸倾泻感情，因为她被爱情蜇伤过，被爱情扰乱过，她忘不了初恋。

齐燕遇到了经济上的麻烦，她和那家电视台联系，希望能再多提供一点资金，哪怕是借，对方没有答应；她又尝试着去募集，也只是甚微收效，最艰难的时候，连出去拍摄外景的差旅费都凑不齐，眼看时间一点点过去，计划就要夭折，急得她连扛摄像机的勇气、力气都没有，这时，仇皮蛋出现了，还带来了韩贵转达的钱淑芬、钱国强的问候、关怀、资助。

仇皮蛋提出给齐燕当助手，不要工资，他不为钱，只是敬佩她的坚韧不拔，他还认真地说，"我即使再无能，扛个摄像机总还是可以的，一个女孩子家成天扛着这么重的东西，能支持多久？！"

齐燕原来就认识仇皮蛋，见他那么真诚、憨厚，被感动了，答应了。果然，有了这个帮手，齐燕轻松多了，可以卸掉许多杂事，专心致志地策划和构思了，比如，订火车票和酒店，搬运设备和行李，联系外景和维持秩序，拍摄她的工作照片，等等，全部由仇皮蛋包揽了。

齐燕思念朱颐，时常向仇皮蛋打听朱颐的消息，仇皮蛋就和韩贵联系，朱颐有进步，齐燕就会开心地微笑，情绪高昂地工作；朱颐有退步，她就会悲伤，让仇皮蛋通过韩贵想方设法劝告他。除了这条途径，齐燕还通过家里以及其他渠道关注朱颐。

过了一段时间，齐燕开始听到朱颐自暴自弃的坏消息，随着时间推移,消息越变越阴暗、越来越负面——朱颐放荡地不像个好人。齐燕向仇皮蛋求证,仇皮蛋劝她不要轻信谣言,她相信了,怀着侥幸,本能地希望传说不是真的。

齐燕扛着摄像机对着小镇上的一个教堂拍摄。手机在裤腿上的口袋里震动,她果断地停下拍摄,卸下摄像机,接听起来,没听一会就站立不住了,一下子坐到地上,目光呆滞地看着远方,眼泪滚落下来。

"你怎么啦?有什么事吗?"仇皮蛋急忙走过来。

齐燕只是哭,不回答,脸上凝聚着愤恨。

"到底怎么啦?"

"我问你,朱颐在哪里?"齐燕眼睛里充满怒火。

"在家里上班呀。"

"不,不在,是在上海,而且经常去。"

"可能是出差,那里的业务量很大。"

"哼,"齐燕一声冷笑,"他生病了,是吗?"

"没有听说。"

"你还骗我?"

"我真的不知道。"

"他怎么能那么荒唐、堕落,得那种病。"

"好像现在还没有确诊吧。"仇皮蛋无意中透露了一句。

"这就是说,你一直是知道的?为什么要瞒我,不告诉我?"

"他是我的朋友,我能在背后说他坏话吗?而且,韩贵告诉我,真的没有确诊。"

"确诊又怎么样,不确诊又怎么样,那种荒唐事是人干的吗?我真为林苓惋惜,我觉得林苓可怜。"齐燕伤心地痛骂起来,对朱颐彻底绝望了,她暗自发誓,要从心底彻底剥去朱颐的影子。

齐燕猛地站起来,一阵晕眩,停了片刻,扛起摄像机,发疯似的拍摄起来。她攀高跳下,好几次差点摔倒,都是被及时冲上来的仇皮蛋扶住,或者倒在仇皮蛋的怀里。仇皮蛋不停地安慰她,接过摄像机,替她拍摄了许多镜头。

齐燕的灵感随着激愤的火焰一起喷发,她大胆地调整了构思和结构,发给了欧洲那家电视台,电视台大为赞赏,同意追加预付金。齐燕还在忙碌中参加了GMAT和托福考试,准备去美国读书、发展。

朱颐捶胸顿足,后悔不及,面前的景色变得阴暗,纳亚·卡美尼火山岛黑得恐怖,像黑碳、焦煤堆砌起来的山。海鸥嘶鸣着飞过,留下心惊的余音。

朱颐的回忆阴暗、恐惧:

朱颐和林芩结婚后,林芩试着和朱颐升华感情,可是,两人的心扉都那么僵滞,无法敞开,朱颐忘不了齐燕,林芩也摆脱不了王毅的影子,每次在一个桌面上吃饭都草草了事,每天在一张床上睡觉都非常冷淡,各想各的心事。朱颐痛苦异常,对齐燕的思念与日俱增,总是幻想着有一天能和林芩离婚,重新回到齐燕身边。

不久,朱荣光不知道从哪里得到消息,转告朱颐,齐燕已经有了男朋友,同居了,是当地人。

朱颐一下子崩溃了,支撑他的爱和梦的精神支柱彻底夭折了,他恨朱荣光不近人情,怨林芩利欲熏心,气齐燕移情别恋。他决心报复,向家族、向社会、向所有制造他痛苦的人报复,要让他们受痛苦、遭惩罚、得报应。

朱颐开始疯狂掠艳,在那些女孩子身上发泄性欲、发泄仇恨、发泄精血。他把那些女孩子当作玩物,玩一个扔一个,喜欢看这些女孩子被欺凌、被"虐待"后迸发出来的愤怒和痛苦,他对这种愤怒和痛苦感到刺激、兴奋、满足。可是,自从遇到小云以后,他变了。

小云稚嫩的面孔像齐燕,勾起了朱颐的爱怜。他第一次强行抱她上床时,就像抱着齐燕做,百般爱抚,她却吓得发抖,事毕后哭得像只小猫。朱颐的心突然软了,本来想再好好"虐待"一番、快乐一把的,却迟迟下不了狠心。

"你既然不愿意,为什么抱你上床时不反抗?"朱颐抚摸着小云,温柔地说。

小云只顾哭,不说一句话,哭声中带着恐惧。

"你不要哭，你有什么事只管说，我会保护你的。"

小云拼命摇头，还是哭。

"你今年多大了？"

"不到16岁？"小云哭着说，"还差几个月？"

"还没有成年？"朱颐惊愕地从床上滚到地上，跪在小云面前，哀求道，"请你原谅，我不知道。"

小云的哭声越来越大。

"你不愿意？不愿意？"朱颐的声音充满恐惧。

"我要问我爸爸？"小云哭泣着。

"你爸爸？"朱颐意识到遇上了麻烦，因为，女孩子"不愿意"就意味着是强奸，强奸是要被判刑的，而且，林芩一旦知道他在外面强奸女人，是绝对不会原谅他的。朱颐急得满头是汗，跪在小云面前，扇起自己的耳光，好言哄劝了很长时间，还请小云开条件，只求不要上告。

小云一个劲地摇头，不停地哭。

朱颐害怕了，撂下了狠话："其实我不怕，你告也没有用，我爸爸是朱荣光。"

……

小云没有告，继续和朱颐幽会，朱颐心底漆黑冰冷的爱情灰烬重新燃烧起来，温暖的火光又照亮心头，他决心把这段爱情持续下去。

"一辈子都别离开我，"朱颐把小云抱在自己的大腿上，搂住她，吻着，亲昵地说，"我去买房子，把你养起来。"

小云默默地看着天花板，转动着天真的眼珠。

"不乐意？"

"不是。我们还是分手吧。"

"为什么？我哪里对不起你了？"

"没有对不起我。"

"因为我有家庭？我不可能离婚？"

"不是，"小云突然改口，"是的。"

"这个你不知道吗？"

"我知道，不过我很幼稚，没有想得很多，只知道和你在一起很开心。"

"事情都发生了，还说它干什么？"

"我是身不由己。"小云的眼窝里滚动着泪珠。

"什么意思。"

"我没有想到会爱上你，所以我不想欺骗你。"

"你欺骗我？"朱颐疑惑不解。

小云挣扎着站起来，走向门口，出门时不断地回头看望，一副依依不舍的样子。朱颐一头雾水，呆呆地发愣。

小云出门后就消失了，朱颐怎么也联系不上她，心又一次被打进了冰窖，冷透了全身。

朱颐的思绪又回到了大海、纳亚·卡美尼火山岛、海鸥。他注视着几个外国小女孩和小男孩嬉笑着挤在一个突出的台阶的角落里照相，心头掠过一阵轻微的欢悦。

仇皮蛋打来电话了，说他已经下了火车，在出租车上，快到医院了。"我怕你等得急，所以先通报一下。"仇皮蛋的声音很平静。

"告诉齐燕，"朱颐笑着说，"我在圣托里尼的酒厂，那里有她喜欢的Assyrtiko酒，我为她买20箱，一半白色，一半红色，请他们发运，等她好了以后，让她喝个够。"

"你疯了吗，这够她喝一辈子。"

"没那么夸张，我只是想，把她一辈子要喝的都送给她，把我欠她一辈子的都还给她，我要送给她我全部的眼泪、全部的鲜血、全部的悔恨。"

"这么动人，我都要激动地流眼泪了。"

"别开玩笑，"朱颐认真地说，"齐燕在我的心中比山还高。你到了医院后，有什么情况请立即告诉我。"

"那是一定的，车子到了，我要下车了，挂电话了。"仇皮蛋挂断了电话。

手机里传来"嗡嗡"声，朱颐紧紧抓住手机，直直地盯着韩贵。

"我再说一遍，"韩贵有些紧张，"这次的起因是齐燕有话要对你说,以前,是她一直不让我们告诉你她的伤情,更不想让你知道她是因为爱你而受的伤。"

"她恨我!她不会原谅我。"朱颐忧伤地嘀咕着。

韩贵的目光转向大海,忽然停住了,余光注视到了什么。原来是林芩、凯瑟琳缓缓地从他们背后走来,直接走向台阶的突出的拐角处——那些外国小女孩、小男孩的欢乐吸引了她们。摄影师匆匆追随过去。

台阶拐角处的海面景色更纯粹,林芩、凯瑟琳兴奋不已,一会搂搂这个小女孩,一会吻吻那个小男孩,和他们合影,逗得他们"呵呵"直笑。

"你们的心情这么好,"摄影师不停地拍摄着,"一定很上照,很活泼。"

凯瑟琳没有应答,却满脸微笑,轻松自得,因为和林芩谈得不错,达到了预想的目的。

小女孩和小男孩们听到母亲的呼唤,欢快地离开了,凯瑟琳向他们挥手告别时,发现朱颐、韩贵的身影僵直、情绪压抑,于是把目光转向林芩,示意她看一眼朱颐、韩贵。

"还是那句话,我们只管自己。"林芩若无其事地说着,把头探出围墙,"你看,悬崖下是个码头,就是我们下船的码头,一条渡轮正在离开,就像在蓝色布幕上点上了一个红点,描上了一条细细的白色带子。"

"真是这样。"凯瑟琳俯瞰着,附和着,"过几天,我们也得从这里出发。"

林芩没有接话,而是被景色激发出了灵感,构思起她的《唐璜》:

那条船离开了,不是红色的,而是黑色的,是海盗的船。不管"唐璜"后面的生活怎么样,从意境上说,都是像被捆绑着锁在密封的船舱里,失去自由。

林芩想到,接下来的描述应该表达出她热烈的爱,当王毅看到这段描写时,能感受她的忠诚和"固执"。她马上又想到,只有拜伦的描写才能最贴切地表现出她的心情、感受,于是,依然使用了拜伦的诗句:

"海蒂"的热情无望了，一团火从她的血管里迸发出来，血管破裂了，朱唇染上了殷红的血，头如急雨下的百合，垂下，倒下，脉搏没有了，灵魂还在，她拥有得太多，大地收拾不尽，她又苏醒了……

"又在想什么？"凯瑟琳轻轻提醒着。

"没什么。"林芩擦了一下眼角，抹去泪迹。

"你们俩稍微侧一下，"摄影师招呼着林芩、凯瑟琳。

林芩、凯瑟琳开始转动身子，面对面地侧对着镜头。

"对，对，就这样，别动。"摄影师按下了快门。

林芩依靠在围墙上又摆出了一些姿势，背后的蓝色格外纯净，她从里到外都释放出强烈的高贵。

"真美，"摄影师按动着快门，"我一定会把你刚才的几张照片放大，让你挂在墙上。"

"我很喜欢这里的景色，"林芩微笑着说，"没有一点审美疲劳，让我坐在这里默默地欣赏一百年，也不会感到疲劳，你们知道为什么吗？"

"你的境界很高，审美观在我之上，我怎么敢枉加猜测。"摄影师笑着说。

"不，"林芩一本正经地说，"我没有那么高尚，我只是在作画，用我的心、我的身体在作画，我努力把身躯、心灵贴进画幕，让画幕有生命、有思想、有气息。"

"你要是早点提醒就好了，我就可以捕捉这样的内涵了。我刚才拍照时，缺少这样的意境，可能没有很好地反映你的心灵、你的精神。"

"这种画是立体的，有生命的，任何平面照片都无法体现。"凯瑟琳认真地说。

"呵呵，"摄影师微笑着说，"你不是在难为我吗？"

"没有难为你，比如说，她的思想、她的心跳、她的呼吸，能拍得出来吗？"凯瑟琳笑着说。

"给我机会，让我再试试。"摄影师摆弄起照相机。

林芩微笑着点点头。

"先让我想想，"摄影师停住了，思索着，嘟哝着，"这么深的内涵，怎么体现？我即不能拍得很安静，也不能拍得很热闹。"

"如果你能把刚才的景色拍出静谧的感觉，"林芩提醒说，"就是说，所有的人看了一眼后，都有一种安静的感觉，就把我的心境拍出来了。"

"可是，这样的画面没有动感啊。"

"精神的动感只有用精神去体味，"凯瑟琳插上话说，"这是存在于画面之外的空间里的，就是说，让看到它的人自己去任意想像，想像的过程就是灵魂、生命活动、呼吸的过程，就赋予了画面灵性、生气。"

"可惜，我刚才理解错了，"摄影师流露出愧色，"还特意等渡轮过去，收进了它的身影和拖在后面的长长白浪，以为只有抓住活动的物体才能使画面活跃、生动，其实，我忽视了，真正的生命存在于看到画的人的心中，因为精神层面的东西只是对人的感悟而言的。看来，我的构思过于迂腐和俗套了。"

"不过，你的构思已经相当不错了。"林芩笑着说。

"没想到我研究了一辈子画面、心灵、人物，只有今天收获最大。"

"只怕回去后，你先前的许多照片都缺乏灵魂，不好交代。"凯瑟琳调侃着。

"如果真是这样的话，我全部免费也心甘情愿。"

"凯瑟琳在和你开玩笑呢，"林芩笑着说，"我刚才坐在上面的时候就想到，要把握好这个意境，确实不容易，关键是，怎么使画面静谧而生动、简单而不孤独。"

"一语中的。"摄影师若有所思地说，"你在制高点上时，选择的是孤独，我不想让你孤独，所以特意在镜头里收进了一点背后下面的田地，看来是理解错了；现在你又选择了静谧，我又……总之，又是我理解错了。"

"那好，"林芩微微一笑，"你不妨按照我的意思再试试？"

"不试了，"摄影师连连摆手，"这是在折磨我，我永远也琢磨不了你的思想、达不到你的境界。"

"那么，我们就走吧？林芩用目光征询着凯瑟琳。

"走。"凯瑟琳用力点了一下头。

林芩、凯瑟琳走进葡萄酒展销店。各种酒排列在柜架上，从地面一直摆到天花板。林芩仔细辨别着商标，为朱荣光挑选着酒。

2. 黑沙滩

车子离开了酒厂，朱颐焦虑地等待着仇皮蛋的电话。他默默地祈祷着，希望接到电话时，听到的都是让他高兴的消息。

车子切过Fira小镇（圣托里尼的商业、行政中心）的边沿，韩贵提议去一家希腊风味浓烈的、风景优美的小餐馆就餐，体验一下地道古朴的地中海风味。林芩兴趣很浓，征求了一下凯瑟琳和朱颐的意见，点头了。

小餐馆临着一条狭小的街道，街道直通前面的海滩。小餐馆的一层楼是个外卖和制作的地方，圆形的烤肉垂直插在不锈钢的棍子上，遍体是刀削的凹痕。二楼是个餐厅，通体雪色，窗框蔚蓝，前后敞开着，明亮洁净，一尘不染。餐桌从室内一直放置到阳台上，阳台临街，突出在人行道上，下面是行人，对面是另外一家花园小酒店，白色的建筑被红绿色的植物簇拥着。

服务生金发碧眼、小巧机敏，是个典型的希腊女孩，她围着洁白的围裙，端上来金黄色的烤肉片、色彩鲜艳的沙拉。服务生往沙拉里倒上浓稠的橄榄油，沙拉在白色的磁盘里闪闪发亮——地中海风味一半是橄榄油风味。

"20世纪60年代，"凯瑟琳瞄了一眼鲜艳的沙拉，"有项著名的'七国研究'，旨在研究膳食、血脂、心血管疾病的关系，科学家们跟踪观察了美国、希腊、芬兰等七个国家15个群体，12000多个人，40多年过去了，最近，科学家们发现，"她冲着林芩神秘地一笑，"你猜，怎么样？"

"你的微笑告诉我，一定是希腊人表现得最好。"

"对了，据说，到现在还活着的，主要是希腊爱琴海人，尤其是克里特岛上的人。"

"这一定是橄榄油的功劳，我也看到过一份资料，说，爱琴海人每天要食用120克以上橄榄油，是全世界最高的。我祝福你，有爱琴海的长寿基因，呵呵。"林芩笑了起来。

摄影师聚精会神地听着，韩贵冷漠无语地进食，朱颐焦躁不安地咀嚼着肉片，刀叉几次从手上滑落，敲在盘子边沿，发出清脆的"叮当"声。林芩淡淡地瞥了朱颐一眼，只当什么也没有注意到。

"其实，这是神的眷顾，"凯瑟琳兴奋地说，"你一定听说过古希腊的德墨忒尔谷物丰收女神。"

"是的，"林芩思索了一下，"她的辈分很高，是宙斯的姐姐，也是宙斯的第四位妻子。"

"她的女儿珀尔塞福涅非常美丽，有一天在西西里岛上采花，被掌管大地、地狱的哈得斯看到，疯狂地爱上了她。哈得斯把她抱上马车，抢回府中。德墨忒尔闻讯赶到西西里岛，找遍了整个岛屿，就是找不到女儿，一气之下，毁坏了西西里岛的所有植物，让大地荒芜、生灵涂炭。宙斯知道后，说出了她女儿的下落，并且允许她去探望，条件是，每年探望一次，为期三个月。德墨忒尔答应了，便让大地复苏，可是，在她探望女儿离开人间的三个月里，她让大地休憩、寒冷冰封，这就是冬天的来由。"

"很有趣，不过，别光顾了说，忘记了该做的事——吃。"林芩拿起刀叉，示意大家动手。

凯瑟琳吃饭时抓住空隙又讲了一些故事，等故事说完了，饭也吃完了，于是，林芩招呼大家再次出发，去下一个景点——黑沙滩。

黑沙滩是个小小的海湾，两头有两座黑色的山体伸进海面。沙滩由黑色的火山灰烬构成，粗糙，硌脚，海水涌上沙滩时，黑沙边缘卷起一圈白浪。沙滩上撑着许多茅草伞，伞下横卧着只穿裤头或三点布的身子。

黑沙滩外沿有一条路，沿着路边是一溜茅草顶的凉棚咖啡吧。咖啡吧的马路对面又是一排房子，更衣室就在其中。

"快去换衣服吧，"林玲催促着朱颐。

"我没有兴趣。"朱颐有些木然，心里想着，为什么仇皮蛋隔了那么长时间还不来电话。

"都到这里了,"凯瑟琳劝说着,"不下水太扫兴了,即使不游,浸泡一下也是值得的。"

"你们去吧,我也想休息一下,一个人安静一下。"朱颐找了一个位子坐下,摆出一副不管怎么说都不去的样子。

"我也不去了,"摄影师摇晃着手里的摄像机、胸前的照相机,"就在岸上给你们拍摄。"

"我天生不喜欢游泳。"韩贵在朱颐对面坐下。

"既然都不去,那我们也坐一会,喝点饮料。"林芩招呼着凯瑟琳,"来,坐下,正好一桌。"

"怎么都不去了?"朱颐发急了。他估摸着,仇皮蛋很有可能会在此时打电话来,他不想让林芩知道这件事。

林芩看到朱颐有些焦虑,双腿不停地摆挪着,联想到一路过来的表现,关切地问:"有什么事吗?"

"没有。"

林芩的眼睛里掠过一丝疑虑。

"我们走吧,"凯瑟琳插话打破了尴尬,"他们不去,我跟你去。"

林芩犹豫了一片刻,站起来,又瞥了一眼韩贵,充满疑惑地走了。那目光让朱颐不寒而栗。

朱颐要了一杯饮料,韩贵也要了一杯,面对面坐着,谁也没有心事品尝。身边的路上不时路过穿着泳裤和比基尼泳装的人,朱颐也没有心思欣赏。"你说,齐燕那边会有什么事吗?仇皮蛋早就到医院了,这么长时间了,为什么还不来电话?"他显得很不安。

韩贵只是摇头,喝咖啡,因为他也不知道为什么。

林芩、凯瑟琳出现了,洁白的肤色格外耀眼,比基尼泳装使她们的曲线更富有弹性、丰满,像两条美人鱼,吸引住了无数的眼睛。

"我们等你们。"凯瑟琳走向海滩,边走边向朱颐摆手。

"好的,好的。"朱颐应付着,心里催着她们快走。

"我们就在正面,浅水的地方等你们。"林芩边走边对朱颐说。

摄影师扛着摄像机、挂着照相机紧追她们而去,一脚高一脚低。

沙滩上有许多情侣，他们相拥着，有的坐在沙滩上，有的走进大海。进了大海的，就像鱼儿回归了自然，互相追逐嬉闹，追到了就拥抱在一起，亲吻一下，又挣脱，又开始追逐。

林芩面对这浪漫的景色，心头很不是滋味——如果新郎不是朱颐，而是王毅，她一定会上演一出更浪漫的剧幕，因为她渴望被她深爱的人追逐、拥抱。

凯瑟琳深知林芩的那一段感情，也知道她至今无法释怀，眼前的情景无疑是在戳她心头的伤口，一定很难过。凯瑟琳感觉到了林芩的血肉之躯在躁动，悲哀的情感在呼喊，可是上天不理、大海不应……她突然觉得林芩是这个世界上最值得怜惜、最值得同情、最高尚的人，因为，林芩身边所有的人都可以把最难忍的重负转移给她；最亲近的人也随时随地可以向她发泄内心的不满，可是她却不能躲避，不能发泄，只有堆积在心头，默默地承受，听凭肆虐。她担心，越积越沉的重负和痛苦总有一天会把林芩击倒。她感动了，决心有机会就帮助林芩。

摄影师扛着摄像机对着林芩，记录下了她表情上的每一个变化、表情映射出的每一个心理活动。海水涌上来没过他的脚踝，退下去，又涌上来……他全然没有在意，没有移动，只盯着画面。

林芩扑进大海，掀起一阵水花，凯瑟琳紧跟着也冲进了大海，掀起了一阵水花和泡沫，等水花和泡沫平静下来后，水面上露出了两张美丽的面容。

韩贵注视着远处的摄影师，不停地瞥着朱颐，双手握着杯子转动，说："应该不会有什么大事。"

"为什么这么说。"

"如果有大事，早就来电话了。"韩贵注视着摄影师。

"这倒也是，仇皮蛋说过，医生说她正在恢复中，唉，她太不幸了。"朱颐说着，听到手机响了，急忙拿出来接听，里面传出仇皮蛋的声音，他急忙回应，"我是朱颐，听得清楚吗？你说呀，怎么这会才来电话，你刚才不是说已经到医院了吗？发生了什么事。"

"看你急的，没有大事，齐燕刚才做一个小小的修复性手术，我要等她做完手术，清醒过来，才能和你通电话，好了，现在她醒过来了，能说话了，医生说，不要说得太多，不要让她太激动。"

"手术成功吗？"

"小手术，很成功。"

"一定要完璧归赵，"朱颐喊着，"我对不起她！你知道吗，齐燕的每一次呼吸都牵连着我的心，不管多少钱，都由我们来负担。"他不由得瞄了一眼林芩的方向。

手机里一阵沉默，仇皮蛋好像在和别人说话。

"你怎么不说话？"朱颐大声说。

"医生说，她的情绪不稳定，目前，这可能是影响她恢复的主要原因之一，你不要难过。"仇皮蛋的声音沉重。

"我知道，她伤在心上，是我伤了她的心，我不怨她恨我。"朱颐一阵羞愧、内疚。

"你知道吗？只有深爱你的人才会恨你，因为恨你才会伤害得深，即使到现在，她还宁愿相信你做的那些事都不是真的，只是个传说。"

"我对不起她。"

"她有时候会痴痴地对着墙壁，对着旷野，自言自语，'这不是真的'，可是，一会儿又说，'如果不是真的该多好'。"

"我不值得她爱。"

"她不甘心啊。"

"对了，"朱颐想起来了，"她是不是想和我说话，要对我说什么？"

"是的……"手机里又是一阵沉默。

"你为什么又不说话了？你知道她要和我说什么吗？"

手机里还是沉默，仇皮蛋似乎难以开口。

"让我来问他。"韩贵接过手机，贴在耳边轻声嘀咕起来。

朱颐默默地等待着。

韩贵静静地听着，看着朱颐，眉头渐渐揪紧。

朱颐不敢问，知道不会是什么好消息，可是，他又非常想知道齐燕要对他说什么。

"她刚才对仇皮蛋说，不想当着你的面说了。"韩贵用手捂住手机，不想让话音传过去，因为仇皮蛋没有挂机。

"她想说什么？"

"她要告诉你，她爱仇皮蛋，她要嫁给他，让你好自为之，真心对待林芩，珍惜这段婚姻，林芩比她优秀。"

"她真是这么说的？"朱颐瞪大了双眼。

"是的，除了仇皮蛋，刚才齐燕也对我说了，你还要和齐燕说话吗？要听她亲口说吗？"韩贵把手机递给朱颐。

"不要了。"朱颐痛苦地低下头，没有勇气接听，而是关上了手机，"她为什么要这样做？她为什么一定要对我说这么一句话呢？为什么呀？"

"你还不明白吗？"

"我不明白。"朱颐异常激动。

"她在告诫你，要你珍惜生命、珍惜生活、珍惜爱情，不要自暴自弃，否则，一切都会烟消云散，曲终人尽的。"

"她恨我，看不起我，嘲笑我，怒斥我，警告我，教训我……"朱颐的声音越来越低，越来越悲，"难道她不知道，我的自我毁灭不就是因为爱她吗？！她为什么就不能体谅？！"忽然，他愣住了，晶莹的泪珠充满了眼窝，接着，大颗大颗地滚落下来，他猛地站起来，朝向大海，无垠的悲伤像涌动的海潮，飞溅出更多的泪。

朱颐觉得整个世界都在抛弃他，连最爱他、最珍惜他的人都瞧不起他，都要离他远去，带走他生命中最后的眷恋和尊严……他的周围一下子变得孤寂、冷酷、恐怖了，他扔下手机，不顾一切地冲向沙滩。

韩贵紧追上去，喊道："你去哪里？快停下。"

朱颐不听，继续朝大海跑去。

"你还穿着衣服呢。"韩贵想用这个理由劝阻他。

朱颐听反了，匆忙扯掉衣服、裤子、踢掉鞋子，露出早晨出发前就换好的泳裤，踏着沙砾，冲进大海。海水扑打在他的脸上，冲出更多的泪水，混杂而下，流到嘴里，眼泪和海水一样苦涩。

朱颐不顾一切地向大海深处划去，冲动地只想发泄，恨不得耗尽浑身的精力，包括最后的生命力，用自残来报复所有制造他痛苦的人——

朱荣光、林芩、齐燕、仇皮蛋、等等。他拼命划动着，呼喊着："我让你们干涉，让你们管，我要你们哭……"他分不出这是心声还是嗓音，被海水重重地呛了一下。

渐渐地，朱颐听到了奇异的呼喊声，呼喊声越来越多，好像有很多人在喊，在招手，都是指向他的。他觉得这些人碍事，在烦扰他，似乎整个世界上的人都在和他作对，他愤怒了，疯狂了，咆哮起来："我就是要这样，就是要这样……"声音被空旷的海面稀释，被响亮的海潮声覆盖，他又开始咒骂自己，"糊涂、荒唐"，接着责怪齐燕，"怎么就不理解，不能原谅我……"

他更奋力朝前划，四周的喊声越来越声轻，人越来越少，渐渐地看不见了，海面越来越宽阔，越来越灰暗，海潮的声音越来越单纯……朱颐觉得自己变成了海面上的一个小黑点，在大海的能量面前，小黑点极度渺小，可以忽略不计，他开始感到害怕、孤独、精疲力竭，想回头，可是，一个海浪涌过来，这个海浪不大，却活生生地把他托起，又重重地把他摔下，他一连呛了几大口水，一阵窒息，脑子一片混乱，四肢忙乱地挣扎起来，可是被水的阻力重重地束缚住，怎么也推划不开，周围一片漆黑，身子下沉，忽然，他眼前浮现出许多奇怪的身影和景象，像人又不是人，像火又没有火……

朱颐觉得被什么东西托住了，一直往上漂浮……他闻到了海水的潮腥，感觉到了阳光的炙烤，睁开眼睛，发现自己躺在一条舢板上，眼睛上方是一些人头，有着各种颜色的头发、皮肤、眼睛。尽管图像模糊，可他看到了，那些眼睛都在微笑，随着他的眼睛翻动，那些眼睛一次又一次地微笑起来。

朱颐从图像中辨别出了熟悉的影子，定格在几双眼睛上，是林芩和凯瑟琳。林芩、凯瑟琳屈腿坐在他身边，微笑着，这情景很容易让他想到，刚才是她们搭救了他。他想说"谢谢"，可是，只有喉结鼓动了一下，没有声音出来。

"他说谢谢大家，"林芩听懂了，转告其他人，接着又转向朱颐，"你刚才多危险，幸亏大家及时赶到，一起帮忙。"

"不，多亏了她们，"划着舢板的人指着林芩、凯瑟琳用英语说，

"否则，这故事明天就要登报了。"

舢板被划到靠近沙滩的地方，朱颐被人抬着涉过浅水，安置在沙滩上的茅草伞下。

韩贵跑了过来，蹲下身子仔细观察着朱颐，朱颐闭着眼睛，安详地呼吸着，韩贵松了口气。摄影师不停地拍摄。

"多亏了你们。"韩贵站起来对林芩、凯瑟琳说。他的声音发抖，有些后怕。

"幸亏林芩发现得早。"凯瑟琳笑着说。

"你现在感觉怎么样？"林芩蹲下身子，抚摸着朱颐的额头，梳理着他湿漉漉的头发。

朱颐慢慢睁开眼睛，不说话，脸色苍白，气息微弱。

"你想做什么呀？"林芩埋怨道。

朱颐不理睬，把头扭向一边，深情地望着凯瑟琳，目光里充满了感激。

"你干吗这么冲动。"韩贵嘀咕着。

朱颐的眼前又浮现出齐燕的影子，泪水涌现，从眼角顺着面颊、耳垂滚落到沙砾里。

"他情绪很糟，"林芩转向韩贵，"你们在一起时，他到底做了些什么？说了些什么？"

韩贵摇摇头，无所适从。

"你们不是好好地在一起吗？到底发生了什么事情？"

韩贵欲开口，又停住了，很犹豫。

"一点迹象也没有？"林芩急切地说，"不可能！"

"到底发生了什么事？"凯瑟琳轻声问。

"这不能怪我，和我没关系。"韩贵躲闪着。

"谁怪你了！"林芩听出了画外音。

"她发生了车祸，在治疗。"韩贵语速缓慢、清晰。

"谁发生了车祸？"林芩面色严峻。

"齐燕。"

"齐燕？什么时候的事？"

"已经有一段时间了。"

"有生命危险吗？"林芩关切地问。

"没有。"

"请医院尽全力治疗。"

"已经安排好了。"

"那就好。"林芩松了口气，依旧一脸狐疑，"朱颐就为这事？"

"应该是，受到刺激了。"

"是因为他们过去感情很深？"林芩不信。

"可能是。"

"怎么会联系上的？"

韩贵沉吟了。

"说吧，"林芩的语气温和，"我不会怪罪你。"

"你认识仇皮蛋吗？"

"见过几面。"

"刚才，仇皮蛋打电话给朱颐……"韩贵诉说起来，他觉得，让林芩知道可能更好，至少没有坏处。

　　林芩取消了下午的其他活动，送朱颐回到酒店休息。朱颐不一会儿就发出了鼾声，安详得好像什么事都没有发生过似的。

　　林芩吩咐其他人离开，自己静静地坐在床边，看着朱颐，感觉到了他正在被整个世界抛弃，很可怜。她的眼睛渐渐湿润了，眼前浮现出两个顽童一起玩耍、追逐的欢乐画面，随着画面一幕幕淡出淡入，两个顽童长大了……作为哥哥，她敬爱他，喜欢做他的妹妹。"二十多年的兄妹之情如山似海，"林芩默默地念叨，"他可以不认，难道我可以丢弃吗？"她情不自禁地流下了眼泪。

　　林芩又想到了许多，想得最多的是，万一朱颐有个三长两短，自己怎么向父亲交代，怎么对母亲说，各种猜疑一定会风声水起……林芩觉得很委屈，想不通，自己没有一点对不起朱颐的地方，他为什么要用这种方式和态度来对待她、折腾她，她也有痛苦，自己的爱也被毁了，而且连同情和关爱的话都没有，难道她就没有权利发泄吗？要说发泄，她是最有理由的，可是，她发泄了吗？直到现在她都没有发泄过、倾诉过，她唯一做的，只是默默地编写她的《唐璜》——心中的诗……她急忙抑制住自己的情绪，截断思绪，因为，她知道，她要是冲撞起来，受到伤害的都是些挚友亲朋。

林芩擦掉眼泪，不让眼泪继续涌现，默默地站起，走到晒台上，静静地靠在椅子上，面对蓝色的大海，忽然，她心头一酸，泪水涌现，本想抑制，却发现周围没有人在关注她，没有必要再掩饰和抑制了，应该回归本色的情感，好好地痛哭一场，向大海倾诉，让海潮卷走她的负重、痛苦和悲戚。

林芩痛哭了一阵子，下意识地拿出手机，拨通了王毅的电话，还没有开口，又是一阵痛哭……手机里，王毅一直沉默着，耐心地等待、接纳着林芩的发泄。林芩的哭声渐渐平息了。

"别哭了，我还是第一次听见你痛哭，是因为朱颐？"王毅安慰着。

"你马上过来。"

"你说什么呀？！"

"听不懂吗？"林芩又哭了。

"你疯啦，你不知道我和你相隔很远吗？！"

"我疯了，我不管。"

"你冷静一点，朱颐再怎么样，也不值得让你失去理智，如果你失去理智，我的整个世界就会倒塌。"

"你知道吗？我很痛苦。"

"我知道，我也一样。"

"你以为我只有刚性的一面吗？"

"我崇拜你的就是你的坚强。"

"可是，我是女人，只要是女人，都有柔软的一面，都需要怜爱，都怕孤独，都想小鸟依人。"

"对不起，我被你的坚强的'虚假'表面'欺骗'了，以后我会注意的。"

"你们男人就是自私，只关注自己，不关心女人的心情。"

"不，因为我老是被你'欺负'，不敢乱猜。"王毅的声音带着微笑，想逗林芩开心。

"这个时候还来调侃我、气我。"

"不是的，我说的是真心话，我喜欢被你'欺负'，被你'欺负'得很舒服。"

"呵呵。"林芩情不自禁地笑出声来。

"再笑一下。"

"呵呵，"林芩笑着说，"别逗了，你知道我面对的压力吗？"

"知道。"

"不，你不全知道，"林芩沉吟了片刻，说，"企业未来的发展、上百亿资产的转型、外资想控制、市场在竞争、职工要提薪，还有……"她说不出口。

"还有朱颐给你添负担？"

"不要说他了，他也很可怜，"林芩一转话题，"我怕还有意想不到的事情会发生。"

"应该不会有了。"

"你怎么知道？只会挑我喜欢听的说。"

"你喜欢我骂你？那好，你听着。"

"你敢！"

"就是嘛，你何必要杞人忧天呢？！"

"你知道我现在多么需要你的安慰吗？"

"知道，我很想过来。"

"知道就好，"林芩平静下来，"刚才，我太冲动了，你怎么可能马上过来呢？你就陪我说说话。"

"不要我过来了？"王毅嬉笑着。

"讨厌。"

"你想听什么？说些你高兴的话？"

"你还想让我哭？"

"不，看到你哭，我也很难过，林芩，老天为什么这么不公，让两个相爱的人不能厮守在一起，而要你去陪伴一个不珍惜你的人。"

"别说了，他是我的哥哥。"

"林芩，我爱你，我就想永远贴着你的耳朵说'我爱你'。"

"我写了一首长诗。"

"你当诗人了？"

"别开玩笑，这首诗叫《唐璜》，已经写得很多了，我想有一天能给你看。"

"模仿拜伦的诗歌一定很感人。"

"我是用泪和心写的。"

林芩和王毅说了很长时间，心情好多了，于是关上手机，静静地躺下，海风卷走了热气，凉爽惬意，催着林芩进入梦乡。

朱颐醒来了，急忙搜寻起林芩来，他透过门上的玻璃看见林芩安静地躺在晒台的椅子上，心中微微扬起一阵怜悯，多年的兄妹情唤醒了他的良心，他扪心自问，林芩除了严厉，哪一点对不起他、对不起他的家族？她的严厉和坚韧也是她的岗位所造就和所需要的呀！而且，她也是人，还是个女人，也有爱有恨，也会痛苦，当她的爱被摧毁时，一定很悲痛，可是她从来没有对任何人发泄过……朱颐的眼睛湿润了，想走到晒台上去拥抱她，吻她，说声爱她，让她痛打自己，可是，他马上又打消了这个念头，觉得自己不配这样做，没有资格这么做，因为这样做是在玷污她的灵魂、身躯，只能使她更加悲痛。

朱颐又想到了齐燕，理解她的"绝情"，因为，只有深爱他的人才会这样"绝情"，而且，她一直爱到仁至义尽，没有一点可以挑剔的，他应该接受她的"惩罚"！朱颐不由得拿起手机，拨通了仇皮蛋的电话，大声说："请转告齐燕，我祝福你们，我对不起齐燕，我应该受到报应，我只想说一句，拜托你善待她一辈子，如果有需要，我一定会鼎力相助的，祝你们幸福美满。"

朱颐挂断电话，好像了却了一件大事，心情舒缓了一些，转向林芩，透过玻璃静静地注视着她。林芩很美，面部的轮廓清晰、温柔、安详。朱颐知道，林芩的安详只是一种短暂的表象，凝聚在她身上的重负没有卸去，等她醒来后，又会绷紧她精神的弓弦，绷紧到极致。他意识到，再坚韧的弓弦也会有绷断的时候，需要及时舒缓、安慰、分担，何况她还是自己的妹妹，作为妹妹，无可挑剔，足以支撑他一半的生命……可是，他转念一想，自己又对她做了些什么呢？是莫名其妙地折腾、消耗，不珍惜，对绷紧的弓弦再施加压力……他流下了眼泪，后悔自己狭隘，用堕落去报复她，用自残去折磨她，最终毁了自己，还要她来救护，自己没有资格要求她爱、要求她原谅……他不由地一颤，一个不祥的念头袭来，不由得问自己："这样的婚姻能持久吗？她会远走高飞吗？"他的眼泪滚滚而下，悲哀声阵阵，"会的，一定会的，一定的，到时候，我将是被世界遗弃的行尸走肉。"他感觉了林芩的珍贵、婚姻的价值，婚姻对他生命的意义。

天色黑了，海面上的风渐渐大了，凉意袭人，朱颐抱起薄薄的毯子，轻轻推开晒台的门，走到林芩身边，盖到她身上，坐在她身边，深情地注视着她，几次伸手想抚摸她，可都把手缩了回来。

3. Fira小镇

林芩、朱颐休息了一个晚上，直到第二天中午才起床。下午，林芩、朱颐、凯瑟琳、韩贵、摄影师来到Fira小镇。Fira小镇也坐落在悬崖的顶端，临海的一面被一溜小餐厅占据。悬崖上和悬崖背面一侧是纵横交错、起伏蜿蜒的街道，有的地方落差比较大。几条主要的街道纵向平行贯穿整个小镇，又被一些小巷般的道路横切，街道狭窄，蓝天一线，两边排列着各色商店，有些类聚，有些散乱，中间还夹着酒吧、餐馆，红枣似的灯笼沿屋檐挂了一圈，是中国餐厅。瘦瘦的小贩操着本地语言，夹着简单的中国话招揽客人。Fira小镇的主色调不是白色和蓝色，而是灰色，偶尔出现一两个顺阶梯而筑的高高在上的蓝白色建筑，就觉得格外醒目、亲切，犹如鹤立鸡群。

在小镇的一个街口，林芩和凯瑟琳分手了，她们约好共进晚餐，林芩又盼咐摄影师为她和朱颐拍摄了几张照片，就让他独自活动去了，韩贵也在不远处溜达，寻找着自己的爱好，为家人购买礼品。

朱颐对自己昨天的过激举动深感愧疚，几次想开口请求林芩原谅，都被林芩止住。从昨天到今天，林芩没有责怪过他一句话。朱颐不想再给林芩增添烦恼，于是默默地陪林芩逛街，不管林芩去什么商店，看什么商品，他都站在边上耐心地帮着挑选。林芩让朱颐挑选一些皮带、钱包、汗衫、小礼品，买回去送给公司里的同事，朱颐做得很认真。

几条街逛下来，朱颐手上的购物袋多了起来，俗话说百步无轻担，他开始喘息，觉得疲劳，腿肚子发胀，脚步慢了下来。

"累了吗？"林芩回头看了一眼朱颐，要接朱颐手里的东西。

"还可以。"朱颐挣脱了。

"那就是累了，还是给我一点吧，我也拿一点。"

"不，你不行，"朱颐躲闪着，"别看东西小，走下去也不轻。"

"那就休息一下？"

"好的，你别管我了，你自己去逛吧，我就在这里喝点咖啡。"朱颐随手指了一下十字街口拐角处的一个敞开式酒吧。

"也好，我就一个人走走看看，不会逗留很长时间的。"

"去吧，我等你回来。"朱颐说着，朝小酒吧走去，目光温和。

林芩扭头走了，一转眼就融进了人流。

朱颐面朝小街而坐，脚边堆放着购物袋，他没喝几口咖啡，就见韩贵急匆匆地走过来，左顾右盼，像在寻找人。朱颐叫住他，他急忙走到朱颐身边坐下，怪异的神色让朱颐不安。

"又怎么啦？"朱颐有些不乐，"齐燕的情况不是好好的吗？"

"不，我是为其他事情来的。"

"什么事？"

"你舅舅刚才来电话了，说有急事，一定要你回电话。我看你和林芩在一起，才没有过来打扰你，可是，等我挂上电话后，就不见你的人影了。"

"大概是什么事？"朱颐一边拿手机，一边问韩贵，好有个心里准备。

"不知道，他没说，好像很急。"

朱颐拨打起手机，韩贵起身退出酒吧，站在小街对面稍远的地方留意着朱颐，避免打扰朱颐通电话。

朱颐一边接听电话一边擦汗，手不停地哆嗦着，语无伦次："小云和她的父亲怎么又来了？你不是说摆平了吗？他不是说最后拍一次摄影师就不再来纠缠了吗？"

"他是个骗子,把我们都骗了,小云是抱着一个男儿来的。"

"男儿?"朱颐一阵眩晕。

"她没有做掉。"钱国强恶狠狠地骂道,"这个流氓,钱拿了,事不做,没有一点信誉。"

朱颐浑身冒冷汗,马上想到,如果这事一旦暴露,父亲一定不会容他,林芩也不会接受他,婚姻就此结束了。"小云的父亲开出了什么条件?"他的声音颤抖。

"小孩可以暂时不让朱家其他人知道,可必须由朱家出钱抚养。

"要挟,得寸进尺。"

"现在说这些没用。"

"可是,如果依了他们,你认为会有什么后果吗?"朱颐焦虑地问。

"当然很麻烦,比如,让林芩知道了,她绝对不干,你父亲也决不会接受,可是,小孩毕竟是朱家的血脉,不可能扔掉,而且,现在还掌握在他们手中,她那个流氓父亲会不断加码要挟的。"

"那……怎么办?"

"还有,最要命的是,不管这孩子将来是天才还是笨蛋,眼下,你父亲绝对离不开林芩。"

"你快替我想想办法吧,我的脑子现在就像一团糨糊。"

"没有什么好办法,只有出钱,我负责出。"

"那就意味着隐瞒一天算一天,不能根治?"

"是的,"钱国强的语气很肯定,"有了那个杂种,还想根治?!眼下,最要紧的是,你要特别关注林芩。"

"她听到风声了?"

"暂时还没有,不过,我的意思不是说她听到风声没有,而是说,你要特别关爱她,保护她。"

"到底是怎么回事?"

"韩贵告诉我,摄影师在你们这里的表现有些反常,尤其在红沙滩、制高点的时候。"

"是吗?我怎么就没有发现?"

"你呀,你,"钱国强一阵恼怒,"你应该知道摄影师的来历。其他人只知道是你母亲推荐的，是由我推荐给你母亲的，其实，是你推荐给我的，说是小云的一个什么哥哥，我不过是为你做了挡箭牌。应该说，我还是认真对待选择摄影师这件事的，因为，在此之前，你推荐过的好几个都被我拒绝了，那些人一看外表就不像个样。"

"所有的人都是她爸爸硬要推荐的，不接受就不答应，我当时也想不出有什么不好，更不知道他们会包藏祸心，就答应了，我现在很后悔。"

"现在别说这些了，关键是要弄清楚和注意他们想干什么？"

"好的，你放心。"

"这事也怪我大意了，幸亏韩贵和你们在一起，我刚才向韩贵做了专门交代。"

"你对韩贵也提到了小云？"朱颐急得青筋直突。

"我哪里有那么傻，我只是同意他的判断，提醒他要特别注意摄影师的举止。"

朱颐又是一阵眩晕，眼前一片昏沉，思绪缓缓而移：

小云失踪了，朱颐的思念日复一日，夜不能寐、茶饭不香，像丢了魂似的。一天，朱颐躺在他为小云包租的房子里，回忆着小云的缠绵，听到有人按门铃，门铃的节奏很熟悉、很轻柔，是久违而一直期盼的声音。他一阵激动，急忙跳起来，简单地整理了一下头发，跑去开门。

小云挺着身孕走进来，身后跟着一个50多岁、粗壮的男人。朱颐惊愕得说不出话。

"我是小云的父亲。我想，小云应该和你提到过我。"小云的父亲推着小云往里走，反手带上门，冲着朱颐微笑，满脸横肉，"小云是我从小收养的，有正式的收养手续。"

朱颐的每一根汗毛都竖起来，怎么看都觉得小云的父亲更像个江湖骗子、人口贩子。小云有一次无意中说起过，在她们那里，只要请镇里的人喝顿酒，就能办齐收养手续。

"不要害怕，你虽然不算我正式的女婿，可也是我未来的外孙或外孙女的父亲。"小云的父亲毫不客气地坐到沙发上，打量着客厅，频频点头。

"这是我的？"朱颐看着小云的肚子，问小云。

小云点了点头，低头看着地面。

"你能确定？"

小云又点了点头。

"什么话？"小云的父亲仰起粗壮的剑眉，"你以为小云是个什么样的女孩？她只有你一个男朋友，她是真心爱你的。"。

"对不起，我不该这么问。"朱颐低下头。

"我说得对吗？"小云的父亲朝着小云说，"他把你玩够了，甩了。"

小云轻声抽泣起来。

"小云不懂事"小云的父亲冲着朱颐说，"可是，你应该懂，当初小云回家说，交上了你这个男朋友，我根本就不同意，我说，有钱人家的公子没有一个是真心的，"他瞅了一眼小云，"她不信，结果呢，她怀孕了，她还不知道，我为了保住这个孩子，保住她的身体，才让她离开你的。"

"是这样吗？"朱颐看着小云。

小云只顾擦眼泪。

"值得骗你吗？！"小云的父亲板着脸

"不能说都没有真心，"朱颐的声音很轻，"关键要看遇到了什么样的女孩，比如，小云，我就是真心的。"

"说得好听，你是有老婆的人，你能离婚和小云结婚？"

朱颐低下头，不说话了。

"恐怕，连你父亲都不敢告诉吧，我真想拜会拜会我的亲家公，那可是市里的首富啊，哈哈。"小云的父亲点起烟，得意地抖动起双腿。

朱颐一阵恶心，发现自己陷入了圈套，对小云的爱怜荡然无存。

"废话不说了，你看这孩子怎么办？我讲的是两个孩子。"小云的父亲指着小云的肚子。

"两个孩子？"

"你以为小云是大人？小云也是个孩子。"

"我当然要负责。"

"怎么负责？怎么让我相信？"

"你说呢？"

"我们讲个条件吧。"小云的父亲抖动着腿。

朱颐没有接话，担心条件过高。

"不答应我的条件，我会领她去你家谈的。"

"什么条件？"

"200万补偿费、小云每月抚养费，小孩出生后还有小孩的抚养费、医药费，财产继承，还有……"小云的父亲抬头望着天花板，想了想，"以后想到了什么再告诉你。"

"我过几天给你回音。"朱颐想先稳住小云的父亲，等和钱国强商量过后再说。

"别耍花招，我也不是好惹的、好骗的。"

朱颐狠狠地瞪了小云一眼。

……

钱国强一听，火冒三丈，拳头捶得桌面"隆隆"直响。"他妈的狗胆包天，竟然欺负到朱家头上、荣光集团头上了。"钱国强一会恶语咒骂小云的父亲是流氓、人口贩子、敲诈，一会斥责朱颐荒唐、堕落。

"别生气了，我知道错了，可是木已成舟，快替我想想办法。"朱颐哀求道。

"我再问你一遍，你能确定肚子里的孩是你的吗？"

"时间算下来可能是，不过，她离开我以后，是不是又和别人同居，我就不知道了。"

"看你做的糊涂事。"

"她很单纯，也很善良。"

"你真糊涂，她接近你就是个阴谋，导演就是那个人口贩子，她的那个所谓的父亲。"

"我太幼稚了。"

"你爸爸、妈妈、林苓知道吗？"

"现在应该不知道，可是，时间一长就不好说了。"

"好，别让他们知道，"钱国强一挥手，"拖一天算一天，我想办法摆平他，比如，去找警察，把他抓进去，我还不信镇不住他。"

"千万别这样，爸爸和公安局的人很熟，他马上就会知道一切的，而且，那孩子还在他们手里。"

钱国强沉吟了片刻，说："那好，你把这个流氓约出来，我来会会他。"

"我怕他要无赖。"

"我怕他不耍无赖！要玩狠的，我奉陪到底。"钱国强的拳头重重地砸在桌面上。

钱国强把小云、小云的父亲约到一家豪华会所，那会所只有会员才能进出。会所的包房很私密。

钱国强双手交叉在胸前，靠在椅背上，狠狠地盯着小云的父亲，用气势压住他。小云的父亲不敢正视，小云低头搓着衣角，腹部隆起。

"100万，小孩做掉。"钱国强冷冷地说。

"太便宜了。"

"200万？"钱国强轻蔑地看着小云的父亲。

"原来确实是这么想的，可是，我现在改变主意了。"

"改变主意了？要多少？"

"无法估量，而且，小孩不做掉。"

"无法估量？小孩要生下来？"钱国强的眼睛里喷出火。

"这是为朱家留根，是在为朱家做好事。"

"无耻，想敲诈？"

"你也知道，就凭朱颐的身子，很难说以后还有小孩，这就是朱家的独苗，而且，这小孩多半是男的，我找人算过，你们朱家不是一直想要个孙子吗？"

"你怎么证明这肚子里的小孩就是朱颐的？"

"生出来后可以去做DNA检测，你们不想做，我也会坚持去做的。"

钱国强被噎得说不出话，气得发抖。

小云的父亲点上一支烟，得意地抖起腿来。

"你很得意是吗？"

小云的父亲一怔，不敢抖动了。

"你想耍无赖？"钱国强又逼了一句。

"你想干什么？"小云的父亲胆怯地看着钱国强。

"哼，只要我喊一声，你们就别想走出这个门。"

小云的父亲掐灭烟头，愣愣地看着钱国强。小云轻声抽泣起来。

"姑娘，"钱国强转向小云，"你也是的，为什么不去找份正当工作好好做人，要去做这样的事。"

"呜……"小云哭出声来。

钱国强厌恶地把头扭向一侧。

"你还是好好管管你们家的朱颐吧，第一次是他强迫她干的，她回来后向我哭诉，我们没有告他强奸就算我们够仁慈的了。"

钱国强一怔，尽力控制住自己。

"欺负一个不满16岁的女孩，还没有拿身份证的女孩，有人性吗？还有……"

"200万，做掉小孩。"钱国强打断小云父亲的话，坚决地说。

"你也知道这孩子的身价。"

"那就一分不给。"

"我们去找警察。"小云的父亲强起脖子。

"结果不都是一样？都要做掉小孩！"

"你以为我是傻瓜？现在，做不做掉这个小孩，由母亲决定。"

"即使小孩生下来又怎么样？最多就是个抚养费，你还能吃得胖起来？财产问题由遗嘱决定，可以一分钱不给，尤其有你这个父亲在。"

小云的父亲沉默了，转起了眼珠。

"200万，不是小数。"钱国强诱导着。

小云的父亲思索了一会，点头说："可以。"

"先50万，小孩做掉后再给150万。"

"做掉后赖账了怎么办？"

"你拿了钱不做怎么办？"

小云的父亲歪起嘴巴，又思索起来，片刻，一拍大腿，说："依你的。"

"你一定要做掉孩子。"

"你怎么不相信我。"

"哼,"钱国强冷笑一声,"你这种人有信誉吗?"

"既然这样,还谈什么呢?!"

"那好,小云留下,你给我走。"

"有话好好说,"小云的父亲发急了,"其他的我都答应你,就是小云不能留下。"

"可以,"钱国强思索了片刻,"你要是敢耍弄我,我也有办法收拾你。"

"我怎么敢呢?!你放心……"

"走。"钱国强严厉地打断,他本来想说"滚"字的。

小云的父亲急忙拉着小云离开,就像拉着摇钱树一样。

林芩回来了,手上多了一些购物袋,朱颐急忙挂断电话,可是心头依旧锁着浓密的阴霾,呆滞木愣。林芩瞥了朱颐一眼,觉得有点异样,没有发问,而是招呼站在街对面的韩贵和走到附近的摄影师过来喝咖啡。朱颐看到摄影师扫过来的目光时,一阵战栗,心情越加阴暗。

"这里的景色缺少点古韵味。"摄影师张望着街道,"可能是1965年地震后重建的缘故。"

"不过,还是很有特色的,"林芩兴致勃勃地说,"关键是看选景的角度。比如,人文、商业意识可能是这里的主流。"她用手指在桌面上比划着,"伯罗奔尼撒半岛、克里特岛、罗德岛构成的岛链把爱琴海和地中海分开,爱琴海历来是海上贸易最繁忙的航线,因为她周围的国家富有而繁荣。地中海沿岸欧洲国家要去黑海沿岸国家,或者说,黑海沿岸国家要去地中海、大西洋,都必须经过爱琴海,这样,圣托里尼和其他一些岛屿就繁荣起来了,故事和神话也就多了。"

"圣托里尼、Fira小镇历来是海上贸易最繁荣的地方之一,也是海盗活动最猖獗的区域之一。"摄影师微笑着说。

"你怎么老是想到海盗,"林芩调侃地说,"这里其实也有安静，我刚才路过隔壁那条街道时，就看到一对老年夫妻面对面坐着，清静、悠闲，比起我们这些来去匆匆的人，不知道要幸福多少倍，真羡慕他们。"

"你的目光总是与众不同，"摄影师打趣地说，"请教你，在这里取景，将如何构思？"

朱颐一言不发，整个心都被小云、钱国强纠缠着，充满了担忧、恐惧、焦虑、烦躁。韩贵也紧绷着脸，一言不发。

"你好像有心事？"林芩看着朱颐，又用目光询问韩贵。

"不会吧，他可能累了。"摄影师插话说。

林芩把目光转向小街，沉吟起来。

朱颐感到不安，一是心里烦躁，再者是深怕林芩无休止地猜疑下去，质问下去，便说："我已经坐了很长时间了，有些闷了，"他站起来，看着街道，"想出去走走，东西交给你们了。"他用目光指了一下脚边的东西，跨了出去。

"好吧。"林芩点点头，"快去快回。"她用目送着朱颐离开，远去。

"他已经陪了你很长时间了，"摄影师对林芩说，"给他一点自由也不妨，不会有事的。"

"是的，"韩贵僵滞的面孔松弛了一下，对林芩说，"你也正好休息一下，"他为了转移林芩的注意力，又说，"在我们等他的时候，你还是就这里的景色说一段希腊神话吧。"

"这个主意不错。"摄影师马上附和。

林芩想了一会，缓缓地说："希腊神话中有一个神叫赫尔墨斯，是宙斯的儿子，商人的庇护神。可是，他也有个坏名声，是盗贼的庇护神。其实，自从有商业的一天起，就有了盗贼，盗贼想不劳而获，不走正道发财。"

"我不太同意这样的看法，"韩贵认真地说，"你是站在商人一边，说的是商人的真理，商人喜欢的秩序和规矩，并依此来判断忠奸，其实，在这个世界上，秩序和规矩是多元的，当另外一部分人按照商人的秩序和规矩发不了财时，就会遵循自己的真理、自己的秩序和规矩做事，就出现了海盗的真理、海盗的秩序和规矩。如果否定了海盗的真理、海盗的秩序和规矩，就等于只允许商人掠夺世界的财富和他人的钱财。"

"有意思，"林芩点点头说，"我还是第一次听到你的这个理论，虽然我不能苟同，不过，你的话还是让我联想到许多，这样吧，给我时间考虑，等我想好了，一定找机会和你理论，现在还是让我们继续说神话吧，神的世界比人的世界简单。"她扫视了一下小街、朱颐离去的方向，"赫尔墨斯神还在摇篮里的时候，就爬出山洞偷走了阿波罗的50头牛，阿波罗找上门后，宙斯责令他归还，结果他用美妙的琴声打动了阿波罗，阿波罗竟然用牛和他换琴。"

"和谐了，戏剧性结尾。"韩贵轻快地说。

林芩默默地注视着街道，回想着朱颐的举止、神态，等待着朱颐返回。

朱颐漫无目标地往前走，心烦意乱，一会想到小云，一会想到小云的父亲，一会又想到摄影师、钱国强，猜测着各种可能的结果，无法自拔，心头就像压着一块巨石，喘不过气来；脑子就如同裹上了一块黑布，看到的世界都是昏暗凄惨的。

第七章　纳亚·卡美尼火山岛、阿克罗提利、回归雅典娜

1. 纳亚·卡美尼火山岛

爱琴海实行夏时制,四点多钟的阳光依旧明亮。韩贵找回来了朱颐,林芩用手机叫来凯瑟琳,一起去下一个景点——纳亚·卡美尼火山岛。

林芩、朱颐、凯瑟琳、韩贵、摄影师把购买的东西放到车上,返回悬崖顶,走到缆车站台,坐上缆车几乎是垂直地下降到悬崖脚下的海边,乘上一条装饰古老的小船,向纳亚·卡美尼火山岛进发。

小船渐渐驶离岸边,悬崖全景渐渐被收进眼帘,阳光是金色的,悬崖也是金色的,悬崖顶上的"雪冠"晶莹闪亮。

海面宽阔,看似柔和,小船却摇晃、颠簸、跳跃的厉害。林芩、朱颐、凯瑟琳、韩贵、摄影师坐在小船边的长条椅上,尽量降低重心,同时,紧紧抓住身边的钢缆。

朱颐不时地瞄着船工的脸色——那是最好的"信号标"。船工稳稳地站立在船尾的中间转动着舵盘,一脸平静,让所有的人宽心,可是,朱颐却无法安静。小船的颠簸一次又一次地激起他内心的恐惧和焦虑,他担心小云的事正在发酵,钱国强将失去控制;摄影师正在酝酿更大的动作,危害林芩……朱颐的心头涌现出许多杂乱的浪头,一股接着一股,有时候心里的浪潮冲击和海面的波浪起伏相吻合,节奏同步,重叠放大了波动的幅度和力量,一个上升,离心力超过了吸引力,他就像被抛甩出去了似的,抓住钢缆的手也显得虚弱无力,幸亏一个下跌,他重重地坐到地上,吓得面色苍白……突然,他发现,所有的目光都注视着他,所有的人都稳稳地坐在椅子上,只有他除外,夸张、失态、丢脸。他偷偷地瞄了一眼林芩,怕林芩鄙视他,可是,林芩却把目光转向前方,纹丝不动,不再看他。前面又涌来一股更大的波浪,小船剧烈地跳跃了一下,朱颐觉得自己被高高地弹跳起来,惊恐地叫了一声,闭上眼

睛，拼命抓住钢缆。

"怎么啦？"林芩扭过脸关切地问。

"没什么。"朱颐睁开眼睛，额头冒汗。

"真的没什么？"林芩环顾左右，不方便多问。

"真的没事，我没有坐稳。"朱颐有些气虚，想坐到椅子上去。

"别动，既然晕船，就坐在地上吧，重心低一点，感觉会好一点。"林芩安慰道。

朱颐不动了，安静了一会，一连串的担忧、焦虑又掠过心头，翻腾起波澜、冲击着。

小船接近了一座黑色礁石垒成的小山，沿着山脚行驶了一阵，那些礁石有棱有角、乌黑发亮，如浸透了油，仿佛刚从山上流淌下来，其实，这是千年来的遗物，一系列灾难的证据。小船靠上了一个宁静的小海湾，林芩、朱颐、凯瑟琳、韩贵、摄影师上了岸。

纳亚·卡美尼火山岛是个黑色的死亡世界，整个岛黑乎乎的，覆盖着火山熔岩，死一样沉寂，如同一座堆满了煤焦随时准备点火的反应堆。岛上没有植被，只有几棵低矮的小树，被铁丝围绕起来，精心地保护着。有一条小路通往岛的顶端，右手边是一条漆黑的熔岩流淌的"河床"，一直往下冲到海里。

林芩、朱颐、凯瑟琳、韩贵、摄影师顺着小路往上走，半山腰的地方有一个小火山口遗迹，四周隆起高高的灰烬。

黑色让朱颐的心更加黑暗，巨大的熔岩块让他恐惧、压抑。摄影师显得特别兴奋，没有招呼林芩就扛起摄像机来回奔跑，捕捉着景色，抓拍着林芩、凯瑟琳、朱颐、韩贵的动态。他在创意"运动"，因为，他认为，刻板的姿势、安静的画面只会使单一色的黑幕更加凄凉、死寂。

朱颐喘着气，虚弱得直冒汗，渐渐地落在后面。

"又怎么啦？"林芩回头看着朱颐，"这才是半山腰，主要的大火山口还在上面。"

"是啊，"摄影师笑着说，"我扛着东西都能跑上来，这点山路不算什么。"

朱颐无力地摇摇头，擦着汗，有些力怯。凯瑟琳也投来关切的目光。韩贵很清楚是怎么回事，默默地站在一边注视着。

"你们上去吧，"朱颐对林芩、凯瑟琳、韩贵说，"我就在这里静静地坐一会，等你们。"

"我们干脆就在这里休息一会。"凯瑟琳提议说。

"好的，这里的景色其实也不错。"林芩张望起来。

朱颐找了一块岩石坐下，像一尊石头雕像没有声息，灵魂又被拽进了心中黑色的漩涡。

林芩眺望着海对面"月牙湾"一般的悬崖、悬崖顶上的"雪冠"。"这里看过去特别美，整个顶都是金色的。"她提高声音说，要让朱颐听见，想用美丽的景色驱散他心头的阴云。

凯瑟琳、韩贵、摄影师也开始眺望，不时地发出阵阵惊赞和议论。朱颐没有反应，背弯得像个虾米。

摄影师把摄像机架在三脚架上，对准海对面的Fira小镇，收进了正在海上游弋的几条"海盗船"、静静的小海湾。"从这里看过去，更能贴切地观察到地震的遗迹。这场地震把整个岛的中心活生生地切掉了，可见威力撼天。"他抒发着感慨。

"我相信一些专家的猜测，"林芩认真地说，"应该是柏拉图记错了时间，你们想，公元前9000年是个什么概念，哪有国家和金银财富呀，应该是野果充饥，兽皮遮体的年月，黄金在人们的眼睛里和普通的石头没有什么两样。"

"我想应该是的，那时候的人捡到黄金还不知道是怎么回事，还比不上一根鱼骨头有用，鱼骨头能缝制兽皮。"凯瑟琳笑着说。

林芩瞄了一眼朱颐，发现朱颐的脸色依旧苍白，气虚，于是对凯瑟琳说："我们还要不要上去？如果上去的话，可能还要走比较长的一段路。"

"不上去也好，"凯瑟琳看了一眼朱颐，"听说上面也就是一个火山口，还在冒热气，随时都会爆发。"

"你别吓唬人。"林芩笑着说。

"没有人能吓唬你，你是火山的克星，只要你往那里一站，它绝对没脾气。"

"呵呵，"林芩淡淡一笑，"那就别打扰它了。"

"应该是别'吓着'它了。"凯瑟琳一本正经地说。

韩贵、摄影师被逗笑了，朱颐依旧呆呆地坐在岩石上。

"我可没有这般豪气，"林芩笑着说，"准确地说，应该是不要惊醒它，现在，海神波塞冬、火神赫准斯托斯正在睡觉，如果被吵醒了，发起怒来，随意一敲打，这火山又会喷发，大火连天，你我都跑不掉。"

"火神是宙斯的又一个儿子，"凯瑟琳来了灵感，"神力无比，你们一定都知道潘多拉的盒子，可是，谁能说出它的来历？"

"这倒没有在意过，说来听听。"林芩催着。

"赫准斯托斯创造出了一个女人叫潘多拉，"凯瑟琳绘声绘色地说，"还制作了一个盒子，诸神各放一种灾难到盒子里。潘多拉偷偷打开盒子，灾难从此降临人间，人间就有了疾病、饥荒、地震、海啸、贪婪、邪恶，等等。"

"这么说，这火山也应该是潘多拉盒子里的一个灾难。"摄影师笑着说。

"你别搞错，"凯瑟琳打趣地说，"这火山归波塞冬管。"

"赫准斯托斯是波塞冬的小辈，"林芩笑着说，"管不了波塞冬，"她瞥了一眼边上的"河床"，用手一指，"那，我们就下山吧，从那里走。"

"从'河床'里下去？"摄影师问了一句。

"对，不方便吗？"林芩打量着摄影师的装备。

"我只是担心你，那'河床'崎岖不平。"

"你小看我了，"林芩充满自信，"要不要我替你背照相机？或者我们走'河床'，你走原路？"

"哪里，你们能走的地方我就能走。"

"我也是，"凯瑟琳举起右手表示赞同，接着转向朱颐，"你呢？想走吗？还是再休息一会？"

"我没事。"朱颐慢慢站起来。

"那就跟我来。"林芩领头迈进黑色的"河床"。

"河床"有一米多宽，起伏磕绊，"两岸"堆着巨大的熔岩块，嶙峋乌亮，有的相当方整。黑色的熔岩中还有一些小块的红色石头，形状怪异。

"你们看，"林芩拣起一块烧红的石头托在掌心，"这块怎么样？红色的，没有气泡，像猴子？或者像老奶奶？"

"我看像山。"朱颐嘟哝着。

"不，在我看来，更像老翁。"凯瑟琳凑过来。

"其实，像什么完全凭想像，"摄影师也凑过来，"底下放个支架、或者托盘，就是一个艺术摆设，然后发挥你的想像力，石头就活了，能七十二变。"

"有长进，"凯瑟琳调侃道，"看来，这一圈走下来，你的长进最大。"

"是的，"摄影师眨巴了几下眼睛，"我长知识了，比如，在酒厂，我学到了'静外有动'的艺术理论，把画面生命寄托于看画人的想像中、精神世界里，在这里，我马上就用上了，活学活用。"

"如果我们能拣一包这样的石头回去，"凯瑟琳接过石头，放在掌心，仔细欣赏着，"没准能发一笔小财。"

"你说，古人看到这座岛会有什么感觉。"林芩突发奇想。

"恐怖和死亡，"凯瑟琳脱口而出，"因为那时候的人很迷信。"

"据说，"林芩平静地说，"这里的考古人员没有发现被火山灰掩埋的骷髅或者庞贝城的人形石。"

"可能是这里的人们早有预感，撤离得及时，不像意大利的苏威斯火山，爆发时突然而猛烈，把整个庞贝城和城里的所有生命都毁灭了，留下无数人形石。"

朱颐听到了死亡，烦躁地离开大家，独自顺着"河床"往下走。

"朱颐下去了，"凯瑟琳悄声对林芩说，"他好像有点……"

"别管他，"林芩搜寻着地面，"他没有事，他先下去等我们也好。"

"你别说，"凯瑟琳重新注意起地面，"真要寻找到一块你手上的那种石头还挺难的。"她环顾了一下周围，有些失望，"别说样子好的，就是红色的也难得一见。"

"可不，'河床'里的好东西都像被'劫掠'干净了似的，或者说，'洗劫'过无数遍似的，很难寻觅到珍品。"林芩跳跃到"岸"边，踏着熔岩缝隙，继续搜寻。

"河岸"上的机会比较多，林芩不一会儿就抓到了几块红色的小石头，紧握在手里，高高举起，张扬地呼喊起来，想和其他人分享发现的喜悦。凯瑟琳、韩贵也跳到"岸"上，在熔岩缝隙里寻找下脚的地方、红色的石块，小心翼翼，怕摔倒了找不到平坦的支撑点。摄影师也顾不上拍摄了，跳上"岸"来寻找。

"你们看，"林芩又直起身子，喊道，"我又发现了一块更好的。"她扔掉了刚才拣的几块石头。

"我也发现了一块。"凯瑟琳举起石头跳跃起来，差点被绊倒。

"哈哈……"林芩、韩贵、摄影师一阵哄笑。

林芩、凯瑟琳、韩贵、摄影师又捡拾了一会，各个满载而归，跌跌撞撞回到"河床"，互相展示、欣赏、比对。

林芩觉得有些累，找了一块宽大平坦的黑色熔岩坐下，静静地看着向下蜿蜒的"河床"，眼前的景色和内心的景色发生了重叠——这漆黑的景色宛如"唐璜"被绑架后留下的空旷的漆黑，她想起了自己的《唐璜》，应该准备收尾，她想从拜伦的《唐璜》里得到启示，于是默默地回忆起拜伦的《唐璜》。在拜伦笔下，海蒂疯了，绝食了，被痛苦折磨了12天，接着：

海蒂闭上了美丽的眼睛，与世诀别。许多年过去了，海蒂的海岛荒芜了，房屋倒塌了，只留下海蒂和父亲兰勃洛的坟墓，没有挽歌，只有海啸在怀念，只有知情的人才能听出大海悲咽的全部故事。

唐璜没有死，落在了人口贩子手里，开始了新的历险。

林芩不喜欢这样的结尾，她相信自己比海蒂坚强，她的《唐璜》中的"海蒂"不能闭上眼睛，而是坚守和追寻，像雅典娜，善良、勇敢、坚韧。她构思起自己的《唐璜》：

"海蒂"奇迹般地醒了,从死神的手中挣脱,她听出悲咽的海潮声中残留的"唐璜"的哀嚎,她站起来,站起来,因为"唐璜"还在,不管他去了哪里,只要没有死讯,她就必须坚守和忠诚……

"后来……后来呢?"林芩思索着,想起来了,在这后面,如果加上一段"唐璜"的感情,用一些描述和拜伦的《雅典女郎》里的一段诗来抒发,可能更感人,效果更好,于是,她又默默地咏颂起来,仿佛在倾听"唐璜"的心声:

凭着你那松散的发辫——
爱琴海的清风将他们眷恋;
凭着你眼皮——
那乌黑的眼睫亲吻你颊上嫣红的光泽;
凭着你小鹿般迷人的眼睛,
我爱你啊,你是我的生命。

林芩希望有一天能依偎在王毅——她心中的"唐璜"的胸怀里,闭着眼睛,听他用充满磁性的声音接着念下去。

林芩的手机响了,打断了她的思绪,电话是朱荣光打来的。朱荣光和林芩聊了一些旅行情况后,林芩就关切地起他和钱淑芬的身体情况。

"我们很好,我没有什么不舒服的,你妈妈的睡眠也改善多了,请放心。"朱荣光的声音有些虚弱。

"真的没事吗?"林芩有些不安,"可是,你的声音不够有力。"

"呵呵,"朱荣光爽朗地笑了起来,提高嗓门说,"现在,我的笑声和说话声有力吗?"

"有力,充满生气。"

"就是嘛,我顶得住。"

"这就好,这就好。"林芩的眼睛红润了。

"不过,我也给你说实话,今天早晨,我有一阵子不太舒服,尽管时间很短，可是，我也不知道怎么了，竟然想到了很多事，可能会要你们提早回来。"

"我知道了，你一定要注意休息，一定要听医生的话。"林芩的声音发颤。

"还有一件事情，"朱荣光的声音突然变得低沉、严峻，"摄影师这个人怎么样？"

"你怎么会问到他？"林芩有些诧异。

"你舅舅都和我说了，你要小心。"

"舅舅和你说了些什么？"

"他今天来找你妈妈了，你妈妈不知所措，就来找我了，显然，你舅舅担心出事，怕事态失控，才不敢隐瞒……"朱荣光述说起来。

林芩屏住呼吸听着，黑色的"河床"里静得如死寂一个般，显得恐怖……林芩听完电话后，深深地吸了一口气，心情无法平静，尽管朱荣光对钱国强来找他们的缘由讲述得非常模糊，而且刻意回避小云的名字，可是，她还是敏感地把这件事和那个女孩联系上了。对朱颐的这段婚外情，林芩没有追究，因为，她不想捅破这层窗户纸，弄得全家不得安宁。

林芩的思绪回到了过去，这段往事中的一部分是在过后很久她才从一个侧面获知的，是钱国强的妻子泄露出去的：

朱荣光从美国洛杉矶返回后，挤出时间抓紧学习有关ZL系列新材料的知识，研究ZQ材料公司的发展、转型、转移海外等问题，每天工作十几个小时，很疲惫，时常失眠，钱淑芬要他听医生的话，注意身体，朱荣光嫌她唠叨，依然长时间地泡在公司里，早出晚归。

一天，朱荣光读完了林芩新近为他收集的有关ZL系列新材料的资料，批阅完了积压多日的一叠文件，看看时间刚好傍晚，一时心血来潮，打电话给钱淑芬，说，"没想到今天这么早就把资料、文件阅读、处理完了，难得晚上有空，想和家里人聚聚，我的意思是，今晚我回家吃饭，请林芩、朱颐不要外出应酬，都回家，还有，请钱国强一家也过来，我还想和他聊聊。"钱淑芬放下电话后兴奋地张罗起来。

朱荣光第一个回到家，林芩、朱颐后脚跟进，围着朱荣光说笑逗乐。钱国强的妻子也到了，钻进厨房帮助钱淑芬准备晚饭。钱国强却打来电话，说自己正在处理一件要紧的事，不能马上赶到，处理完后就立即赶过来，如果时间晚的话，就不要等他了。儿子钱程正在外地出差，也过不来。

朱荣光吩咐钱淑芬去拿一瓶上好的红酒，又转向林芩和朱颐，兴致勃勃地谈论起ZL系列新材料，俨然像个专家。

"爸爸已经是专家了。"林芩夸奖说。

"哪里，只是初通皮毛，纸上谈兵，要落到实处，绝对就是个门外汉，比如，从实验室转向工艺，有一大堆计算、设计，必须是满瓶子醋才行，真正的专家才行，这任务就交给你们年轻的一代了。"

"这是应该的，不过，掌舵的还是你。"林芩谦虚地说。

朱荣光微微一笑，又和林芩、朱颐聊起瑞士的自然景色、社会管理、法制市场，赞口不绝。"我退休以后，就想在那里的湖边找个小木屋住下，看看风景，散散步，别无他求，不折腾了，也折腾不起了。"他看到钱淑芬端出菜来，招呼林芩、朱颐帮着布置桌面。

"我也时常在想，"林芩一边摆放碗筷，一边说，"有一天我空闲了，就带上照相机，周游世界，包括非洲。"

"我一定会给你时间的。"

"爸爸真好。"

"你呢？"朱荣光转向朱颐，"你回来后工作还适应吧？"

朱颐淡淡地一笑，点了点头。

"你怎么不说话……"朱荣光的手机响了，他拿起来接听，先是皱起了眉头，接着虎起了脸，瞥了朱颐一眼，眉头越揪越紧，火光冲出眼帘。

朱颐吓得不敢出气，瑟瑟发抖，知道这电话和自己有关，多半是涉及到自己在外面做得那些事，这些事中任何一件都可以气翻朱荣光。

朱荣光虎着脸，收好电话，看着桌面，呆呆地站着，一声不吭，林芩、钱淑芬、钱国强的妻子也站住了，不敢出一点声音……房间里一片寂静，忽然，朱荣光大吼一声，"朱颐，跟我上楼。"

房间震撼了，所有的人为之一颤，朱颐浑身发抖，战战兢兢地跟着去了，林芩、钱淑芬、钱国强的妻子面面相觑，谁也不知道发生了什么事，电话是谁打来的。

朱荣光和朱颐进了楼上的书房。朱荣光要朱颐带上门，朱颐关上门后站在门口，不敢迈进，也不敢正视朱荣光，他已经听到了朱荣光短促、粗糙的呼吸声，那是暴怒的前奏。

"小云是怎么回事？"朱荣光狠狠地盯着朱颐，眼睛发红，像头愤怒的狮子。

"谁来的电话？"朱颐胆怯地问，"舅舅？"

"哼，那个人自称是小云的父亲，你舅舅刚和他们在会所里谈判结束。"朱荣光一拍书桌，"我这个电话大概也是你透露给小云的吧。你无耻之极，见到女人就不要命，不知道廉耻！"

"我知道错了。"朱颐浑身冒冷汗。

"知道错有什么用？"朱荣光气急败坏，"你能挽救吗？你毁了自己、毁了婚姻、毁了林芩、毁了我，毁了这个家，毁了荣光集团。"他扬手一个巴掌打到朱颐的脸颊上。

朱颐疼得捂住面孔，不敢吱声。

"你这个不争气的……"朱荣光突然停住了，眼睛往上翻，痛苦地揪住胸襟，喘不出气来，"砰"地一声倒在地上，抽搐着，与死神拼斗着。

朱颐急声高呼，门被推撞开了，林芩第一个冲进来，立即意识到朱荣光出事了，急忙拨打救护车电话。

朱荣光是轻度脑溢血，又抢救及时，所以恢复得很快，也很好，没多久就能下床了，他屏退其他人和朱颐，只叫钱淑芬、林芩进病房。朱荣光坐在沙发上，要林芩搬一把椅子坐在自己身边，钱淑芬则坐在隔着茶几的另外一张沙发里。

朱荣光看着林芩，迟迟说不出话，面色凝重、愧疚，想开口，不想隐瞒朱颐的劣迹，可是，没有勇气说出来。

"爸爸，"林芩有些紧张，"你不要用这样的眼神看着我。"

"我本来以为我身体很好，还能承担许多变化。"朱荣光转向了另外一个话题。

"爸爸，你别生了一次病就想得那么多，"林芩难过地说，"你的病不严重，我问过医生了。"

"我知道，可至少是个警告啊，再也不能盲目乐观了，要把许多问题放到议事日程上来了。"朱荣光看着林芩。

林芩注视着地面，思忖着，等待着，一言不发。

"你在听吗？"

"女儿在听。"林芩抬头看着朱荣光。

"淑芬啊，"朱荣光隔着茶几拉住钱淑芬的手，"荣光集团这个摊子你担当不起，钱国强也不是最合适的，我们统一一下吧，今后就交给芩芩了，只有她撑得起来，不要再想其他的了，多想了只会添乱。你们钱家的工作你去做。"

钱淑芬默默地点点头。

"只是要委屈你了，"朱荣光转向林芩，"朱颐这小子不争气，尽给你添麻烦，给你气受，让你吃苦了。"

"朱颐到底发生了什么事。"

朱荣光摇摇头，沉默了，突然哆嗦了一下，眼泪滚落下来。

林芩也泪流满面。

……

朱荣光出院了，忙了一阵子工作后又突然住进了医院，理由是，他要做个全面体检。林芩觉得蹊跷，问了好多次，朱荣光就是咬死不说，而且很激动。他不想见任何人，包括钱淑芬，好像受到了天大的冤屈似的。

林芩也察觉到了钱淑芬的细微变化——钱淑芬看到她时，目光不像以前那样专注了，而是飘忽、躲闪。

林芩依旧默默地看着眼前黑色的"河床"，思绪跳跃到另外一件事上——不久前才听到的一段"传闻"：

钱国强辞去ZQ材料公司的职务后，赋闲了一阵子，有一次，钱淑芬去他家探望，并劝他别往心里去，等候时机再出山。钱国强却责怪她太善良，当心被人卖了。钱淑芬觉得钱国强话中有话，坚持要他说清楚，钱国强支吾了半天，才勉强地说，"我原本是不想说的，说出来对谁都没有好处，所以压了一段时间，现在看起来，还是说出来比较好，尤其朱颐身子不好……"他透露了一件事：

朱颐在上海治病期间，钱国强去林芩办公室里谈事，由于事出突然，没有事先约定。他走进林芩办公室后，发现没有人，看到林芩的手机在办公桌上，知道她没有走远，就坐下来等候。

钱国强张望了一会，发现林芩办公室后面的门虚掩着，那里面有床，是林芩午休或者打盹的地方，所的经理室都有这样的装修，钱国强很熟悉。他正欲起身去敲门，门被拉开了，朱荣光整理着衣服从里面出来，面色紧张。

"你怎么在这里？"朱荣光看到钱国强不由一怔，感到意外。

钱国强下意识地从虚掩的门缝里看进去，只见一节如嫩藕一般的胳膊搁在床沿上。"林芩怎么啦。"他关切地问。

"别打扰她，"朱荣光正色道，"我找她谈事，发现她身体很虚弱，像要晕过去的样子，就扶她进去休息，这会睡着了，太累了。"

"没有什么大病吧？"

"应该没有。公司里的事太多，压得她喘不过气，迈克也托付她处理许多事，一天忙到晚，东跑西颠的，连吃饭都没个准，就是铁打的也受不了哇，最近，好像还来了例假，一下子就倒下了。"

"那就不打扰她了，我找她也不为特别急的事，明天谈也可以。"

"我正好有事要和你谈，走吧。"朱荣光示意钱国强跟他走。

钱国强跟着来到朱荣光的办公室，朱荣光东扯西拉地说了一阵子，涉及到许多家常事，更像是在做感情交流，没有谈及到什么特别要紧的事，钱国强疑窦丛生。

"朱颐最近怎么样？"钱国强故意把话题转向朱颐。

"还可以。"

"我是说，"钱国强提醒道，"他在上海治疗的事，已经有一段时间了。"

"据说效果不错。"

"能治好吗？"

"我和医生通过电话了,还需要几个疗程。"

"他也真是的,也不看看自己的身份,毕竟不是普通人家的孩子,落下这个病怎么行!"

"我也正为这事发愁,既然你说到了这事,我想听听你的。"

"不用愁,现在科技发达,可以想想其他办法。"

"你是说,不要轻易放弃。"

"当然,"钱国强认真地说,"否则,很多事情都会发生变化,都是意想不到的事情。"

"我知道你的想法了。"

"没有血缘关系的人来继承大业,恐怕难以服众。"

"我理解。"

"我的话不中听,可是,是真诚的。"

"我知道。"朱荣光态度冷淡。

……

林芩出现了一些反应——恶心、昏眩、虚脱,例假也没来,钱淑芬紧张起来,多次催促林芩去看病,她最怕的是林芩得了"蹊跷病"。可林芩不去,说没有什么大事,是工作太累、太疲惫,连轴转引起了失眠、内分泌失调,休息一段时间自然会好的。

朱荣光特意安排林芩去杭州出差几天,那差事没有多少内容,只是拜访一下客户,半天的工作量,其余时间是让林芩休息。朱荣光推辞掉所有的工作坚持陪林芩过去、亲自安顿,第二天才返回。那天晚上,钱淑芬独自依靠在床上看了一夜电视,思绪很乱。

钱淑芬沉闷了好几天,她不相信朱荣光会做出这等伤天害理的事,会用这种方式来延续朱家的血脉,而且,那天的情形也不能排斥朱荣光讲得确实是实情,可是,女人对这种事情,尤其是乱伦的事情特别敏感和嫉恨。

钱淑芬忍不住了,不想让事态无节制地发展下去,她知道一个道理,一切事情都是变化的,如果不加以约束,今天没有的事不等于明天不会发生,后天不会有。不过,她很顾及朱荣光的面子,不想把事情闹大,于是开始旁敲侧击地提醒他,"要和林芩保持一定距离,不要过于密切。"朱荣光暴跳如雷，一定要追查谣言，理直气壮地反驳说，"父亲关心女儿有错吗？！有什么可以说道的？！无聊，没事还整出这样无聊的事，唯恐天下不乱。"他始终没有点破钱国强。

钱淑芬也不敢提到钱国强一句，憋了一肚子气，暗地里指使钱国强、韩贵加紧稳住齐燕，照顾好齐燕，加大财力支持，有用得着她的一天。

齐燕听到韩贵转达的意思后，生气了，说："我也是人，我也是女人，为什么要我这样做，我的基本权力怎么保障？"她很清楚作为备胎的滋味和代价。

韩贵很同情，却很无奈。

林芩淡淡一笑，觉得事情发展到这个份上，达到了高潮，应该离收尾不远了，再任意下去，对大局无益，对谁都没有好处。林芩没有过多地纠缠在个人恩怨中，而是从公司治理结构中探究缘由——她认为这才是她应该考虑的正事。她得出了一个初步的结论：分歧和争议若发生在无规则、无秩序制约的环境里，必然会走向极端、变态、无聊、无为、残酷……

她变得坦然起来，黑色的"河床"也闪出了一层油亮。她毅然站起来，招呼凯瑟琳、韩贵、摄影师下山。

林芩、凯瑟琳、韩贵、摄影师下到海湾边，和朱颐会合后又登上小船。小船离开了海湾，绕着黑礁石驶向一个小水湾，停住了。小水湾像个喇叭形，渐渐缩窄的一头通向黑色礁岩，在黑礁岩下画成一个圆池——1米来深的温泉池塘，海水接近橙色。从停船的"喇叭口"到"温泉池塘"有100多米，三米来深，船老大把铁梯架到船舷外侧，伸到海里，手掌用力切指海面，示意"请下水"。

摄影师脱掉衣服，露出泳裤，爬下铁梯，蹬离船边，在海里举手招呼船上的人下来。

林芩也揭开衣服，露出泳装，走向铁梯。韩贵急忙伸出手拦住她，眼睛瞟了瞟摄影师。

"有些人很谨慎，"林芩轻松一笑，轻轻推开韩贵的手，"只想做百分之百没有顾忌的事。"

韩贵还在犹豫。

"你不习水性,就别下去了。"林芩劝说着。

韩贵看了看凯瑟琳。凯瑟琳已经脱去了衣裙,也是一身泳衣。凯瑟琳朝韩贵微微点了一下头,随着林芩下到海里。两人一跃离开船舷,轻盈得没有水花,很快就超过了摄影师。

摄影师显得笨拙,紧随着林芩、凯瑟琳游向"温泉池塘"。

韩贵举着照相机,设置到"摄像"功能上,分分秒秒地监控着。镜头里,林芩、凯瑟琳、摄影师游进了"温泉池塘"。

林芩一落地,一股暖流就从脚底往上升,涌向全身,驱走了疲惫和苦楚。她抓起脚下的泥沙涂抹在手臂、肩膀上,据说,经常用这里的泥沙贴敷,能年轻10岁。林芩又尽情地舒展开双臂,在池塘中游动,欣喜愉悦。凯瑟琳、摄影师也学着她的样子,尽情享受……半个小时后,林芩、凯瑟琳、摄影师游回来了,上了小船,简单地擦拭了一下身子,毫不讲究地套上衣服和裙子,随着小船返回码头。

悬崖渐渐挨近,金红色的夕阳把整个码头、悬崖染成了金红色,小船的木质本色也呈现出金红色。

"自从特洛伊城被德国考古学家发现以后,"凯瑟琳观望着悬崖,"许多人开始相信,《荷马史诗》是荷马用人神融汇的方式讲述真实的故事。我相信,他讲的第二个故事,奥德赛里的奥德修斯应该确有其人。"

"我知道这个名字,他发明了'木马计',闻名天下。"林芩扭头看着凯瑟琳,"你怎么会想起这个故事的?"

"因为这景色,这小岛,"凯瑟琳像在梦呓,"奥德修斯是一个小岛的国王,在特洛伊战争中参加希腊联军,贡献了'木马计'。战后,奥德修斯想回家,却被卡吕普索女神阻拦在一个小岛上,女神雅典娜想去救他,放他回家乡,却被波塞冬阻挠,因为,他刺瞎了波塞冬的私生子——独目巨怪的眼睛。奥德修斯历经艰险,终于在许多年后回到家,可是,他却发现,他的宫殿里来了许多陌生人,竟然是求婚者,纠缠他的妻子……"

2. 阿克罗提利

林芩、朱颐、凯瑟琳、韩贵、摄影师上了码头，找了一个地方冲洗了一下，换上干净的衣服。

林芩仰天看了一下日头，说："现在天还没有黑，我们再抓紧去一个地方，"她转向凯瑟琳，"有什么好的建议吗？"

"去阿克罗提利（Akrotiri）小镇吧，"凯瑟琳脱口而出，"感受一下米诺斯文明，或者说，亚特兰蒂斯文明的遗风，那里尽管只有断垣残壁，没有挽歌，可有风声，风声凄婉，任何一个人只要安静下来听，就能听到风声在传颂那段辉煌的文明。"

"那可是比苏格拉底、柏拉图、亚利斯多德、梭伦、克利斯梯尼、伯里克利都要老得多的祖母。"林芩一口气背出了一串圣贤和雅典城邦共和国领袖的名字。

阿克罗提利小镇在圣托里尼的最南部，邻近红沙滩，靠近"月牙湾"的另一端，和OIA小镇遥相呼应——首尾相望。Fira小镇处在它们的中间。

林芩、朱颐、凯瑟琳、韩贵、摄影师乘车到了小镇后，天空已成暮色。他们转了一圈发现，小镇除了一些小餐馆、小工艺品商店外，没有繁荣的商业街，很安静，好像永远在提醒人们要沉默，要哀思，不要用喧哗去惊扰废墟下的灵魂。他们不由得沉默起来。

他们走进一家小餐馆，要了一桌地道的地中海风味海鲜。餐馆的服务生用流利的英语告诉林芩，古老的阿克罗提利小镇在公元前1625年的那次火山喷发中被全部掩埋，现在的小镇是在废墟上重建的。1967年开始发掘废墟，发掘出了许多文物，被保存在雅典，发掘的地方就在附近，原来是可以参观的，据说因为一次意外事故伤了人，于是从2006年9月开始关闭了。去过的人都知道，遗址保存了完整的地震痕迹，还有比较完整的街道、沿街的二、三层楼的房子、房子内的壁画、排水系统、日用的陶罐，等等，总之，城市原貌保存得比较完好，展示的文明程度比较高。服务生还特意强调，他本人也相信，这里就是亚特兰蒂斯帝国的一部分。最典型的是，柏拉图描绘过亚特兰蒂斯人喜爱"跳牛"运动，而废墟里恰恰有"跳牛"运动的壁画。

"这里的晚上应该很神秘。"摄影师挤眉弄眼地说。

凯瑟琳用希腊语做了翻译。

"很安静，"服务生的眉毛跳动起来，"当你静静地听着风声的时候，你就会听到，遗址是有生命的，街道上有许多人，有小贩、家庭主妇，有人在开门，有人在呼喊，还有人准备乘船去克里特岛，士兵在聚集。"

"都说晚上是小镇和村落最美丽的时刻，因为恢复了宁静，宁静是小镇和村落的美的元素，而阿克罗提利却因为风声而美丽、而神秘。"凯瑟琳的语态渲染着神秘。

"又是一个'静外有动'的意境，人的意识决定美丽。"摄影师笑着说。

"呵呵，深得要领。"凯瑟琳调侃着。

林芩凝望着小餐馆外安静的街道，感觉到脚下大地深处的呼吸和脉跳——生命在这里繁衍，文明在这里闪耀，米诺斯、迈锡尼、荷马、雅典和斯巴达等200多个城邦国家就像星辰轮转；梭伦、克利斯梯尼、伯里克利就像一颗颗流星闪亮着划破天幕，沉淀下了厚厚的思想、艺术、哲学结晶，至今还闪耀着光辉、魅力，伸展着如无垠宇宙一样的胸怀。

林芩忽然产生了一种奇妙的感觉，好像一个声音在召唤她回去，她很奇怪，这是不是预示着家里人要她提前结束蜜月？可是，为什么呢？

林芩思索着，回忆着：

朱颐懦弱、无能、放荡、胸无大志、自暴自弃、情绪波动，一直是荣光集团、朱家、钱家人私下议论的中心话题，他们有的是出于好奇，有的是出于担忧，还有的是在考虑自己何去何从。自古以来，储君示弱，人臣非非。

钱国强想过，如果朱荣光不是狭隘地只认自己的血脉，如果朱荣光坚持把集团发展放在第一位、对社会做贡献放在第一位，他的一家来掌管荣光集团也是一个无可厚非的选择，而且，他的后代要比朱家的后代强得多。钱国强权衡过，自己接班的可能性不大，因为自己只比朱荣光小几岁，身体状况未必比他强，而且，他不受国家退休年龄限定，没有明确的退休年限，熬到最后，没准自己还走在他前面。钱国强自然而然地想到钱程，并且拿钱程和朱颐比，朱颐是个败家子，闭上眼睛在荣光集团里随便摸出一个人来都比他强10倍、100倍，钱程却完全不一样，名牌大学毕业，在荣光集团里有出色的表现，业绩、能力被广泛认可，荣光集团交到他手里，一定会有发展，至少不会被糟蹋、作践。钱淑芬很理解钱国强的想法，姐弟俩也认真地讨论过这个问题。

钱国强对朱荣光最不满意的地方是，偏执、狭隘，喜欢钻血缘的牛角尖，固执得像茅坑里的石头，又硬有臭。他那些自以为得意的算计和做派实际上是在折腾人，没有人性。他前天折腾朱颐、昨天折腾林芩、今天折腾王毅、明天折腾齐燕，折腾得四个人爱不能爱，恨不能恨，生不如死，伤害到心里，而且，心里的伤口越来越深、越来越大，朱颐落魄到今天，他是始作俑者。如今，眼看着儿子不行了，就想孙子，孙子盼不上了又出"奇想"，时间长了，"奇想"越来越离谱、越来越荒唐……受伤害最大的自然是姐姐——钱淑芬。

钱国强多次流露过，如此狭隘、陈腐的观念、信念有生命力吗？为什么千年的古训要把外姓人坐江山看成是大逆不道的犯上作乱、图谋不轨？！而同姓中的人再昏聩也是正当的？！难道暴君杨广就比明君李世民正当？！崇祯皇帝朱由检就比皇太极更有历史进步性？！历史不是每隔一段时间都在上演改朝换代、改姓更名的剧情吗？！无数历史事实证明，外姓人不都是来糟蹋事的！现代市场经济的优越性之一就是要给那些没有财产而富有创造力的人管理企业、发挥创造的机会！钱国强有时激动地就像在呐喊，悲壮地就想和传统拼个你死我活。

钱国强和朱荣光之间的裂缝越来越深，钱国强加紧了在荣光集团内培植自己的势力，力挺钱程，希望钱程周围能聚集一批青年俊杰。林芩一从瑞士回来就看出了其中的端倪，从心里来说，她认同钱国强和钱家。

朱荣光感觉到了"危机"，开始反制，压制钱国强、寻找钱程的毛病，结果，一来惹得钱淑芬生气，反受钱淑芬掣肘；二来伤筋动骨，两败俱伤。于是，他选择了林芩，想到了孙子。他刻意在林芩和钱国强之间设置隔阂，抓住林芩和钱国强在ZL系列新材料研发上的分歧激化矛盾，等等，硬是把林芩从钱家父子的阵线里活生生地切割出来。

林芩根本不想落在这样的是非漩涡里煎熬。可是，朱荣光的用意路人皆知，无比坚硬，她无法抗拒和改变。为此，林芩流过好多泪，尤其在钱淑芬面前，有着说不尽的愧疚。她明显得感觉到，钱淑芬看她时的目光已经不像以前了，以前是那么亲切、清澈、单纯，而现在却流露出复杂、沉重、抱怨、无奈、悲伤。林芩的心像被刀在凌迟，很痛苦，她恨不能像小时候遇到委屈时那样，扑在钱淑芬的怀里痛哭一场，用泪水冲刷去所有的冤屈、痛苦、无奈，只求母亲一声轻轻的原谅。

林芩扫了一眼桌面上空净的盘子，知道大家都吃完了，又要了一些咖啡和茶，让大家再休息一会，她还想继续刚才的思考，完成收尾，理清结论。

林芩渐渐地梳理出了清晰的头绪，她认为，父亲和舅舅一家的争论在荣光集团处于细胞形态时就掩埋下了，随着细胞分裂和成长，争论也在发展，这种争论原本属于正常的意见分歧、涉及正常的利益分配，应该在公司管理框架和规则下解决、抑制、协调，并形成合力推进公司发展，可是，被朱荣光加进了一系列古老的祖训余韵后，采用了类似宫廷争斗的手段处置，结果，被捣腾得一团糟，而且，正因为缺少互信、充满猜疑，什么善意的意见都被怀疑成为背后可能隐含着你死我活的阴谋，从而失去修复的可能和时机，最终演变成严重的内耗，危机丛生，濒临分裂，让外人觊觎。

林芩马上意识到自己的处境，是处在两股撞击力中间的一个缓冲，她不能僵化，不能把古老祖训中的糟粕继承下去，因为她没有能量，也没有本钱——即不能以钱家父子为敌，也不应该让母亲流泪，钱家父子集聚的力量是积极的，母亲的养育之恩山高海深，不应该受到排斥，不应该遭受痛苦，更不能亲手打击；另一方面，父亲是荣光集团的舵手、核心、灵魂，对她恩重如山，遵从父亲的安排是她做事的基本准则，孝敬父亲是她做人的本分、做人的道理，她即不能不顾及进步和大局，也不能不讲究孝道，唯独能牺牲的只有自己，唯独不能做的就是给自己留有很大的回旋余地。她再次提醒自己，如果历史把她推到了"大位"上，她没有退路和别的选择，唯有勇敢地迎接挑战，推进新的文明。她鼓励自己，为社会、为集团、为家族，应该勇敢地、坚决地站出来。

林芩又想到，既然决定站出来迎接挑战，那么，什么是她应该恪守的基本准则呢？她坚定地认为，首先应该劝说父亲放弃祖训中的糟粕，让父亲和钱家父子以及其他所有的人都回归到法制、规则框架下作为、争论，由法制、规则来协调彼此的分歧和利益。

林芩一阵振奋，忽然又冷静下来，不停地质问自己，自己做好了承受巨大压力、付出巨大代价的思想、精神、物质准备了吗？她坦然一笑，想起了一句古训：自古磨难出英雄。

林芩喝尽了咖啡，建议步行一段路，去发掘地点的外围走走，聆听古老城市的呼吸、脉跳，也消耗一点热能。林芩叫来服务生，仔细询问了路径，做了一张草图，标上了一些标志性特征。

小镇笼罩在黑色里，远处的灯火星星点点。摄影师陪着林芩往前走，其他人跟在后面。

"我看过一些资料，"摄影师的步履很快，"说火山爆发时，先是释放出有毒的气体，接着是灰，再就是大块大块的滚烫的岩石从天而降，最后才是熔岩呼啸而淌，很可怕，无法逃。"

"据说，这里的人都乘船逃到克里特岛去了。可能是事先得到了神的旨意。"

"没准逃到那里以后又遭受到了海啸的侵袭。"

林芩、摄影师来到一个树丛环绕的岔口，摄影师不假思索地向右一转，引着林芩走上右边的路。

"你说，"摄影师寻找着话题，"现代人为什么要把亚特兰蒂斯帝国和米诺斯文明扯在一起呢？如果证明了亚特兰蒂斯帝国就是米诺斯文明，还有什么神秘呢？"

"传说中有许多夸张的部分，夸张是美丽和神秘的，可是，毕竟不是历史真实，真实就是那么古朴、残败、甚至愚昧。"

林芩、摄影师又遇到一片树木，林芩顺势往左拐，继续聊天……他们拐了好个弯，路过一片矮小的橄榄树林，走上一条小路，林芩发现四周一片寂静，没有人声，没有灯火，只有树林和残垣，银色的月光洒向大地，把大地、断壁照得雪亮。她不由得停住脚步，回头张望，除了摄影师以外，没有其他人。摄影师的身材硕壮，在夜色里像头猛兽。

"他们没跟上来，可能是走散了。"摄影师回头张望了一会，目光一闪，好像发现了什么，突然又低下头来，陷入深思——有人（中间人）替他安排好了，事成之后可以不要回去，过一辈子吃喝不愁的事，想干什么就干什么，不要再为生计奔波了，当时，他答应了，可心里想的却是"视情况而定"，他只想做"顺水推舟"的事，不想明目张胆地干，因为，真要赤裸裸地动手，必须把许多顾虑想透、排遣掉，尤其是这几天相处下来，他发现，林芩背后站着许多人，她的生命是许多人的期盼，绝对不是几个钱能交易的，绝对不是一件轻而易举的事。

"这里没有路标，岔口又多，他们很难找到。"林芩平静地看着摄影师。

"现在是走还是等他们？"摄影师转动着眼珠，观察着，他认为，黑夜和旷野是最好的掩护，一切图谋都可以湮没在黑色里、在人们的视线之外，可是，他马上又想到，天还会亮的、人们的视线还会聚焦过来的。

"等等他们看，这里的气温很舒服。"林芩轻松地一笑，找了块石头坐下，"你把设备放下，也休息一会。"

"我们的路没有走错吧。"摄影师卸下设备，松了一下粗壮的胳膊。

"刚才走路时只顾讲话了，"林芩借着月光看着草图，"我想，再往前走一段，一拐就能遇到一片大的橄榄树林，再一拐，继续往前，就能回到小镇了。"

"最好和他们通个电话，问问他们在哪里。"

"有道理，"林芩拿起手机接通了韩贵，讲了一会，大概能讲清楚自己现在的位置，"这样吧，如果你们实在找不到我们，"她觉得韩贵似乎还有些迷惑，"我们也实在等不到你们，你们就不要找了，我们也不等了，就回刚才的小餐馆会合吧。"她收起手机。

"他们搞清楚了吗？"摄影师迫不及待地问。

"或许吧。"林芩看着摄影师。

"拐来拐去不会拐错吧，我也被弄糊涂了。"

"呵呵，"林芩笑着说，"不会，我是山里出来的孩子，从小就记得路，你跟紧我就是了。"

"听小餐馆的人说，晚上，能听到风声里夹杂着的人的呼喊。"摄影师边说边扫视着四周，评估着环境。

"好像有，"林芩闭气凝神地听了一会，"我听到女人呼唤孩子的声音。"

"在这黑夜里，这风声让人恐惧。"摄影师应付着。

"你应该多想想愉快的事，别让黑暗浸透了心，比如，我问你，我们从雅典过来时，一路上遇到过许多岛屿，讲了许多神仙诞生的故事，你想过没有，圣托里尼是哪位神仙的故乡？"

"真还没有听说过，"摄影师从密集而沉重的思绪中挤出一条空隙，随便想了一个，"不会是海神波塞冬吧。"

"哪里，波塞冬住在海里，特洛伊城倒是他帮助修的，克里特岛是他守护的，从广义上说，圣托里尼是他的领地。"林芩不假思索。

"那就是月亮神，应该是她。"摄影师跟着林芩的话题不愿意终止，或者说，更怕终止，因为，一旦终止就意味着又要闭合刚开启的轻松的缝隙，回到密集而沉重的思虑中，进行可怕的而难以横心的抉择。

"阿耳忒弥斯？"林芩惊奇地说，"那就更不对了，她在提洛斯岛，漂浮的岛，我们过来时不是还看到过那个岛吗？！"

"因为我看见月亮了。"

"尽管她的能量无限，"林芩抬起头，看着月亮，"在夜间给人类以光明，可是，她的母亲却是为了躲避天后赫拉的迫害才躲到那个小岛上去生她的呀。"

"够乱的。"

"神的世界也充满了争斗。"林芩站起来，指了一下前面的路，"不等了，走吧，都是大人，丢不了。"她朝前面走去。

摄影师凝滞在原地，看着林芩去的方向，思忖着，不知道前面的机会是更好还是更差。

"你怎么不走哇？"林芩停下来回头招呼。

"哦。"摄影师赶紧跟上，心事重重，步履沉重。

林芩、摄影师继续往前走，又来到一个岔口，林芩略微迟疑了一下，顺着左边一拐，上了一条下坡的小路，走到一块空地上，空地上有一些树木和一些建筑遗迹。林芩发现摄影师不在身边，又停住了，转过身来等候摄影师。摄影师落在后面好几米远，正张望着。

摄影师发现林芩在等他，赶紧走上来几步，又陷入了深思：这地方没有悬崖，没有乱石堆，不容易形成失足的现象，可是……

"我之所以喜欢这里，"林芩芩仰望着漆黑的天空，"因为，这里创造了人类最原始的自由和规矩，神的权利也是人授予的，和我们家乡人的想法刚好相反。"

"这里没有你讲的树林，"摄影师没有接林芩的话题，却慢慢向她移动，巨大的阴影显得恐怖，可是，快要贴近林芩时，他又停住了，迟疑了一会，说，"走吧，我们一定走错地方了。"他也说不清楚，自己的潜意识为什么会发出这样的指令，是想寻找到更合适的环境？还是胆怯？

"这地方不好吗，"林芩诡异地一笑，"我相信再往前走，我们马上就会看到一片大树林，过了树林就能走上回去的路了。我主要是为你着想，因为，你比我累。"

"我不碍事，只要能走到可以辨明回路的地方，我就踏实了，就可以坐下来安心休息了。"摄影师向前走去，步履加快。

林芩、摄影师又走了一会，果然看到了一片大橄榄树林，他们顺着橄榄树林的边沿绕过去，走进了一片古村落遗址。

"这地方也不对。"摄影师疑虑重重地说，"大橄榄树林有了，可是，小餐馆的人没说有这片遗址啊。"

"你也在注意听那个服务生说话？"

"是凯瑟琳翻译给我听的，他还说，最多一个小时我们就能往返，这会儿绝对不止一个小时了，而且，我们连个正儿八经的米诺斯文明遗迹的影子都没有看到。"摄影师一阵哆嗦，感觉到天气比先前冷了许多，白天还嫌热的短袖衫此刻就像没穿似的。

林芩、摄影师搜索着前方，前方被黑色遮掩，只有零星的灯火。忽然，摄影师发现前面不远处有一个黑乎乎的斜坡，斜坡上有些岩石的影子，再往下就什么也看不清楚。

"我们可能迷路了，"林芩观望着，"我在回忆，我们刚才是从哪里拐弯过来的。"

"谁还记得清楚？我一直跟着你，没有多留意。"摄影师说着，又陷入了激烈而沉重的思索、挣扎、抉择中，双脚不由得向林芩身边移动过来。

"我再和韩贵他们联系一下。"林芩拿出手机拨打起来。

摄影师突然停住了，与林芩有两米远，内心又激烈地挣扎起来，一个声音在催他："可以上去了，只要挟着她走，走到斜坡边，轻轻一推，她就会落在乱石下……"他一个寒战，潜意识里也响起了一个声音，"可是，如果这里仅仅是一个不深的斜坡……"那催促的声音突然消失了，他一下子失去了勇气。

"信号不怎么好。"林芩嘟哝了一句，勉强接通了，对着电话嘀咕了好一阵子。

"再往哪里走？"摄影师突然开口了。

"继续往前走，你看，"林芩用手一指，"前面有铁丝网，穿过去，我想就能够辨别方向了。"她站起来，径直走过去。

"来时可没有看见过铁丝网。"摄影师依稀辨别着横拦在前面的几条铁丝，铁丝网里面有小径、残破的矮墙、树丛，他犹豫了，担心失去什么。

"没错，听我的，如果我没记错的话，那里应该还有个断崖。"林芩走过去，敏捷地跃过铁丝网。

摄影师顾不上犹豫了，紧跟过去，也越过了铁丝网。

林芩穿过小径，走出树丛，来到一片村落废墟边缘。前方很远的地方有一些灯火，偶尔还有灯火在移动。"你看，"林芩指着前方对摄影师说，"那里有灯火，有汽车在动，在黑暗里，灯火就是生命，我们无论如何都能找到回到小镇的路了，"她转向摄影师，"是休息一会还是继续？"

摄影师沉思了片刻，迅速搜寻起四周，发现附近确实有一个更黑暗、更陡的斜坡，他松了口气，可马上又紧张起来，意识到，留给他的时间不多了，错过这个机会多半就再也没有机会了，要行动就在眼前，决定人生走向的重大抉择就在分秒之间。他死死地盯着林芩，目光冷酷，脚步开始朝林芩挪动，可是，很快就凝固了，又想挪动，却没有移动半寸。"后果是什么呢？"他问自己，猜测着，他担心，"总有些细节会遗漏，总有些细节会做得不周全，一辈子的代价很可能就毁灭在这几分钟，甚至几秒钟的抉择里……他脑子里一片混乱。

"把设备放下吧，"林芩轻松地说，"想说什么总得放下沉重的负担再说，而且，我们还有一段路要走，先休息一会。"

摄影师下意识地卸下摄影设备。

"你看，我们的身边，"林芩微笑着用目光示意摄影师，"是个村落的废墟，只是不知道年代。"

"是的，是个废墟，"摄影师心事重重，敷衍着，"可能是米诺斯文明的村落遗址，是毁在那场火山地震里的。"他让自己舒缓一下，打算过一会再积聚勇气、再不顾一切。

"不好说，也不大像，因为我们没有进入到发掘现场里。"林芩借着月光仔细欣赏着，"废墟是生命毁灭的现场，月光下的废墟尤其让人恐惧，因为是银灰色的。"

"你还有这个雅兴？呵呵。"摄影师微微一笑，笑得很勉强。

"你静下心来，听听风声在传诵什么？"

摄影师侧耳凝听了片刻，觉得风声凄厉，什么也没有。"我什么也没有听出来。"他摇摇头。

"我以为你能听到人的声音，"林芩镇静地说，"其实，这里距离小镇不远，我只要告诉你怎么走，你就能找到，我可一直没有迷路。"

"没有迷路？"摄影师很敏感，冷冷地看着林芩，"什么意思？"

"我看，"林芩看着摄影师，严肃地说，"现在，这地方对你来说最合适，只有我和你两个人。"

"我不明白你的意思？"摄影师的目光阴冷。

"那里有个斜坡，"林芩朝不远处的斜坡一指，"很陡也很深，先前那个斜坡，我看你很犹豫，以为嫌浅，所以，呵呵，"她坦然一笑，"现在，你的目的达到了，前面未必有更好的机会，不需要再找地方了，不要再犹豫了。"

"我不懂你的意思。"摄影师已经完全失去了勇气。

"开始时，是你故意走错路，想把其他人甩掉，你以为他们都是被甩掉的吗？"

"这么说，你是将错就错？"

"我只想知道你想干什么？"

"我只是个受雇来拍照的人，"摄影师低下头，有些胆怯，"我只根据自己的利益取舍，不听任何人的指示。"

"那好，"林芩平静地说，"就把那层窗户纸留着吧，不要戳破，可能对你我都有好处、更有利。"

摄影师像被一记重拳击中了头部，呆呆地站在凄厉的冷风里、银灰色的月光下，不一会儿，他的身子开始摇晃，支撑他站立着的能量正在耗尽。

"你是个想软着陆的人，"林芩微笑着说，"什么事都想做得天衣无缝，说得对吗？"

摄影师猛地一颤，差点跌倒。

一阵沙沙的声响，韩贵像老鹰扑食一样飞跑过来，站在林芩一侧，绷紧着脸。朱颐、凯瑟琳也跑了过来，身后跟着小餐馆的服务生。

"这么黑的天，"朱颐焦虑地说，"又是一个陌生的地方，真的迷路了怎么办？"

"呵呵，"林芩若无其事地一笑，"我们在欣赏亚特兰蒂斯的遗迹。"

"我真为你捏一把汗，"凯瑟琳擦着汗说，"回去吧，外面挺冷的。"

"圣托里尼最繁盛的时候应该有1000多个村落。"林芩依依不舍地环顾着废墟。

"你怎么还有这份心事，都把我们急死了。"朱颐责怪着。

"一切都了结了，不该轻松一下？！"林芩微笑着对摄影师说。

"你是我一生见到过的，"摄影师背上摄影设备，"最厉害、最善良、最宽容的女人。"

"走吧，"林芩站起来，"别把最美好的词汇送给我，我承受不了。"

"你也真够大胆的，"韩贵走到林芩身边，轻声说，"这么黑的天，又在旷野，你还是个女人。"

"别忘了，我是山里的孩子、山里的女人。"

"不战而屈人之兵，是兵法中最上乘的谋略。"韩贵赞美道。

"呵呵。"林芩轻松一笑。

林芩、朱颐、韩贵、摄影师回到酒店，林芩的心情特别好，进入客房后，一边整理白天购买的东西，一边哼起她最喜爱的民歌《珊瑚颂》：

一树红花照碧海，
一团火焰出水来，
……

朱颐一直躲避着林芩的目光，就怕她提起刚才的事，提到摄影师。

"我不相信，"林芩背对着朱颐温和地说，"妈妈、舅舅推荐这个摄影师时会有特别的想法。"她手里挑拣着东西。

"是的，是吗？"朱颐语无伦次，"我想应该是的。"

"我相信他们一定不知情，一定不知道背后的故事。"林芩欣赏、比对着礼品，"可是，他们又是怎么认识摄影师的呢？"

"这……是……应该是，我也不知道。"朱颐跌进沙发，瘫靠在沙发背上，"我回去后问她。"

"你怎么啦？"林芩感觉到了什么，转过身来看着朱颐。

"没什么？"朱颐的眼角渗出泪水。

"别想得太多了，我只不过是随便问问……"林芩的手机响了，打断了她的说话。

电话是钱淑芬打来的，声音很急促："你爸爸突发脑溢血，被送进医院了，请尽快回来。"

林芩知道朱荣光是个"轻伤不下火线的人"，没有严重的差错是不会轻易进医院的。她急忙和朱颐商量了一下，招来韩贵、摄影师，吩咐他们立即收拾行李，随时准备起程。她还用手机和凯瑟琳道别，凯瑟琳说，她的使命也完成了，明天可以一起走。

林芩即刻上网搜寻能尽快回家的航班，她购买了第二天早上从圣托里尼飞往雅典的机票，改签了从雅典启程的返程机票——再后一天上午由雅典飞迪拜，由迪拜飞上海，再由上海飞回家，还在雅典预定了一天酒店。

林芩把一切安排妥当后，和朱颐上床休息了，朱颐很快就发出了鼾声，可是林芩却久久不能入眠，于是，轻轻地爬起来，走到晒台上，静静地坐在椅子上，眺望着小希拉岛上的灯火，想着明天的行程，一阵阵忧伤在心中漾起，因为，明天再也看不到这宁静的夜色了，明天就要离别宁静返回喧闹的世界了。

她的思绪又翻腾起来，猜测着朱荣光的病情，想着回去后的局面，推演着应对的策略……东方的天边微微发白，她闭上眼睛，想躺一会，可是，她的"海蒂"却浮现在眼前，她的《唐璜》在心中继续演绎：

眼前浮现出大海，"海蒂"驾驶着小船，满帆追赶着海盗船，一直追到鞑靼海峡，尾随上了君士坦丁堡，"唐璜"被捆绑着押在集市上准备卖，"海蒂"化装成女兵去营救……

3．回归雅典娜

林芩到达雅典时是中午，去圣托里尼时，她曾经许过愿，回来时一定要去朝拜"老祖母"——卫城、雅典娜神殿，此刻，这种愿望变得越来越强烈。

林芩、朱颐、凯瑟琳、韩贵去酒店安顿好行李后就直奔卫城而去。摄影师觉得力缺、心怯，无脸面再和他们一起出游了，便把摄影设备分开交给了朱颐、韩贵，独自留在酒店里静思。

林芩、朱颐、凯瑟琳、韩贵来到山脚下，土黄色的卫城就在他们头顶的山坡上。林芩拦住朱颐、凯瑟琳、韩贵，说："不能就这样随随便便地走踏上去，应该调整出最虔诚的心情，因为那是踏在一个全世界的人都尊敬的老祖母的身上。老祖母的呼吸声慈祥、委婉，却坚毅、生生不息，具有无穷的感召力。"

林芩、朱颐、凯瑟琳、韩贵开始上山，林芩的心情虔诚而凝重，她一边走，一边告诉朱颐、凯瑟琳、韩贵：

卫城诞生于公元前580年，伯里克利（公元前495年—公元前429年）统治时的"黄金时代"，是雅典共和国的宗教中心，那时，希腊大地上大约有200多个城邦国家。

伯里克利最著名的言论是：共和国不是为少数人，而是为全体人民的……无论能力大小，人人都享有法律所保障的普遍平等……担任公职的权利不属于哪个家族，而是贤者，家境贫寒不成为障碍……有能力为国家服务的人，不因地位卑微而受妨碍。

"这是2000多年前的声音，"林芩一转话题，"和孔子基本同时代，当我们念叨着孔子的'君君臣臣父父子子'的说教时，还骄傲得起来吗？"她又继续讲述：

如今，卫城只剩下断肢残垣，像饱受创伤的老祖母。如此的文明，当时最美好的治理制度，却毁在内乱之中——雅典和斯巴达为了争夺霸权，在公元前431年爆发了战争，一直打到公元前404年，史称"伯罗奔尼撒战争"，结果是两败俱伤，加速了城邦共和制度的危机和瓦解。从公元前30年希腊城邦被罗马帝国灭亡开始，一直到公元1829年独立战争结束，在将近2000年的时间里，就没有希腊国家，这是人类和文明的悲剧。不过，她的精神是顽强的、永存的，被抹杀了1000多年后，在文艺复兴时期，又被人们发掘出来，成为现代文明大厦的基石。

林芩、朱颐、凯瑟琳、韩贵走到山顶的拐弯处，看到了希罗德·阿迪库斯剧场，剧场的舞台修在山脚下，阶梯般的座位顺着山体往上修建。他们停顿下来，互相拍摄了照片和摄像后，又继续前进。

林芩、朱颐、凯瑟琳、韩贵来到卫城的山门下，山门前的土黄色台阶跨度很大，需要迈很大的步子才能上去，林芩芩牵着凯瑟琳的手，一步一停地往上迈，韩贵紧随其后，朱颐跟在韩贵后面。

山门外的一侧山下有一块巨大的灰白色石头，石头上爬满了各色衣服，红色的最显眼。再远一点，绿荫丛中隐显着一座白色的神殿。

山门由许多土黄的粗壮方整的石头梁柱垒成，重重叠叠。林芩、朱颐、凯瑟琳、韩贵穿过山门后，踏上了一个宽阔的平台，地面坑坑洼洼，遍地残垣断石。这些石头都上了年岁，每一块都是古老岁月的一个符号，都是老祖母脸上的一个斑点。

平台的右侧前方是帕特农神庙——雅典娜神庙遗迹，公元前400多年的遗物，原先有精美的装饰和浮雕，由于战火和劫掠，如今只剩下一个高大粗壮的石头立柱围成的巨大的长方形框架。

阳光在头顶和背脊上燃烧，天空蓝得没有一片白云。林芩注视着石块、柱子、台基，感到震撼，仿佛看到在这个平台上、在这些石基上，有一个巨大是无比的大厦耸立云天。

"雅典娜是宙斯的女儿，"凯瑟琳充满敬意地说，"是智慧与战争的象征，她右手握长矛，左手持盾牌，力量无比，保护着雅典，所以也被称为雅典的保护神。"

"最难得的，"林芩感慨地说，"也就是说，和东方神话最不同的地方是，雅典娜获得雅典保护神位子的方式。她是由雅典人民选出来的，前提是她必须为雅典人民做好事，种橄榄树，奉献和平，这就叫神权人授，人是天地间最高贵的生命。"

"对于这个传说，"凯瑟琳接上话题，"有两个版本。第一个版本就是你说的，"她声情并茂，"雅典娜和波塞冬争夺雅典保护神的位子，两人吵到宙斯那里，宙斯说，这得由雅典公民投票决定。为了获得选票，雅典娜和波塞冬必须为雅典人民做一件好事。波塞冬用三叉戟敲出了拖引战车的骏马，雅典娜用长矛扎出了橄榄树。橄榄树象征和平，又给贫瘠的土地带来财富，所以，雅典人民选择了雅典娜。"

"那么，另外一个版本呢？"

"前半部分一样，后面不同，宙斯说，这要由众神投票确定，结果还是雅典娜获胜。"

"我想起来了，"林芩略有所思，"那时，在众多城邦国家中，最大的,也最有影响的是雅典和斯巴达,雅典实行的是直接民主制度,政府和领袖由男性公民直接选举;斯巴达实行的是贵族会议制度,政府和领袖由贵族会议选举,所以,这个故事的两个版本就反映了这两种制度。"

"确实如此,"凯瑟琳微笑着说,"你快成为希腊的历史学家了。"

"不,临时抱佛脚,出来前做过功课。"

朱颐神色黯然,沉闷得像个哑巴,只知道扛着摄像机或者换上照相机抓拍林芩、凯瑟琳、韩贵的活动。韩贵不远不近地游逛着,目光始终关注着林芩。

"希腊神话反映了当时希腊的社会生活、思想。"林芩引着凯瑟琳往前走。

"不过,我更喜欢《红楼梦》。"凯瑟琳认真地说。

"《红楼梦》总是让我感伤,那里面有句话,'大有大的难处',把一切想说的都概括进去了。你知道吗,有时候我觉得非常难,难得就想出家当尼姑。"

"何必呢,我还是那句话,许多人都羡慕你,我最羡慕你的是,你能有机会遇到不同凡响的挑战,而且又乐于和善于迎接挑战。"

"你怎么也会说这样的话,"林芩斜睨着凯瑟琳,"其实,凭心而论,我不喜欢很激烈的挑战,我想安逸,相夫教子,为人妻,为人母,可是,命运就喜欢作弄我,在我的肩头堆砌上许多责任,越积越厚。"

林芩、凯瑟琳缓缓地往前走,围绕着帕特农神庙遗址走了一圈,又回到出发点。

"你看,"凯瑟琳转向另一边,"那就是著名的伊瑞克提翁神庙,六个少女头顶着沉重的巨梁。"

"可是,"林芩芩注视着伊瑞克提翁神殿,"她们却走出了世界最优美、最轻盈的步履,走向世界的T型舞台。"

"她们支撑了神殿。"

"何止是她们,整个卫城都是由女人支撑和拱卫的,可是,雅典共和国的女人却没有选举权。"

"你知道吗,为什么要让女人支撑这份重任?"

"你说呢?"

"因为女人善良、美丽，"凯瑟琳瞄了一眼朱颐，"当女人承担起本不该，或者说，本该是男人承担的重任时，就显得更加美丽、可爱、动人。"

"呵呵。"林芩轻轻一笑。

"和你说实话，我来以前做过许多功课，很了解你，也知道你有一段感情，直到现在还刻骨铭心。"

"我何尝不想做一个纯粹的女人，只展现美丽、温柔。"林芩拉着凯瑟琳围绕着伊瑞克提翁神庙走。

"什么叫纯粹的女人？"凯瑟琳俏皮地一笑，"难道雅典娜不是纯粹的女人？依我说，女人的勇敢比温柔更美丽、更可爱、更可贵。"

"我没有丝毫贬低雅典娜的意思，我也不认为女人只有温柔才美丽、才可爱。"

"我相信你说的，因为你将是荣光集团的守护神。"

"荣光集团不需要保护神，"林芩认真地说，"需要规矩，我相信规矩，管理要讲究规矩和秩序，如果在管理中掺杂进了许多人治因素，规矩和秩序不清，各种积极因素都有可能变异为消极因素，各种积极因素之间的一般性矛盾都有可能走向极端，演变成剧烈的冲突，最后变得不共戴天。例如，父亲、舅舅都是股东，都是积极因素，都有权利，也都有责任和义务，那么，如何规范呢？就是一句话，权利、责任、义务都必须服从规矩，遵守秩序，不能越过规矩、破坏秩序去作为，去伤害别人的权利，解脱自己的责任，卸掉自己的义务。"

"作为投资人，我很高兴听到你的这一意见，荣光集团走到今天，应该更多地引进法制环境的要素，建立全新的约束观念。"

"我要向父亲提出，建立一个更规矩、更宽容、更透明、更公正的治理结构，减少人治因素，每一个人，包括父亲和我在内，都知道自己该干什么，不该干什么；不该干的事干了会有什么结果，而且必须落实这个结果。"

"再加上ZL系列新材料的开发和其他技术创新，荣光集团一定能够飞跃的，作为投资人，我们乐见其成，可是，朱董事长会接受吗？"

"我很尊重父亲，不会背离他，可是，该坚持的我还是要坚持，我相信，他正在转变中，随着时间的推移、各种因素的挤压，他也只有一条路可走，因此，他一定会理解和接受的。"

"现在一切都在往好的方面转，新产品、我们的投资、你对荣光集团未来治理的构想、对舅舅一家的理解，等等，都预示着荣光集团会有一个更好的明天。"

"应该说，你预期的投资回报会更好。"

"呵呵，"凯瑟琳会心一笑，"我不想回避这个问题，因为我们是投资人，是资本，三句不离本行。"

朱颐和韩贵走过来，林芩招呼他们为她和凯瑟琳合影、拍摄。过后，林芩、凯瑟琳继续绕着神庙走，回到了原点。

"你很让我佩服，"凯瑟琳真挚地说，"我没有想到，你最终会在你父亲身上找到问题和矛盾的症结。你的这种认识是在这几天才形成的吗？"

"不，"林芩肯定地说，"考虑很长时间了，只是这几天想得更透彻了，知道回去该做什么，怎么做。"

"你父亲也不容易，他是扎根在家乡泥土里的一棵树，喝着家乡的水长大，有着特定的基因和遗传密码。"

"基因和遗传密码奉行的基本原则是'适者生存'。"

"你的哲学思想很独特，"凯瑟琳望着在远处摆弄摄影设备的朱颐、韩贵，"摄影师怎么样了？我看，他现在想站都站不起来。"

"呵呵，我没有特意功能。"

"他一定会明白一个道理，任何人都不要轻易和你作对。"

"打不过的敌人就是朋友？呵呵，"林芩微微一笑，"不过，我想还应该有其他原因。"

"他害怕了？"

"他本来就不敢冒险。"

"因为你是好人，有神灵保护，就像雅典娜，背后站着整个雅典城邦的人。"

"我没有那么高大，是人，不是神，人只要被捧为神，就离腐朽不远了。"

"你将如何处置他。"凯瑟琳凝视着林芩。

"他最终没有作为，我想也就没有这个必要了，而且，这事对他来说已经够沉重的了。"

"好的，不再说他了，"凯瑟琳点点头，"我想，此时，你应该已经有了一个回去后如何开展工作的规划了，能告诉我吗？"

"你去问她，"林芩略微抬了一下手，指了一下雅典娜神殿，"雅典娜会告诉你一切的。"

"雅典娜？"凯瑟琳疑惑不解。

林芩的手机轻声一响，提示有短信进来。"对不起，我看一下。"林芩拿出手机翻阅起来，不一会儿，脸上露出了一丝淡淡的微笑。

短信是王毅发来的，摘自拜伦的《雅典女郎》：

凭着我痴情渴慕的红唇；
凭着那丝带紧束的腰身；
凭着定情花——它们的暗喻胜过了人间的千言万语；
凭着爱情的欢乐和心酸；
我爱你啊，你是我的生命！
……

凯瑟琳静静地看着林芩，没有打扰，因为她感觉到，林芩脸上流露出的幸福感发自内心，很难得。

飞机轰鸣着冲出雅典机场的跑道，飞上蓝天，4个多小时后，稳稳地降落在迪拜，林芩、凯瑟琳、朱颐、韩贵、摄影师走出飞机，去候机厅转机。

凯瑟琳要转机去香港，即将和林芩分别，心里很难过，说："快要和你们分别了，真舍不得你们啊。"

"我也是。"林芩也很难过。

"我想和你再讲一会希腊神话。"

"好啊,"林芩笑着说,"我们就背一下奥林匹斯山十二主神怎么样?"

"我先来。"

"请。"

"宙斯、赫拉……"凯瑟琳脱口而出。

"这不行,"林芩轻声打断,"还要讲他们的地位。"

"宙斯——主神,宇宙之神;赫拉——天候,妇女保护、婚姻、生育之神,宙斯的姐姐;波塞冬——海神,海洋、地震之神,宙斯的哥哥;德墨忒尔——丰收女神,宙斯的姐姐;雅典娜——女战神,智慧、胜利女神,宙斯的女儿;阿波罗——太阳神,光明之神,宙斯的儿子。"凯瑟琳一口气,流利快畅。

"下面我来,"林芩吸足了一口气,"阿尔忒弥斯——月亮神,狩猎女神,宙斯的女儿;维纳斯(阿芙洛狄忒)——爱神;阿瑞斯——男战神,宙斯的儿子;赫菲斯托斯——火神,宙斯的儿子,维纳斯的丈夫;狄奥尼索斯——酒神;哈迪斯——地府神,宙斯的哥哥。"

"都和宙斯沾亲带故,"凯瑟琳笑着说,"你知道希腊神话为什么要这么设计吗?"

"我不知道,你说呢?"

"其实我也不不太清楚。"

"还有老神谱,"林芩看着登机口的编号,"可是,你的登机口——去香港的登机口就在前面,快要到了。"

凯瑟琳停住脚步,依依不舍地拉住林芩。

"你怎么不走了?"林芩看着凯瑟琳。

"真的要分手了吗?"凯瑟琳眼睛里盈着泪。

"还有一点时间,"林芩看了一下手表,"我陪你再坐一会。"她指了指旁边的咖啡吧。

"不,我想和朱颐单独谈谈。"

朱颐有些犹豫,看着林芩。

"去吧,"林芩朝朱颐点点头,"我们在去香港的登机口等你们。"她转身招呼韩贵、摄影师继续往前走。

朱颐跟着凯瑟琳走进咖啡吧，各自要了一杯咖啡。凯瑟琳看着朱颐，好像有许多话要说，可是，迟迟没有开口。

"这就要分别了？"朱颐有些不舍。

"是的，"凯瑟琳很平静，"和你们在一起的这几天是我一生中最愉快的时候，我会一直怀念这段时光的。"

"我们也是，"朱颐伤感地说，"不知道什么时候还能再见面？"

"我想，用不了多久一定会再见面的。"

"我期待这一天尽快到来。"

"这些天来，"凯瑟琳认真地说，"我对你太太的了解越来越多了。"

"我看见了，你和她形影不离。"

"你很有福气，娶了一个好太太。"

"只是太委屈她了。"

凯瑟琳低头搅拌了一下咖啡，突然抬起头，凝视着朱颐："你觉得你们的婚姻幸福吗？恕我唐突了。"

"嗯……"朱颐思忖着，"她有点痛苦，我能看得出来。"

"其实，她很痛苦，所有的人都能感觉到，你是哥哥，一定要好好地珍惜她，医治好她心灵上的创伤。"

"我知道。"朱颐低下头。

"现在也不晚，你要支持她。"

"我会的。"

"你理解我说的'支持'是指什么吗？"

朱颐一怔，瞪大眼睛盯着凯瑟琳。

"听我的，"凯瑟琳沉吟了片刻，"你们离婚吧。"

朱颐又是一怔，比先前的那次猛烈。

"让她回到她心爱的人身边去吧，那边一直在等她，而且近期就会办妥离婚手续的。"

朱颐不知所措，有些慌乱。

"我发现，她在写一首长诗，模仿拜伦的《唐璜》，你知道吗？"

"知道一点。"朱颐点点头。

"唐璜和海蒂的故事，你听说过吗？"

"没有。"

"她的心在流血。"

朱颐的眼睛湿润了。

"一个女孩子执着地思念和追求她的爱，说明这爱是她的生命、她的血液，甚至比生命更珍贵。"

"我知道。"朱颐很痛苦，很矛盾，因为他已经感受到了这份婚姻的珍贵了，他对林芩的爱。

"这事要你父亲同意？"

朱颐点点头，旋即又摇摇头。

"你父亲会接受现实的。"凯瑟琳鼓励着。

"是我不好，我不配，把一个好端端的捧在手里的幸福断送掉了。"

"人们总是以为捧在手里的东西来得顺理成章，不去珍惜。"

"可是，人们又总是要在快要失去时才发现手里的东西无比珍贵，才想到要去珍惜她。"朱颐的眼睛里噙着泪。

"你要谅解林芩，"凯瑟琳温和地说，"她是一个难得的好人，没有野心，却顽强、负重，为了一个集体、一个社会，她牺牲了许多，没有抱怨，比你我都高尚，我不如她，可是，许多人却不理解她，她孤独，需要理解、需要支持，更需要爱，一句话，她需要回报，"她抓住朱颐的手，"把爱还给她吧，不要再让她受伤害了；把幸福交给她吧，她不应该只有悲痛。"

"这是她的意思？是她要你告诉我的？"

"不，对我的利益来说，我希望你们婚姻稳定，可是，从人性来说，我同情她。"

"原来是这样，"朱颐点点头，沉吟了一会，"我理解了，你放心，我会去做父亲工作的。"

"我知道你父亲的良苦用心，"凯瑟琳收回手，"可是，公司大了，应该放它回归社会。"

"我会把这事处理好的。"朱颐真诚地说，"你还有什么要说的吗?"

"齐燕怎么样了?"凯瑟琳突然问。

"伤情一天比一天好,欧洲一家电视台会出重金购买她的全部版权的,她开创了自己的事业。还有,她选择了仇皮蛋,仇皮蛋也很爱她。"

"这两个女人,"凯瑟琳感慨地说,"娶了当中任何一个都是男人一生的幸福。"

飞机场的广播提示去香港的旅客准备登机了。

"我要走了。"凯瑟琳站起来。

"这就是我的命"朱颐跟着站起来,"最好的机会放在面前都丢失了。"

朱颐、凯瑟琳走到登机口到,林芩迎着凯瑟琳走过来,凯瑟琳噙着泪,哽咽了。

"一路平安,我相信,我们不久还会见面的。"林芩微笑着说。

凯瑟琳激动地直点头,说不出话,随着队伍移向检票口,又频频回首张望,招手。

朱颐愣愣地站着,眼睛里充满了泪。

林芩、朱颐、韩贵、摄影师经过九个多小时飞行降落到上海,又经过一个多小时飞行抵达了家乡的机场。

他们取出行李往外走,快到门口时,摄影师突然停住了,拦住林芩,示意林芩等一下。

"有事吗?"林芩觉得奇怪。

"我……"摄影师犹豫了一会,"我不敢肯定,也可能是一场虚惊,也可能会真实发生,但是,我有一种担心,一种预感,因为,这是他们最好的机会。"

"担心会出事?"。

"是的,"摄影师稍微平静了一点,"出门以后,不要坐你的车。"

"那是我自己的车,驾驶员跟着我爸爸好多年了。"

"听我的，我是善意。"

"你觉得出事的可能性很大？"林芩盯着摄影师。

"因为我完身回来了。"

"我明白了，感谢你。"

"你怎么不问这是为什么？"摄影师充满了敬意。

"一定需要吗？"

"也是，"摄影师像在自言自语，"我已经了却了，说实在的，这个故事背后到底是什么故事，我也说不清楚，原本就和我没有关系，拜拜。"他推着行李走了，步履轻松，像卸掉了重负。

"接下来该怎么办？"朱颐不安地问林芩。

"没所谓怎么样？一切照旧，请驾驶员当心点就是了。"

"不，"朱颐正色道，"过一会，我单独坐你的车，你和韩贵挤一下，上后面我的车。"

"这样不好。"林芩坚决地摇头。

"让我也为你担当一点事吧，"朱颐固执地说，"再说，摄影师也没有肯定一定就会发生事情呀。"他认为自己是"肇事者"，应该多担当。

荣光集团的两辆轿车依次开出停车场，沿着机场高速路飞驰向前。道路宽敞、平稳，连颠簸一下都没有，预示着一切都风平浪静。林芩透过前面的挡风玻璃注视着朱颐坐的轿车，惦记着摄影师说的话。

朱颐、林芩坐的轿车超越了许多车子，身边也掠过了许多车子……一辆集装箱卡车匀速开着，朱颐坐的轿车拐到了集装箱卡车的左侧，跳亮起方向灯，表示要超车，忽然，集装箱卡车像失去了控制似的，头向右一扭，插进轿车的车道，接着又拉直了车身，活活地把朱颐坐的轿车挤到边上、挤得变形。

林芩坐的轿车紧急止动，在距集装箱卡车3米多远的地方停下，林芩跳下车，发疯似地跑向朱颐坐的轿车。

朱颐被送进了医院，经过抢救脱离了危险。林芩这才把事情告诉朱荣光，并给他看了诊断报告，大意是：有一段脊椎骨出了问题，高位截瘫，半身不遂。朱荣光差点晕厥过去。

小云的父亲被抓捕归案，因为整个事情都是他策划的，他还犯有其他罪——拐卖儿童、组织黑社会活动、逼迫妇女卖淫，等等。

4. 重回圣托里尼

朱颐能够坐着轮椅外出活动了，朱荣光也能站起来行走了，林芩推着朱颐，钱淑芬挽着朱荣光，在医院的绿地上散步，傍晚的空气湿润、凉爽。

"停一下。"朱颐突然说。

"有事吗？"林芩停住了轮椅。

"爸爸、妈妈，"朱颐扭头仰望着朱荣光、钱淑芬，"我有话要对你们说。"

"我们去那里说吧。"朱荣光示意林芩留下，让钱淑芬推朱颐。

林芩愣愣地站着，看着朱荣光、钱淑芬推着朱颐走到前方10米开外的长条椅边坐下。朱颐低着头一言不发，朱荣光、钱淑芬静静地等待着，突然，朱颐抬起头，激动地述说起来，朱荣光几次想打断他，都被他拒绝，朱荣光看着前面的草地，钱淑芬注视着脚下，沉思、矛盾、挣扎、痛苦……朱颐停止了说话，双手捂住脸，抽搐起来。朱荣光抬起头，看着朱颐，说了些什么，钱淑芬默默地擦起眼泪。

朱荣光站起来，招呼林芩过去。林芩走到朱荣光、钱淑芬身边，觉得气氛有些异样。钱淑芬拉她坐在自己和朱荣光之间。

"芩芩，妈对不住你。"钱淑芬盈着泪水。

"哪有母亲对不起女儿的，向女儿说对不起的。"林芩微笑着说。

"你受委屈了。"钱淑芬擦着眼泪，"我怎么就这么糊涂，差点害了你，差点坏了荣光集团的大事。"

"不要这么说，是我没有及时和妈妈沟通。"林芩依偎着钱淑芬。

"都不要说了，"朱荣光愧疚地说，"这样的事迟早会发生，朱颐迟早会出事，不是车祸就是其他，祸根早就扎下了，都是因为我狭隘、固执，把'糟粕'捧为'经典'"他的声音悲戚，"只是说，用这样的方式来惩罚我，迫使我低头认错，告诉我此路不通，代价太大，来得太晚，太残酷了。"他转向林琴，"我认真考虑了你对我说过的那些事、那些话、那些想法，很震撼，如同梦醒。"

"不，我的意见未必全面，未必准确。"林琴急忙说。

"先不说这个，"朱荣光摇摇手，真诚地说，"和朱颐离婚吧，王毅还在等你，他的离婚手续已经办好了。"

林琴惊愕地看着朱荣光，不知所措。

"你也看到朱颐现在的样子了，"钱淑芬含着泪说，"医生已经尽力了。"

"朱颐和我们谈得很坦率，他不愿意耽误你。"朱荣光的眼睛模糊了。

"哥哥不能自理，我怎么能离开他。"

"傻孩子，现在不是感情用事的时候。"朱荣光扭过头去，重重地擦了一下眼泪，"是一辈子的事。"

"听你爸爸的话，我们是真心的，刚才都商量好了。"钱淑芬平静地说。

"不，我不能。"林琴扑到钱淑芬的怀里痛哭起来，"我会照顾哥哥一辈子的，还有小云和他们的儿子。"

钱淑芬抱住林琴，抚摸着她，眼泪落到了她的头发上。

"听话。"朱荣光很坚决。

"不。"林琴更很坚决。

朱颐痛哭流涕，朱荣光用目光示意钱淑芬推朱颐回避，钱淑芬推着朱颐离开了。

"许多事情证明你是对的，"朱荣光真挚地说，"看得比我远，有你这样的女儿，我很高兴。"

"爸爸，"林琴谨慎地选择着措辞，"你说得不准确，女儿不敢接受。"

"不，我心里很清楚，"朱荣光望着在远处移动的朱颐、钱淑芬，"前几天，我和公司里的一些人交换了看法，他们都说，你给了我一个崭新的视野。"

"我没有这么大的能量，是爸爸本身就具有这样的洞察力，而且，我的成长离不开爸爸的教诲。"

"我再说一遍，"朱荣光的声音充满悲伤，"我是自酿苦酒，自己吞咽啊。"

林芩感动地流下了眼泪。

"我的身体状况已经不允许我再操劳了，我不能再等待了，你就大胆地站出来，承接这副担子吧，没准，荣光集团正在等待的就是你的新观念、新蓝图。"

朱荣光召开了董事会，审批通过了如下决议：

1. 批准ZQ材料公司更名为ZL材料公司，拥有ZL系列新材料的专利权，生产ZL系列新材料。

2. 批准泛太平洋PE基金（迈克的基金）对ZL材料公司增资。

3. 批准林芩任荣光集团总经理。

4. 批准钱程为荣光集团执行董事，副总经理，兼ZL材料公司董事长。

5. 批准《荣光集团5年发展规划》，第5年去香港上市。

……

朱颐情绪及其低落，他的品行受到责难，他的身体受到废弃，生命就像是一个奢侈品，活一天就要受一天良心谴责，受一天肉体折磨。林芩的宽容没有让他感到一丝安慰，相反，觉得更加负重，因为，他很清楚，只要他存在一天，林芩就不会离他而去，就会守着一具给她带来无尽羞耻的"活僵尸"过一天。朱颐觉得这样做对林芩太残忍、太不公了，可是，自己已经变成了一个废人，只有来世才能相报……朱颐想到了来世，一有空就在网上搜寻，想知道来世是怎么回事。朱荣光察觉出了异常，担心朱颐会出事，专门请了几个护工24小时地监护他。

傍晚，一个护工照例推着朱颐来到医院的露台上散步，露台上的景色很美，前面是一片碧波荡漾的大湖。露台边上也有一个台阶口，一条石头台阶连接着下面的路，有三层楼高。朱颐吩咐护工去买点饮料，好让自己一个人静静地坐一会。护工反复叮嘱他注意安全，而后快步拾阶而下。

朱颐望着面前的大湖和天边红色的夕阳，眼前重叠出了鲜明的蓝色，就像在圣托里尼的悬崖边看日落一般……突然，他一怔，感觉到自己不配再有这样的享受，因为，这样的享受是一种自私，是对林芩新的亏欠和羞辱。他毅然转动轮子，移到台阶口，双臂支在轮椅的扶手上，坚决地撑起身子，眼睛一闭，侧身用力倒向台阶，连车带人地跌撞在台阶口的石头上，滚下台阶，重重地摔到路面……

朱颐醒来了，眼前一片模糊，渐渐地，他看清楚了，看到了朱荣光、钱淑芬、林芩。朱荣光的目光凝重而悲伤，钱淑芬的眼泪成串成珠，林芩的面容焦虑和痛苦，他们已经收到了医院的《病危通知》。

"我想再去一次圣托里尼，"朱颐气息很弱。

"好的，等你身体好了以后，我一定陪你去。"林芩安慰着。

"我想寻找归宿。"

"别瞎说。"

"那里是我新生的起点，是我一生受教诲最多的地方，我只求有来世，只求来世能给我一次脱胎换骨的机会，我会珍惜的……"朱颐哽咽了，喉咙像被什么卡住了似的，发不出声音。

"好吧，到时候一切由我来安排。"朱荣光安慰着，此刻，他唯一想的是，尽可能满足朱颐的要求，让他带着快乐，而不是遗憾，走完人生。

"我还想再请一个人去。"

"你说吧。"林芩深情地看着朱颐。

"齐燕，我想再见一面齐燕，我要当面向她祝福，向她道歉。"

"好的，我记住了，一定做到。"林芩点着头。

朱颐闭上眼睛，眼角渗出泪水……他看到了：

夕阳下，飞机披着金色降落在圣托里尼，车子把他和林芩送到悬崖上，林芩推着他走上马马拉小街，一直走到西边尽头悬崖边的小酒店里。小酒店临海的位置依旧，阳光一样炽热，远处的景色明亮、蔚蓝，近处的房舍斑斓、耀眼，一切都那么熟悉。

朱颐开始张望，寻找齐燕。齐燕约好了从上海赶过来，上午，朱颐和林芩在雅典机场等候飞机时，林芩和她通过电话，她说，"已经到迪拜机场了，只是飞雅典的飞机出了点故障，会耽误一点时间，不过，来得及。"

齐燕的《欧洲宗教》播放后反响很好，国内好几家地方卫视台也购买了播放权。齐燕受到鼓舞，和仇皮蛋又到上海拍摄她的《文明旅游》系列纪录片的续集——《上海弄堂文明》，讲的是被拆迁前的旧式弄堂的生活，从几个老人的60—70年的生活说起，引子是寻找一串远年的佛珠，那段文明陈旧，可是，其内核却淳美、迷人。

齐燕终于赶到了雅典，还要等候飞机，心急如焚。

圣托里尼的太阳渐渐地往下落，金黄色的天际渐渐变成了金红色，海水呈现出蓝灰色，一道金光铺洒海面，无数个亮点跳跃起伏。

太阳吻着天边的海平线，天空渐渐变暗了，朱颐频频回头，左顾右盼，脸色随着光线转暗而暗淡，心情随着太阳下沉而低落，失望的情绪越来越浓烈。

"太阳没有了，被大海吞没了。"身边一个中国女孩兴奋地跳跃起来，嚷着。

悬崖上响起一片掌声，天色骤然变黑，亮起了万家灯火，朱颐沉浸在黑色里迟迟不愿意离开。悬崖上的人渐渐稀少了。

"不要等了，"林芩轻声地说，"走吧，你看，周围的人都已经散去了，她最迟明天会赶到的，我们再一起来这里，补上这一课。"

"她没有原谅我，老天爷不给我这个机会，要惩罚我。"朱颐沮丧地说着，泪水直往下流。

"不是老天爷，是飞机。"

"不，是老天爷，不是飞机，"朱颐几度哽咽，"人为什么老是要等到一切都不可挽回时，才意识到即将失去的东西珍贵，才会后悔。"

林芩推着朱颐慢慢离开悬崖尽头，顺着人流往回走，步履沉重，忽然，马马拉小街变窄了，横出了钟楼，朱颐仰起头张望，不由得一颤——指针依旧是11点半。朱颐剧烈地抽泣起来，大颗大颗的眼泪滚落下来。

朱颐看到了人群里逆向挤过来的齐燕，呼喊起来，齐燕听到了，挥手回应，拼命往前挤，林芩也推着朱颐挤过去，齐燕把手伸了过来，朱颐把手伸了过去，眼看就要牵上了，忽然，朱颐觉得身体漂浮起来，离开了轮椅一直往天上漂浮，和齐燕相距越来越远，天空又变得明亮起来，悬崖上如同白昼，大海蔚蓝，他低头俯瞰，海天一色，漂浮着阳光，他成了其中的一个元素，开始盘旋。

朱颐在涌动的人群中找到了林芩、齐燕，看到了她们也在朝天上张望，他开始呼喊，可是没有声音传播，因为周围没有空气，没有空气就意味着没有生命，也没有腐朽，朱颐立即明白了是怎么回事，自己漂浮到了哪里，他不再呼唤了，只有深深的内疚和后悔，还有无尽的羞愧——自己那不高尚的灵魂、灵魂中没有价值的思想，不值得永垂不朽。

林芩、齐燕的目光扫视过来，透着善良、清澈和明亮。朱颐相信她们能够感应到他的存在、他的方位，他的思念。他兴奋地欢笑起来，久久地注视着她们的眼睛，他喜欢那目光里的善良、温柔，以及善良、温柔里射出的一缕灿烂的光亮——被文明哺育和滋润出来的充满生机的光亮是丑恶、黑暗、肉欲、私利横行的人性荒漠里的一片绿洲。朱颐敞开胸怀，要让这缕灿烂透进心间，要让这片绿洲移到心田，让心中永远善良、温暖和明亮。

朱颐的身子又往上漂浮了，要和那两个女人诀别了，命运已经使他再也不能和她们相聚了，朱颐悲戚地轻声吟唱：

家乡的泥土塑造了我的躯体，
爱琴海的精神造就了我的灵魂，
也是我灵魂归去的地方，
我的躯体，
一半属于家乡，
一半属于这里，
……

朱颐唱着歌远去，林芩、齐燕的身影渐渐变小，最终变成了一个黑点，可是，他觉得林芩、齐燕依旧在竖耳倾听他的歌声，忽然，朱颐面前呈现出一个巨大的黑洞,他被强烈的磁场吸入,高速飞驰,四周一片漆黑、安静,连灌耳的风也没有……

朱颐病床一侧的综合监测仪显示屏上,心电波拉成了直线,医生对朱荣光、钱淑芬、林芩、刚赶到的齐燕摇摇头。

ZL系列新材料的生产基地建成了,林芩揭下遮盖在工厂门口的铜牌上的红绒布,迎着一片掌声微笑。

揭牌仪式结束后,林芩、王毅走到朱荣光、钱淑芬、钱国强、钱程面前,和他们一一握手告辞,要去办理结婚登记。朱荣光、钱淑芬、钱国强、钱程对林芩、王毅说了许多祝福的话,又把他们送到路边的轿车里。

轿车起动了,林芩靠在轿车椅背上,从提包里取出一个精致的盒子,递给王毅。"我送你一件礼物。"她甜甜地笑着。

"什么礼物。"

"很贵重。"

"我不要贵重的礼物,世间没有任何一件礼物比你更贵重、比你的爱更有价值。"

"说的比唱得还好听,可是,我愿意听,愿意被你'骗'。"

"诗集,"王毅打开盒子,取出小本子,眼睛发亮,"《唐璜》,拜伦的?"

"不,是我的《唐璜》,我写的。"

王毅开始阅读,不一会,眼泪就在眼窝里滚动,因为他读到了林芩的思念、林芩的爱、林芩的忠诚。他读完了,泣不成声,小本子和手一起颤抖,无比沉重,他慢慢抬起头,凝视着林芩,激动地说不出一句话。

林芩微笑着,满面羞红。

"你把爱、把心都给了我,我觉得像山一样沉重,粉身碎骨也无以报答。"王毅哽咽了。

林芩依靠到王毅身上,王毅吻着林芩的耳朵,轻声吟诵拜伦的诗歌——《当初我们俩分别》:

当初我们俩分别,
只有沉默和眼泪,
心儿几乎要碎裂,
得分离多少年岁!
你的脸发白发冷,
你的吻更是冰凉,
确实啊,
那个时辰预告了今日的悲伤!
……

"不,我要你背《雅典的女郎》最后一段。"林芩撒娇地说。
"好,"王毅用低沉的男中音背诵:

我可真走了,雅典的女郎!
怀念我吧,在孤寂的时光!
我身向伊斯坦布尔飞奔,
雅典却拘留了我的心魂:
我能够不爱你吗?不能!
我爱你啊,你是我的生命。

"呵呵,扯平了。"林芩调皮地一笑。
王毅从西装口袋里取出一个红色的戒指盒子递给林芩,林芩打开一看,戒指下面是一株风干的火色的三角梅,林芩流下了眼泪。
"这是我从你送给我的那盆三角梅上摘下来的。"王毅温柔地说。
林芩点点头,刚想开口,突然一阵哆嗦,急忙用手捂住面孔,泪水从手指缝隙里渗透出来。
"你想朱颐了?"王毅轻声问。
"是的,他是我最亲近的哥哥,我们的归宿有阳光、空气,可是,他的归宿……"林芩已成泪人。